首都经济学家

CAPITAL ECONOMIST

第 8 辑

首都经济学家论坛　编写组

孙蚌珠　吴旺延　主　编

王军生　副主编

中国财经出版传媒集团

图书在版编目（CIP）数据

首都经济学家. 第8辑/孙蚌珠，吴旺延主编. —北京：经济科学出版社，2021.4

ISBN 978-7-5218-2451-3

Ⅰ.①首…　Ⅱ.①孙…②吴…　Ⅲ.①经济学-文集
Ⅳ.①F0-53

中国版本图书馆CIP数据核字（2021）第052008号

责任编辑：程晓云
责任校对：王肖楠
责任印制：王世伟

首都经济学家
第8辑
首都经济学家论坛　编写组
孙蚌珠　吴旺延　主　编
王军生　副主编
经济科学出版社出版、发行　新华书店经销
社址：北京市海淀区阜成路甲28号　邮编：100142
总编部电话：010-88191217　发行部电话：010-88191522
网址：www.esp.com.cn
电子邮箱：esp@esp.com.cn
天猫网店：经济科学出版社旗舰店
网址：http://jjkxcbs.tmall.com
北京季蜂印刷有限公司印装
787×1092　16开　16印张　300000字
2021年7月第1版　2021年7月第1次印刷
ISBN 978-7-5218-2451-3　定价：48.00元
（图书出现印装问题，本社负责调换。电话：010-88191510）

前　言

“首都经济学家论坛”成立于2004年，到2020年，论坛共召开了16次大型学术会议，为凝聚首都经济学界力量提供了一个重要的平台。

《首都经济学家》是首都经济学家论坛的不定期文集。本论坛主要聚焦马克思主义政治经济学及其在当代发展、中国特色社会主义政治经济学、习近平新时代中国特色社会主义经济思想、中国特色社会主义经济建设中的实践问题，以及政治经济学学科发展和课程建设等方面，并进行理论研究和学术交流。

随着中国特色社会主义进入新时代，我国经济发展也进入了新时代。党的十八大以来，以习近平同志为核心的党中央坚持观大势、谋全局、干实事，成功驾驭了我国经济发展大局，在实践中形成了习近平新时代中国特色社会主义经济思想。习近平新时代中国特色社会主义经济思想，是新时代我国经济发展实践的理论结晶，是中国特色社会主义政治经济学的最新成果，开拓了马克思主义政治经济学的新境界。

2020年是脱贫攻坚、全面建成小康社会的收官之年、决胜之年，为完成决战决胜脱贫攻坚目标任务、全面建成小康社会，为新冠肺炎疫情笼罩下的世界注入信心和发展动力，为人类反贫困历史书写新的篇章，为解决全球治理难题贡献中国方案。面对错综复杂的国内外经济形势，以及面对着形形色色的经济现象，深入地研究马克思主义政治经济学的基本原理和方法论、中国特色社会主义政治经济学、习近平新时代中国特色社会主义经济思想，运用科学的经济分析方法、认识经济运动过程，为科学阐释我国经济发展的理论和实践问题、提高驾驭社会主义市场经济能力提供学术支撑，是理论工作者的责任。

本辑为首都经济学家论坛不定期文集的第8辑，分别为"本辑特稿""中国特色社会主义政治经济学及其创新发展研究""马克思主义政治经济学与当代资本主义研究""新时代中国经济发展中的问题研究"和"会议综述"五个专栏。

编写组

2020年12月

目　录

本辑特稿

中国特色社会主义政治经济学及其创新发展研究

马克思主义政治经济学与当代资本主义研究

新时代中国经济发展中的问题研究

会议综述

本辑特稿

马克思总体宏观经济系统模型*

白暴力　白瑞雪**

摘要： 本文构建系统的马克思宏观经济数理模型，对宏观经济的主要实体经济变量进行系统讨论，形成马克思宏观经济学体系，构成宏观经济分析与政策制定的理论基础；本文，从马克思企业和工资市场定位理论出发，构建宏观消费需求模型；在马克思两大部类平衡等理论基础上，构建消费对投资需求的传递效应模型；并建立投资的倍加效应模型和投资的周期性与增长统一模型，建立宏观投资需求模型；由宏观消费需求模型和宏观投资需求模型建立宏观总需求模型；在马克思劳动生产率和社会生产理论基础上，构建社会劳动生产率函数模型和社会生产函数模型，由此讨论宏观总供给，讨论宏观经济均衡，构建宏观经济均衡模型、经济周期模型与经济增长模型。

关键词： 马克思　宏观经济　系统　数理模型

人们对任何一个课题的研究总是阶段性进步的，不会一下子就完成。当前的成果是对前期的进步，后面的研究还要对当前的成果进一步推进。在前期，笔者已经建立并发表若干分立的相关模型。在本文的推导中，若不使用前期的模型，就无法推导出总体模型。因此，对这些分立模型的结论进行相关联的推导，得出总体马克思宏观经济体系模型，构建系统的完全马克思宏观经济系统模型。本文在使用这些前期分立模型的结论

---

* 国家社会科学基金重点项目“马克思宏观经济数理模型的系统构建”（14AJL002）。结项评审等级：优秀（20181947）。

** 白暴力，北京师范大学经济与工商管理学院教授；白瑞雪，北京师范大学经济与资源管理研究院副教授。

时，将会在脚注中说明出处。

本文，将构建一个系统的宏观经济模型，为解决中国特色社会主义经济建设中的实际经济问题，提供分析研究和决策的数理分析基础，同时，还解决了许多西方宏观经济理论无法克服的重大理论困难。本文构建了一个基础平台，在这个平台上，将能够进行大量的宏观经济理论研究工作，将马克思经济理论在学术上推进到一个新的阶段。本文，还有力地说明，马克思主义政治经济学是颠扑不破的真理，具有强大的生命力，我们一定要坚持马克思政治经济学的基本原理，坚持用马克思主义的基本方法、立场和观点。

一、宏观需求模型①

市场经济的一个特征在于需求约束，社会需求很大程度决定着社会经济运行。消费需求和投资需求构成社会宏观需求，因此，下面将首先建立宏观消费需求模型，然后建立宏观投资需求模型，最后将两者整合构成宏观需求模型。

（一）宏观消费需求模型

消费需求是社会总需求的基础行为，因此，我们从消费需求开始进行模型建立。占人口大多数的劳动者是社会人口的主体，他们的消费构成社会总消费的主体，其工资收入又是决定他们消费的主要因素，而企业产权制度则决定着劳动者的工资收入。企业产权制度构成宏观经济的微观基础，② 在不同的企业产权制度下，宏观消费行为是不同的，因此，宏观消费模型也有所不同。

1. 产权与产权制度

马克思以生产资料所有制范畴为基础，在生产资料所有制基础上分析了资本主义经济的本质和发展趋势，指出生产资料资本主义私有制必然被生产资料公有制所替代。

世界经济发展到20世纪初，如马克思所预言，经典的资本主义生产资料私有制无法运行下去了。于是世界经济走上了两条道路：一条是苏联和中国等国家对资本主义生产资料私有制的彻底否定，这是一条革命的道路。另一条则是对资本主义生产资料私有制的渐进式否定，在西方国家中，经济权力一部分一部分地逐渐从资本手中分离出来。这种逐渐分离出来的经济权力，被西方经济学家感觉到了，并称之为“The property rights”，我国学者将其译为“产权”。“产权”是一组经济权力束，是经济权力集合，这一组经济权力的配置和组合形成产权制度。产权制度是生产资料所有制的具体实现形式。在不同的企业产权制度下，宏观消费行为是不同的，因此，宏观消费模型也有所不同。

---

① 白暴力、白瑞雪：《马克思完全宏观需求模型的系统构建》，载《华南师范大学学报》2018年第5期。

② 白暴力等：《现代产权理论与中国产权制度改革》，经济科学出版社2016年版。

2. 社会总消费需求（TC）函数

在假定各个微观消费主体相互之间没有消费效应的条件下，假定有 n 个消费主体，社会总消费需求为：

$$TC = \sum_{i=1}^{n} C_i = \sum_{i=1}^{n} cA_i$$

其中，TC 是社会总消费需求，C_i 是单个消费者的需求，c 是消费强度系数，A_i 是单个消费者的工资收入。

在假定消费强度系数 c 为常数的条件下，有：

$$TC = c\sum_{i=1}^{n} A_i \tag{1}$$

同理，有：

$$TC_r = c\sum_{i=1}^{n} A_{ri}$$

其中，TC_r 是社会总相对工资—消费支出。

在不同的企业产权制度下，社会总消费需求（TC）函数具有不同的特征。产权制度经历了从古典产权制度到现代产权制度的演进过程。①

3. 古典产权制度下社会总消费需求（TC）函数的特征

在古典产权制度下，有：

$$\frac{dTC_r}{dS} < 0 \tag{2}$$

即，随着社会技术进步、社会劳动生产率提高，社会总相对工资—消费支出会下降。

在假定国民收入为常数和消费强度系数 c 为常数的条件下，有：

$$\frac{dTC}{dS} < 0 \tag{3}$$

即，随着社会技术进步、社会劳动生产率提高，社会总工资—消费支出会下降。

由于社会人口的主体是劳动者，所以，社会总消费需求的主体可以由上述公式来表达。在古典产权制度下，工资被钳制于劳动力价值，这正是社会总消费需求不足的主要原因。上述消费需求模型克服了现代西方经济理论所面临的“宏观经济的微观基础”这样一个重要的理论困难。②

4. 现代产权制度下社会总消费需求（TC）函数的特征

生产资料公有制经济中，在现代产权制度下，实现按劳分配或分享经济，工资在国

① 白暴力：《产权理论与产权制度改革的若干思考》，载《福建论坛》2005 年第 7 期。

② 白暴力：《总消费需求不足的微观机制》，载《教学与研究》2005 年第 6 期；“中国人民大学复印资料”《理论经济学》2005 年第 10 期；《中国社会科学文摘》2005 年第 5 期。

民收入中所占比例不会随科学技术进步而下降，甚至有提高的趋势。这可以表示为：

$$\frac{dA_r}{dS} \geqslant 0$$

在假定各个微观消费主体之间相互没有消费效应的条件下，有：

$$TC_r = c\sum_{i=1}^{n} A_{ri}$$

并且：

$$\frac{dTC_r}{dS} \geqslant 0 \tag{4}$$

即，随着社会技术进步和社会劳动生产率的提高，社会总相对工资—消费支出不会下降，甚至可能提高。

在假定国民收入为常数和消费强度系数 c 为常数的条件下，有：

$$\frac{dTC}{dS} \geqslant 0 \tag{5}$$

即，随着社会技术进步和社会劳动生产率提高，社会总工资—消费支出不会下降，甚至可能提高。由于劳动者占社会人口的主体，所以，上述公式表达了社会总消费需求的主体。

（二）宏观投资需求模型

社会消费需求会通过传递效应影响社会投资需求,① 同时，社会投资需求又有倍加效应②和周期性等自身规律。在既定的社会经济条件下，社会消费需求相对稳定，而社会投资需求则较为易变，并会由此引起社会经济的变动。

在马克思基本经济范畴基础上，基于投资的倍加效应模型可以建立投资周期与增长统一的动态模型：③

$$I^t = A_1'\left[\frac{1+\sqrt{1+4rx}}{2}\right]^{t-1} + A_2'\left[\frac{1-\sqrt{1+4rx}}{2}\right]^{t-1} \tag{6}$$

其中，I^t 是第 t 期的投资量，r 是资金利润率，x 是积累率，A_1' 和 A_2' 是由初始条件决定的待定系数。在这个动态模型中：第 1 项（I_1^t）是一个随着时间 t 而递增的量，表明投资的增长；第 2 项（I_2^t）是一个随时间而振荡的量，也就是一个周期性变化的量，表明投资的周期运动。图 1 表示了这种运动。

---

① 白暴力、白瑞雪：《消费对生产资料需求的传递效应》，载《当代财经》2011 年第 2 期。

② 白瑞雪、白暴力：《投资的倍加效应与周期性运动》，载《当代经济研究》2010 年第 11 期。

③ 白暴力、白瑞雪：《投资增长与周期统一模型》，载《中国高校社会科学》2013 年第 3 期。

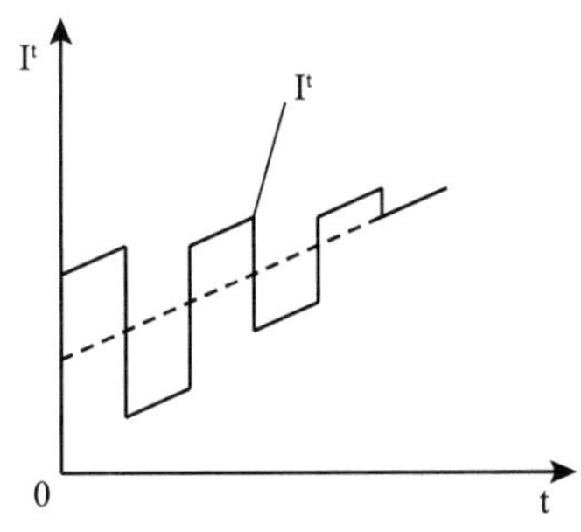

图 1　投资的周期运动

从此模型中我们能够发现，投资周期变化和投资增长存在着一种统一对立的关系：一方面，投资周期变化 I_2^t 和投资增长两者都与积累资金率 rx 有着紧密联系；另一方面，如果积累资金率不断增长，那么会使得投资发生很大变化，进而促进经济的发展，但是，不可忽视的是，相应的也会使得投资周期产生较高震荡幅度的波动，一定程度上使得宏观经济存在不稳定性。假如积累资金率较低，同样会使得投资增长速率较慢，抑制宏观经济的发展，但是，相应的多产生的周期性振荡幅度的波动也会较小，使得宏观经济稳定性得到提升。

这一模型使得我们对宏观经济周期性运行和增长有了更多的理解，为我们保障经济持续稳定发展、投资治理以及观察经济周期性变化提供了分析原理。假如说社会积累资金率始终处于一个比较合理的范畴，那么，投资周期的震荡幅度也就能控制在相应的范围之内。投资的周期性基本上是由投资的生产能力形成的滞后期以及生产滞后期所导致的，如果这两个滞后期缩短，就会有效抑制投资的周期性波动，降低经济周期波动的影响，就能够使得宏观经济持续稳定的发展。

经济增长和经济周期这两个模型在西方现代经济理论中属于独立的范畴。而本文所阐述的经济增长和经济周期这两个模型却是统一的，对于两者的关系阐述得更加全面和深刻。

（三）社会宏观需求模型①

上面分别说明了消费需求决定、消费对投资需求的传递效应、投资需求的倍加效应以及投资的周期性运行。这些因素不是孤立的，而是一个作用系统。这个作用系统构成社会宏观需求模型。

社会宏观需求函数为：

$$\begin{aligned} W_d &= W_1 + W_2 \\ &= TC + I^t \end{aligned}$$

① 白暴力、白瑞雪：《总需求模型与经济周期》，载《福建论坛》2013 年第 1 期，“中国人民大学复印资料”《理论经济学》2013 年第 6 期。

根据式（1）和式（6），有：

$$W_d = c\sum_{i=1}^{n} A_i + A_1'\left[\frac{1+\sqrt{1+4rx}}{2}\right]^{t-1} + A_2'\left[\frac{1-\sqrt{1+4rx}}{2}\right]^{t-1} \tag{7}$$

其中，A_1'和 A_2'是由初始投资 I_a 决定的待定系数。

图 2 说明了这个作用系统。

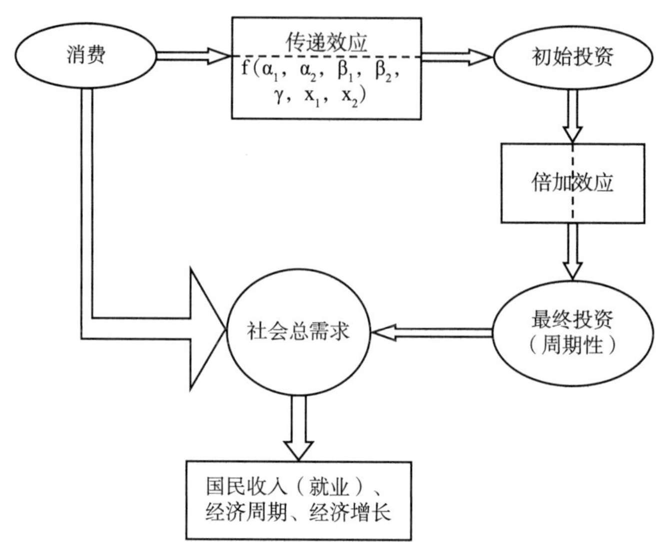

图 2　社会宏观需求模型作用系统

首先，初始投资由消费所产生的传递效应决定，而最终投资则由初始投资产生的倍加效应决定，投资的周期性运行有着独特的规律；消费决定着投资的这一规律和投资过程中的系列效应，使得总投资需求得到决定。其次，社会总需求由投资需求和消费需求构成，因为投资的周期性运行，社会总需求体现出周期性运行这一特点。

在消费需求存在差异的社会体系中，其运行特性也有所差异。社会消费需求在资本—雇佣劳动制度中，在古典产权制度下，其运行趋势是向下的且被约束的。而消费需求在公有制体制中，在现代产权制度下，其运行趋势是向上的，其约束也是软性的。所以社会总需求在存在差异的社会体系中，其周期性运行的特点也有所差异。

市场经济可以归类于约束需求经济。社会需求的不同也会影响社会经济的周期性波动。劳动者报酬在古典产权制度中会受到劳动力价值的制约，因此，其消费水平较低；同时，其消费增长率和国民收入增长率始终存在着一定的差距，两者始终不能均衡发展。投资这一因素是周期性波动的，如果投资增长较高，一定程度上会使得国民收入与消费之间不断扩大的缺口得到弥补。但是当投资增长较低时，这一缺口就会进一步被扩张，很容易产生经济危机。

市场经济是需求约束性经济，所以这个总需求模型在很大程度上表明了宏观经济运行。

二、社会生产与宏观供给模型

上面建立了宏观需求模型。本节，在马克思经济理论基础上，将构建社会生产函数和宏观供给模型。

（一）社会劳动生产率函数

社会劳动生产率函数和社会生产函数的建立，可以从马克思关于"决定劳动生产率的因素"的论述出发。用 f 表示劳动生产率，a 表示劳动者的熟练程度，向量 $\vec{x}=(X_1, X_2, \cdots, X_n)$ 表示 n 种生产资料的数量，g 表示管理水平，s 表示科学的状态，t 表示技术状态，可以写出社会劳动生产率函数：①

$$f=f(a, X_1, X_2, \cdots, X_n, g, s, t) \tag{8}$$

即：

$$f=f(a, \vec{x}, g, s, t) \tag{9}$$

求劳动生产率对各个自变量的一阶偏导，可得各个变量的边际劳动生产率。

劳动者的熟练程度的边际劳动生产率为：

$$MF_a=\frac{\partial f}{\partial a} \tag{10}$$

生产资料的边际劳动生产率为：

$$MF_{Xi}=\frac{\partial f}{\partial X_i}\quad(i=1, 2, \cdots, n) \tag{11}$$

管理水平的边际劳动生产率为：

$$MF_g=\frac{\partial f}{\partial g} \tag{12}$$

科学水平的边际劳动生产率为：

$$MF_s=\frac{\partial f}{\partial s} \tag{13}$$

技术水平的边际劳动生产率为：

$$MF_t=\frac{\partial f}{\partial t} \tag{14}$$

这些因素的边际劳动生产率分别表示各因素提高对社会劳动生产率提高的作用程度。

（二）社会生产函数

社会产品数量，即社会总供给等于劳动时间（W）与劳动生产率（f）的乘积：

---

① 白暴力：《劳动生产率与科学、技术、管理等在生产中的作用》，载《教学与研究》2003 年第 1 期。

$$q_s = Wf(a, X_1, X_2, \cdots, X_n, g, s, t) \tag{15}$$

即：

$$q_s = Wf(a, \vec{x}, g, s, t) \tag{16}$$

这就是社会生产函数。

社会生产函数表明：社会产品数量，即社会总供给是劳动时间的函数，同时也是劳动者的熟练程度、生产资料的数量、管理水平、科学发展水平以及技术状态的函数。

求产品数量对各个自变量的一阶偏导，可以得到各个因素的边际产品。

劳动时间的边际产品为：

$$MP_W = \frac{\partial q}{\partial W} = f(a, X_1, X_2, \cdots, X_n, g, s, t) \tag{17}$$

劳动者熟练程度的边际产品为：

$$MP_a = \frac{\partial q}{\partial a} = W\frac{\partial f}{\partial a} \tag{18}$$

生产资料的边际产品为：

$$MP_{Xi} = \frac{\partial q}{\partial X_i} = W\frac{\partial f}{\partial X_i} \quad (i = 1, 2, \cdots, n) \tag{19}$$

管理水平的边际产品为：

$$MP_g = \frac{\partial q}{\partial g} = W\frac{\partial f}{\partial g} \tag{20}$$

科学状态的边际产品为：

$$MP_s = \frac{\partial q}{\partial s} = W\frac{\partial f}{\partial s} \tag{21}$$

技术状态的边际产品为：

$$MP_t = \frac{\partial q}{\partial t} = W\frac{\partial f}{\partial t} \tag{22}$$

由以上各式，可以看出，劳动时间的边际产品就是劳动生产率；其他“决定劳动生产率的各因素”的边际产品等于各自的边际劳动生产率与劳动时间的乘积。

社会生产函数可用图3表示，这也是总供给，即宏观供给。

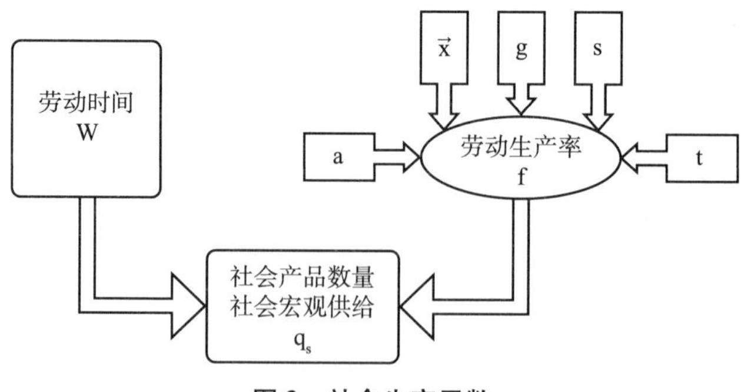

图3　社会生产函数

（三）社会生产扩张的内在趋势

通过进一步分析边际产品和边际劳动生产率，能够得出结论：不同因素的边际劳动生产率实际上就是不同因素的变化能够影响劳动生产率的效果和程度。也可以将劳动生产率看作是劳动时间的边际产品；而“能够对劳动生产率产生影响的不同因素”的边际产品则是劳动时间和这些因素边际劳动生产率的乘积。因此在劳动时间总量之外，无论是劳动者劳作熟练度、生产资料数量，还是生产管理水平、技术科学的变化都会对劳动生产率产生影响，进而使得产品数量在单位时间内产生变化。如果这些因素发生变化，那么社会劳动生产率也势必产生变化，这些因素的提高会产生更多的产品，使得社会总供给增加。

随着劳动者劳动熟练度的提升、生产资料数量的增加，管理水平、技术科学的进步，社会劳动生产率势必也会有所增强，所生产的产品数量也会增加。所以可以总结出，社会生产的趋势是内在扩张的。

三、宏观经济均衡模型

在社会宏观经济运行过程中，社会宏观供给与宏观需求实现着平衡，即均衡，也就是宏观经济均衡。下面，我们通过宏观供给与宏观需求的均衡来建立宏观经济均衡模型。

上面建立了社会生产函数，即总供给函数：

$$q_s = Wf(a,\ \vec{x},\ g,\ s,\ t) \tag{16}$$

也可写为：

$$W_s = Wf(a,\ \vec{x},\ g,\ s,\ t) \tag{23}$$

和总需求函数：

$$W_d = c\sum_{i=1}^{n} A_i + A_1'\left[\frac{1+\sqrt{1+4rx}}{2}\right]^{t-1} + A_2'\left[\frac{1-\sqrt{1+4rx}}{2}\right]^{t-1} \tag{24}$$

当宏观经济处于均衡状态时，总供给与总需求相等，即：

$$W_s = W_d \tag{25}$$

式（23）、式（24）和式（25）构成了宏观经济均衡模型。

图4表示了宏观经济均衡。

一方面，宏观经济均衡状态是短暂的，而宏观经济非均衡状态则是长期的。就这个意义而言，均衡具有偶然性，而非均衡则具有必然性。另一方面，宏观经济非均衡状态是以宏观经济均衡状态为参照和基点的，非均衡状态无法摆脱宏观经济均衡状态的引力。就这个意义而言，宏观经济均衡具有必然性，而宏观经济非均衡状态则具有偶然性。

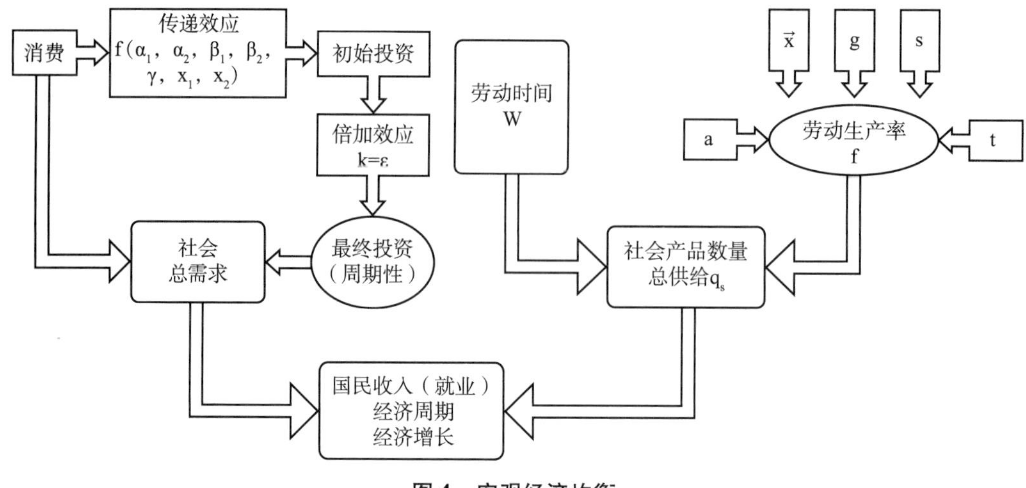

图4　宏观经济均衡

宏观经济均衡分析，仅仅为研究宏观经济常态提供了参照，并没有提供经济运行的宏观常态。

消费需求与投资需求构成总需求，即宏观需求。在古典产权制度下，消费需求被约束，投资需求是周期性的。由此，被约束的消费需求曲线处于低位，导致国民收入均衡点低于充分就业；周期性的投资需求曲线，则会导致宏观经济周期性波动。

四、结　束　语

（一）可以进一步开展的工作

本文，构建了一个平台，在这个平台上，将能够进行大量的宏观经济理论研究工作。例如，建立价格总水平上涨模型，[①] 对价格总水平上涨给以分析，并提出相关对策。

物价总水平是宏观经济的一个主要变量，在以上模型的基础上，从马克思的价值、价格、货币与劳动生产率等理论出发，分析物价总水平上涨的因素与原因，可以系统地构建纸币体系中物价总水平上涨的理论模型。

在马克思价值、价格和货币理论基础上可以构建物价总水平上涨的结构性因素模型和总量性因素模型。然后，以这两个模型为出发点，将物价总水平上涨分为四大类、七种类型。第一大类，是货币原因导致的物价总水平上涨，就是膨胀纸币型物价总水平上

① 白暴力、白瑞雪：《物价总水平上涨系统模型的构建》，载《中共中央党校学报》2014年第4期。

涨。第二大类，是由市场微观经济行为所导致的物价总水平上涨①，有价值规律调节型、市场推进型（Ⅰ）和市场推进型（Ⅱ）三个类型的物价总水平上涨。第三大类，是宏观经济变量导致的物价总水平上涨，有生产劳动萎缩型和需求膨胀型两个类型的物价总水平上涨。第四大类，是物价总水平上涨自身引起的物价总水平上涨，也就是自激型物价总水平上涨。

（二）宏观均衡中金融与政府的作用

本文，建立的实体经济模型中，对金融与政策的作用没有进行研究。然而，这些也构成了宏观经济研究的重要内容。因此，本文仅作简要的说明。金融与政策的具体作用将另著专门进行研究。

金融的作用。金融产品和金融工程等工具，在国家调控下，可以作为宏观经济系统的一个调节项，熨平经济波动，成为负反馈项。

然而，在资本主义社会，金融工具是金融机构追求利润的工具。一旦投资处于上涨阶段，在越过顶峰走向衰退前，社会对于货币的需求量持续增长，出于对利润追求的金融机构，不但不会通过金融工具缩减货币投放量，反而会增加投放量。在衰退阶段，则缩减投放量，使得支出与国民收入之间的缺口进一步增大。这构成正反馈。这样，就进一步加剧了经济周期的起伏，使经济系统更趋于不稳定。危机一旦爆发，就会以集中、强烈的方式表现出来。

政策的作用。政府可以通过财政政策和货币政策，对宏观经济进行反向调控，缩小支出与国民收入间的缺口，以此作为负反馈来熨平经济波动。

当政府调控能够熨平波动时，经济系统中的危机暂时被缓和，不会突然爆发出来；当政府调控已不能控制经济波动的幅度时，危机就爆发了。如果政府的作用，被设计成为正反馈，则会加剧经济危机的爆发和振幅。

金融系统和政府作用的设计，属于工程行为，由专门的学科——“经济工程学”来探讨。经济理论，属于科学，需要研究工作；经济工程，属于技术，需要设计工作；经济政策，属于艺术，需要在理论和工程基础上完美创作。因此，全面对政策作用的探讨，还需要在经济工程学基础上进一步构建“经济政策艺术学”。

（三）结论

总之，本文，以马克思经济理论为基础，建立宏观经济模型，构成一个宏观经济的系统实体模型。此模型解决了现代西方宏观经济学所无法克服的许多理论困难，对宏观经济中的主要实体变量进行系统的讨论，既能够在理论上推进经济学的发展，也能够有

① 白暴力、白瑞雪：《价格总水平上涨的微观机制分析》，载《经济纵横》2012 年第 1 期；《新华文摘》2012 年第 8 期（全文）。

效地分析我国的现实经济运行，为宏观经济分析和政策制定建立理论基础，为我国解决内需不足、缓解经济周期性波动、治理物价总水平上涨、保障经济持续平稳发展，提供了研究和决策的数理分析基础。

本文，还有力地说明，马克思主义政治经济学是颠扑不破的真理，具有强大的生命力，我们一定要坚持马克思主义政治经济学的基本原理，坚持用马克思主义的基本方法、立场和观点。同时，我们也要在马克思主义基本原理的基础上，发展创新，吸收各门科学的要素，联系当代经济发展的现实，推动马克思主义政治经济学的发展，为中国特色社会主义经济建设作出应有的贡献。

参考文献

［1］马克思：《资本论》，人民出版社 1975 年版。
［2］马克思：《政治经济学批判》，人民出版社 1976 年版。
［3］《马克思恩格斯〈资本论〉书信集》，人民出版社 1976 年版。
［4］斯大林：《苏联社会主义经济问题》，人民出版社 1952 年版。
［5］程恩富：《马克思主义经济学与应用经济创新》，经济管理出版社 2009 年版。

新时代中国经济发展的理论创新[*]

——学习习近平关于经济高质量发展的重要论述

张雷声[**]

摘要： 习近平关于经济高质量发展的重要论述，是习近平新时代中国特色社会主义经济思想的重要组成内容。习近平站在新时代和全局战略的高度，对新时代我国经济已由高速增长转向高质量发展的特征作出准确判断；从新发展理念、"六稳"工作、"两个轮子"等方面，对经济高质量发展的基点作出正确把握；客观分析了在全面建成小康社会决胜之时，在推进经济高质量发展中，如何打好"三大攻坚战"的问题；对经济高质量发展的取向，即以人民为中心、强化民生服务作了科学定位。习近平关于经济高质量发展的重要论述，是对中国特色社会主义经济发展理论和实践的创新性贡献。

关键词： 习近平　新时代　经济发展　高质量发展　全面建成小康社会

习近平站在新时代和全局战略的高度，关于经济高质量发展的论述，是习近平新时代中国特色社会主义经济思想的重要组成内容，它反映了习近平在引领新时代中国经济发展上的雄谋大略。准确研判新时代经济发展的特征、正确把握经济高质量发展的基点、客观分析经济高质量发展的问题、科学定位经济高质量发展的取向，构成了习近平关于经济高质量发展论述的基本内容，反映了习近平对中国特色社会主义经济发展理论和实践的创新性贡献。

一、准确研判新时代经济发展的特征

中国特色社会主义进入了新时代，中国经济发展也进入了新时代。新时代的中国经济发展经受了 2008 年国际金融危机爆发后世界经济的冲击，特别是全球经济增长在 2010 年反弹到 4.1% 后连续 3 年下滑，国际市场动荡和外需相对收缩对我国经济增长形成了强大的制约，2011 年以后中国的经济增长速度开始下降，发展进程减缓。面对错综复杂的世界经济对我国经济发展的影响，习近平就如何把握我国经济发展的走势、引领我国经济的发展问题作了准确的分析。

---

* 该文发表于《理论与改革》2020 年第 5 期。

** 张雷声，中国人民大学马克思主义学院教授。

党的十八大以来，习近平通过多次重要讲话阐述了中国经济发展所面临的风险与挑战，分析了中国经济发展存在的矛盾与问题，对中国经济发展的特征作出了准确的研判。纵观新时代以来我国经济发展实践的推进，我们看到，习近平对经济发展特征的论述经历了从“新常态”到“高质量”的发展过程。

首先，根据经济发展的趋势性变化和阶段性特征，习近平作出经济发展进入“新常态”的重大判断。2013 年 10 月，习近平在亚太经合组织工商领导人峰会上发表重要演讲，针对中国经济发展受到世界经济冲击的状况，他强调，“中国经济已经进入新的发展阶段，正在进行深刻的方式转变和结构调整”“我们不再简单以国内生产总值增长率论英雄，而是强调以提高经济增长质量和效益为立足点”①。在同年 12 月召开的中央经济工作会议上，习近平作出了中国经济正处于“经济增长速度换挡期、结构调整阵痛期、前期刺激政策消化期‘三期叠加’”状况的重要判断。以这一判断为基础，2014 年 5 月他在河南考察期间首次明确提出了“新常态”概念。随后，在多个场合，习近平全面诠释了中国经济新常态的表现形式、特征以及新常态下国家的战略发展。他认为，“新常态”的表现形式即“三期叠加”中，“经济增长速度换挡期”意味着我国经济处于从高速换挡到中高速的发展时期，“结构调整阵痛期”意味着结构调整刻不容缓，不调就不能实现进一步发展，“前期刺激政策消化期”则意指我国在国际金融危机爆发初期实施“一揽子”刺激计划，现在这些政策还处于消化期。关于“新常态”的特征，习近平概括为三个主要方面：一是经济从高速增长转为中高速增长；二是“经济发展方式正从规模速度型粗放增长转向质量效率型集约增长，经济结构正从增量扩能为主转向调整存量、做优增量并举的深度调整”②；三是从要素驱动、投资驱动转向创新驱动。“新常态”的这些特征反映了它是中国经济向形态更高级、分工更优化、结构更合理阶段演化的必经过程。

其次，紧扣我国社会主要矛盾变化和新发展理念的要求，习近平作出我国经济已由高速增长转向高质量发展的判断。在 2016 年 12 月召开的中央经济工作会议上，习近平把“作出经济发展进入新常态的重大判断”看成是党的十八大以来中央着重抓的三件大事之一，并在对国内经济发展存在问题的分析基础上，为我国经济发展探寻一条质量更高、效益更好、结构更优、优势充分释放的新路子，对我国经济工作的理念、思路、着力点进行了重要调整。“新常态”既是对我国经济发展阶段性特征的高度概括，也是对我国经济转型升级的规律性认识，还反映了经济发展必须以提高质量和效益为中心。“新常态”成为中国共产党制定当前及未来一个时期我国经济发展战略和政策的重要依据。在党的十九大上，习近平基于我国社会主要矛盾已经转化为“人民日益增长的美好生活需要和不平衡不充分的发展之间的矛盾”事实，以及创新、协调、绿色、开放、共享发展理念的要求，对我国所处的经济发展阶段作了准确的判断，即“我国经济已由高

---

① 《习近平出席亚太经合组织工商领导人峰会并发表重要演讲》，载《人民日报》2013 年 10 月 8 日。

② 《十八大以来重要文献选编》（中），中央文献出版社 2016 年版，第 245 页。

速增长阶段转向高质量发展阶段"①。2017 年 12 月，习近平在主持中共中央党外人士座谈会的讲话中，明确指出，"高质量发展是我们当前和今后一个时期确定发展思路、制定经济政策、实施宏观调控的根本要求"②。在随后召开的中央经济工作会议上，习近平又进一步强调必须围绕推动经济高质量发展来部署 2018 年的经济工作，并且指出："推动高质量发展是我们当前和今后一个时期确定发展思路、制定经济政策、实施宏观调控的根本要求"③。在 2018 年 12 月召开的中央经济工作会议上，习近平还特别强调指出了推动高质量发展，是保持经济持续健康发展的必然要求，是适应我国社会主要矛盾变化和全面建成小康社会、全面建设社会主义现代化国家的必然要求，是遵循经济规律发展的必然要求。在 2019 年 12 月召开的中央经济工作会议上，习近平依然明确地为我国 2020 年经济发展定了"高质量发展"的调子，尽管 2020 年经济发展受到了抗击新冠肺炎疫情的影响，但是，经济"高质量发展"的目标和要求仍坚定不移。

我国经济已由高速增长阶段转向高质量发展阶段，这是习近平对新时代我国经济发展特征作出的重大判断。这一重大判断奠定了中国经济朝着质量更高、效益更好、结构更优、优势充分释放方向发展的基础，构成了我们理解和把握习近平关于经济高质量发展重要论述的前提。

二、正确把握经济高质量发展的基点

为推进经济高质量发展，坚持稳中求进成为中央经济工作的总基调。这既体现了量的要求，说明速度的增长要符合当前发展阶段的要求，更体现了质的要求，说明稳定的经济增长环境是结构优化、动能转换、经济质量和效益提升的前提。只有在经济"稳"的基础上，才能通过解决结构性矛盾实现经济的高质量发展。党的十九大以来，习近平观大势、谋全局、干实事，为我国经济发展质量稳步提升把脉问诊、开方施治，从而科学把握了新时代经济高质量发展的基点。

第一，以新发展理念引领经济高质量发展。新发展理念是基于我国经济由高速增长转向高质量发展的客观实际提出来的，是引领和推动经济高质量发展的价值体系和指导思想。它集中体现了习近平对我国新的发展阶段所存在的社会、经济、生态环境等问题所具有的深思远虑，是对经济社会发展规律认识的进一步深化，以及对社会主义本质要求和发展方向的科学把握。习近平指出："推动高质量发展是做好经济工作的根本要求。高质量发展就是体现新发展理念的发展，是经济发展从'有没有'转向'好不好'。"④

① 《十九大以来重要文献选编》（上），中央文献出版社 2019 年版，第 21 页。

② 《习近平主持党外人士座谈会强调　高质量发展必须真正落实》，载《人民日报（海外版）》2017 年 12 月 9 日。

③ 《习近平谈治国理政》（第三卷），外文出版社 2020 年版，第 239 页。

④ 习近平：《坚持新发展理念打好"三大攻坚战"　奋力谱写新时代湖北发展新篇章》，载《人民日报》2018 年 4 月 29 日。

这一论述深刻说明了发展理念与经济发展阶段的适应性。当我国经济处于高速增长阶段时，经济发展所要解决的是“有没有”“有多少”的问题，而当我国经济由高速增长转向高质量发展后，经济发展所要解决的则是“好不好”“优不优”的问题。因此，新时代抓经济的高质量发展，就必须更加坚定不移地贯彻新发展理念。

坚持新发展理念是党的经济工作的首要任务和重要目标。“全党要把思想和行动统一到新发展理念上来，努力提高统筹贯彻新发展理念的能力和水平，对不适应、不适合甚至违背新发展理念的认识要立即调整，对不适应、不适合甚至违背新发展理念的行为要坚决纠正，对不适应、不适合甚至违背新发展理念的做法要彻底摒弃。”① 习近平精辟阐明了如何以新发展理念引领经济高质量发展，即一是要把注意力集中在解决各种不平衡不充分的问题上；二是树立全面的、整体的观念，遵循经济社会发展规律，重大政策出台和调整要进行综合影响评估，切实抓好政策落实，坚决杜绝形形色色的形式主义、官僚主义；三是把坚持贯彻新发展理念作为检验各级领导干部抓经济工作的一个重要尺度。这三个方面成为推进经济高质量发展的标尺。经济高质量发展是体现新发展理念的发展，“是创新成为第一动力、协调成为内生特点、绿色成为普遍形态、开放成为必由之路、共享成为根本目的的发展”②。习近平从坚持新发展理念角度，高度概括了经济高质量发展的内涵。

第二，以“六稳”工作推进经济高质量发展。在党的十九大上，习近平在作出“我国经济已由高速增长阶段转向高质量发展阶段”判断的同时，针对我国经济发展中存在的结构性、体制性、周期性问题相互交织，“三期叠加”影响持续深化，经济下行压力加大等问题，面对世界大变局加速演变的特征日趋明显，全球动荡源和风险点显著增多的历史环境，对我国高质量发展的要求作出了明确阐释，即我国“正处在转变发展方式、优化经济结构、转换增长动力的攻关期，建设现代化经济体系是跨越关口的迫切要求和我国发展的战略目标”③。为此，2017～2019年，每年底召开的中央经济工作会议，都围绕推进“高质量发展”问题部署下一年的经济工作。

习近平强调，要推进经济高质量发展，必须全面做好“六稳”工作。所谓“六稳”，即稳就业、稳金融、稳外贸、稳外资、稳投资、稳预期。稳就业居于“六稳”之首，习近平从三个方面部署了稳就业的任务：一是对就业困难人员及时提供就业指导和技能培训，确保他们就业有门路、生活有保障；二是重点解决好高校毕业生、退役军人、下岗职工、农民工、返乡人员等重点人群的就业问题；三是坚持就业优先战略，努力为人民群众创造更多的就业岗位。显然，稳就业对于推动实体经济发展具有重大意义。稳金融在“六稳”中地位突出，习近平认为，“面对未来全球系统性金融风险挑战，我们不但要确保金融安全网资源充足，也要让国际金融架构的代表性更加合理，更

---

① 习近平：《准确把握和抓好我国发展战略重点　扎实把“十三五”发展蓝图变为现实》，载《人民日报》2016年1月31日。

② 《十九大以来重要文献选编》（上），中央文献出版社2019年版，第139页。

③ 《十九大以来重要文献选编》（上），中央文献出版社2019年版，第21页。

好地反映世界经济现实格局”。[①] 为应对全球系统性金融风险的挑战，确保我国的金融安全，稳金融就在于继续实施稳健的货币政策，同时要深化金融供给侧结构性改革，缓解民营和中小微企业融资难融资贵问题。稳外贸不仅关乎中国发展，而且对全球经济也意义重大。习近平指出：“我们应该坚持以开放求发展，坚持‘拉手’而不是‘松手’，坚持‘拆墙’而不是‘筑墙’，坚决反对保护主义、单边主义。”[②] 稳外贸既要扩大进出口规模，也要提升进出口质量。“我们不刻意追求贸易顺差，愿意进口更多国外有竞争力的优质农产品、制成品和服务，促进贸易平衡发展”[③]。稳外资即稳定和扩大利用外资，加强外商投资促进和保护，继续缩减外商投资负面清单。习近平多次强调，中国开放的大门不会关闭，只会越开越大。“中国将不断完善市场化、法治化、国际化的营商环境，放宽外资市场准入，继续缩减负面清单，完善投资促进和保护、信息报告等制度”。[④]稳投资强调切实增加有效投资，释放国内市场需求潜力，各类政策形成合力，引导资金投向供需共同受益、具有乘数效应的先进制造、民生建设、基础设施短板等领域，促进产业和消费“双升级”。稳预期则是要求在经济发展中坚持稳字当头，坚持宏观政策要稳、微观政策要活、社会政策要托底的政策框架，提高宏观调控的前瞻性、针对性、有效性。“我们既要坚信中国的发展前途光明，又要充分认识到道路曲折、困难很多，发挥中国共产党领导和我国社会主义制度的政治优势，集中力量办大事，打好防范和抵御风险的有准备之战，打好化险为夷、转危为机的战略主动战。”[⑤] 习近平对“六稳”任务的部署，给我们以“六稳”工作推进经济高质量发展指明了方向。

第三，以“两个轮子”确保经济高质量发展。习近平指出，要以创新驱动和改革开放为“两个轮子”，全面提高经济整体竞争力，加快现代化经济体系建设。创新驱动和改革开放作为确保经济实现量的合理增长和质的稳步提升的“两个轮子”，对于激发经济内生动力、加快经济高质量发展无疑具有“提速”作用。

在经济的高质量发展中，创新从理念到实践都并非是单向度的行为。习近平强调，“创新是一个复杂的社会系统工程，涉及经济社会各个领域”[⑥]，它包括了“理论创新、体制创新、制度创新、人才创新等”[⑦]。在国际竞争日趋激烈和我国发展动力转换的形势下，只有把创新摆在国家发展全局的核心位置，“不断推进理论创新、制度创新、科技创新、文化创新等各方面创新”[⑧]，才能塑造更多依靠创新驱动、更多发挥先发优势的引领型发展。以创新驱动经济的高质量发展，既要坚持全面系统的观点，又要以主要领域和关键环节的突破带动全局；既要强化事关发展全局的基础研究和共性关键技术研究取得重大突破，又要以重大科技创新为引领，加快科技创新成果向现实生产力转化，

---

① 《习近平谈治国理政》（第三卷），外文出版社 2020 年版，第 474 页。

②④ 《习近平出席第二届中国国际进口博览会开幕式并发表主旨演讲》，载《人民日报》2019 年 11 月 6 日。

③ 《齐心开创共建“一带一路”美好未来——在第二届“一带一路”国际合作高峰论坛开幕式上的主旨演讲》，载《人民日报》2019 年 4 月 27 日。

⑤ 习近平：《扎扎实实推动经济高质量发展》，载《人民日报》2019 年 7 月 31 日。

⑥ 《习近平关于社会主义经济建设论述摘编》，中央文献出版社 2017 年版，第 35 页。

⑦ 《习近平关于科技创新论述摘编》，中央文献出版社 2016 年版，第 4 页。

⑧ 《十八大以来重要文献选编》（中），中央文献出版社 2016 年版，第 825 页。

增强我国经济整体素质和国际竞争力。

改革开放是经济发展的关键一招，也是制胜一招。新时代，在“四梁八柱”的改革基本完成、重点领域和关键环节的开放取得了重大进展的情况下，以改革开放驱动经济高质量发展，就必须注重改革开放的系统性、整体性、协同性。供给侧结构性改革是习近平适应经济新常态提出的战略决策，也是引领我国经济高质量发展的政策主线。以改革为动力，降成本、补短板、提升供给体系质量和效率，切实做强实体经济。“推动高质量发展，就要建设现代化经济体系，这是我国发展的战略目标”。[①] 开放是国家繁荣发展的必由之路，经济要发展，就必须顺应经济深度融入世界经济的趋势，奉行互利共赢的开放战略，坚持内外需协调、进出口平衡、引进来和走出去并重、引资和引技引智并举，发展更高层次的开放型经济，积极参与全球经济治理和公共产品供给，提高我国在全球经济治理中的制度性话语权，推进共建“一带一路”高质量发展，构建广泛的利益共同体。

三、客观分析经济高质量发展的问题

在新时代经济发展中，“三大攻坚战”即精准脱贫、污染防治和金融风险防范化解虽然取得关键进展，但在2020年全面建成小康社会的收官之年，却遭遇到了新冠肺炎疫情的挑战。习近平强调，要顺利跨越全面建成小康社会的重要关口，就必须统筹做好疫情防控和经济发展的工作，打好“三大攻坚战”。在如何通过打好“三大攻坚战”推进经济高质量发展问题上，习近平所作的论述展现了一个政治家的担当和智慧。

首先，打赢精准脱贫攻坚战。这是决胜全面建成小康社会的重要部署，是建设社会主义现代化强国、实现中华民族伟大复兴的战略支点。习近平高度重视这一问题，在2020年新冠肺炎疫情增加了打赢精准脱贫攻坚战的难度、影响着决胜全面建成小康社会的紧要关头，他就决战脱贫攻坚问题作出了新决策新部署。

一是脱贫攻坚取得决定性成就。习近平指出：“党的十八大以来，我们坚持以人民为中心的发展思想，明确了到2020年我国现行标准下农村贫困人口实现脱贫、贫困县全部摘帽、解决区域性整体贫困的目标任务。目前看，脱贫进度符合预期，成就举世瞩目。”[②] 脱贫攻坚目标任务接近完成、贫困群众收入水平大幅度提高、贫困地区基本生产生活条件明显改善、贫困地区经济社会发展明显加快、贫困治理能力明显提升、中国减贫方案和减贫成就得到国际社会普遍认可，如此等等，都说明了我国的脱贫攻坚取得了前所未有的成就。

二是打赢脱贫攻坚战面临的困难挑战。习近平精准分析了在2020年决胜全面建成小康社会中打赢脱贫攻坚战所面临的难题。对于全国还有52个贫困县未摘帽、2 707个

---

① 《习近平谈治国理政》（第三卷），外文出版社2020年版，第239页。

② 习近平：《在决战决胜脱贫攻坚座谈会上的讲话》，载《人民日报》2020年3月7日。

贫困村未出列、建档立卡贫困人口未全部脱贫的问题，他强调："虽然同过去相比总量不大，但都是贫中之贫、困中之困，是最难啃的硬骨头。"① 对于新冠肺炎疫情带来的诸如外出务工受阻、扶贫产品销售和产业扶贫困难、扶贫项目停工等问题，他强调必须采取措施解决。对于已脱贫的地区和人口中存在产业基础比较薄弱、产业项目同质化严重、就业不够稳定等问题，他强调在已脱贫人口中要防范返贫风险，在边缘人口中要防范致贫风险。对于脱贫攻坚工作中存在的工作重点转移、投入力度下降、干部精力分散等现象，以及数字脱贫、虚假脱贫等问题，他强调必须采取有效措施加强监督脱贫攻坚工作到位。

三是确保打赢精准脱贫攻坚战的举措。针对位于西藏、新疆、甘肃、四川和云南的"三区三州"这类国家层面的深度贫困地区，习近平强调要加大政策、资金的倾斜支持力度，优化政策供给，强化措施落地，提升产业扶贫质量。针对疫情影响问题，习近平强调，在疫情严重地区，在重点搞好疫情防控的同时，统筹推进疫情防控和脱贫攻坚，而在没有疫情或疫情较轻地区，则集中精力加快推进脱贫攻坚；要做好对因疫致贫返贫人口的帮扶，密切跟踪受疫情影响的贫困人口情况，及时落实好兜底保障等帮扶措施，确保他们的基本生活不受影响。习近平提出了要在精准施策上出实招、在精准推进上下实功、在精准落地上见实效的思想。不仅扶贫对象、项目安排、资金使用精准，而且措施到户、因村派人、脱贫成效精准。在打赢精准脱贫攻坚战与乡村振兴的关系上，习近平指出："脱贫摘帽不是终点，而是新生活、新奋斗的起点。"② 这既说明了打赢精准脱贫攻坚战，全面提升脱贫的稳定性和可持续性，是乡村振兴的关键，也强调了减贫战略和工作体系纳入乡村振兴战略的重要意义。

其次，打好污染防治攻坚战。良好的生态环境是全面建成小康社会的重要标杆，是衡量经济高质量发展的显著标志。污染防治攻坚战开展以来，生态环境质量持续改善，成效显著。但是，2020 年突如其来的新冠疫情给打好污染防治攻坚战增添了难度。经济社会发展同生态环境保护的矛盾依然突出、资源环境承载能力已经达到或接近上限、环境风险防控能力还有不足等问题，成为经济社会可持续发展的瓶颈制约。面对这些问题，在全面建成小康社会的决胜关头，习近平对如何打好污染防治攻坚战作了精辟论述。

一是必须树牢"绿水青山就是金山银山"的绿色发展观，把握生态文明建设的规律。习近平把新时代生态文明建设概括为"四个一"，即"在'五位一体'总体布局中生态文明建设是其中一位，在新时代坚持和发展中国特色社会主义基本方略中坚持人与自然和谐共生是其中一条基本方略，在新发展理念中绿色是其中一大理念，在三大攻坚战中污染防治是其中一大攻坚战。"③ 习近平的这一概括，深刻说明了绿色发展观对于推动我国经济高质量发展的重要意义。在全面建成小康社会遇到的难题和挑战面前，"在我国经济由高速增长阶段转向高质量发展阶段过程中，污染防治和环境治理是需要

①② 习近平：《在决战决胜脱贫攻坚座谈会上的讲话》，载《人民日报》2020 年 3 月 7 日。
③ 《习近平参加内蒙古代表团审议》，载《人民日报》2019 年 3 月 6 日。

跨越的一道重要关口。要保持加强生态环境保护建设的定力，不动摇、不松劲、不开口子”。[①] 既不能放宽放松，更不能走回头路，保持方向、决心和定力不动摇，是打好污染防治攻坚战的先导。

二是突出精准治污、科学治污、依法治污，推动生态环境质量持续好转。为打好污染防治攻坚战，习近平提出了精准治污、科学治污、依法治污的原则。精准治污，既在于精确定位影响环境质量和涉及污染扰民的突出环境问题及主要污染源，更在于精准发力，对症解决主要矛盾和深层次问题。科学治污，关键在于遵循客观规律，实事求是地采取科学手段，力求取得较好的治污效果。依法治污，则是严格依法审批、监管、治理、处罚、追责，把尊重法律与依法行政、创新工作、防治污染有机结合起来。“准确把握‘三个治污’，要害在精准，关键在科学，路径在依法。”[②] 以“实行最严格的生态环境保护制度”“全面建立资源高效利用制度”“健全生态保护和修复制度”“严明生态环境保护责任制度”为举措，聚焦绿色发展、生态保护与修复，构建政府为主导、企业为主体、社会组织和公众共同参与的环境治理体系，强化系统谋划、精准施策、攻坚保障，做到精准发力、科学施治、依法推动。

三是重点打好蓝天、碧水、净土保卫战，完善相关治理机制，抓好源头防控。打好蓝天、碧水、净土三大保卫战，是习近平在论述经济高质量发展中始终贯穿的思想。他强调，要采取更有效的政策措施，包括调整产业结构、实施水污染防治行动计划、落实土壤污染防治行动计划等，打好这场攻坚战。2020年是打好污染防治攻坚战的决胜之年，打好蓝天、碧水、净土保卫战是推动经济高质量发展、补齐全面建成小康社会短板的不可或缺的内容。

最后，打好防范化解金融风险攻坚战。金融是国家重要的核心竞争力，金融安全是国家安全的重要组成部分，金融制度是经济社会发展中重要的基础性制度。针对我国实体经济中结构性矛盾、金融服务实体经济能力不强、要素成本快速上升、创新能力不足、资源环境约束增强等问题，习近平就如何在推动经济高质量发展中，打好防范化解金融风险攻坚战作了系统性分析。

一是防范化解金融风险重中之重在于防止发生系统性金融风险，习近平把此项任务看成是金融工作的根本性任务。他认为，防范风险，重要的是防范系统性金融风险。为此，既要“加快金融市场基础设施建设，稳步推进金融业关键信息基础设施国产化”，“做好金融业综合统计，健全及时反映风险波动的信息系统，完善信息发布管理规则，健全信用惩戒机制”；也要“管住金融机构、金融监管部门主要负责人和高中级管理人员，加强对他们的教育监督管理，加强金融领域反腐败力度”，“运用现代科技手段和支付结算机制，适时动态监管线上线下、国际国内的资金流向流量，使所有资金流动都置于金融监管机构的监督视野之内”；还要“完善金融从业人员、金融机构、金融市场、

---

① 《习近平参加内蒙古代表团审议》，载《人民日报》2019年3月6日。

② 环境部：《关于在疫情防控常态化前提下积极服务落实“六保”任务　坚决打赢打好污染防治攻坚战的意见》。

金融运行、金融治理、金融监管、金融调控的制度体系，规范金融运行”。[①] 习近平关于防范系统性金融风险的系统性对策的提出，对于压实金融机构、金融管理部门各方责任，为防范化解系统性金融风险规定了方向和路径。

二是金融要回归本源，金融业的天职是为实体经济服务，习近平把此项举措看成是防范化解金融风险的根本性举措。他指出：“金融活，经济活；金融稳，经济稳。经济兴，金融兴；经济强，金融强。经济是肌体，金融是血脉，两者共生共荣。”[②] 习近平的这一重要论述，揭示了金融服务实体经济的本质属性，指明了理清金融与实体经济的关系对于防范化解金融风险的意义。针对我国金融业的市场结构、经营理念、创新能力、服务水平与经济高质量发展不相适应的方面，习近平强调：“我们要抓住完善金融服务、防范金融风险这个重点，推动金融业高质量发展。”[③] 一方面，防范化解金融风险要以实体经济的健康稳定发展为基础，在稳增长的基础上防风险；另一方面，防范化解金融风险，必须建立完善更加协调的金融监管制度。

三是充分发挥金融机构防范化解风险的主体作用，守住风险底线，提高防控能力。习近平强调，防范化解金融风险要守住底线，打好基础，把防范化解经济重大风险变成加快推动经济高质量发展的动力。他提出了“六个要”，即要以金融体系结构调整优化为重点，优化融资结构和金融机构体系、市场体系、产品体系；要构建多层次、广覆盖、有差异的银行体系；要建设一个规范、透明、开放、有活力、有韧性的资本市场；要围绕建设现代化经济的产业体系、市场体系、区域发展体系、绿色发展体系等提供精准金融服务，构建风险投资、银行信贷、债券市场、股票市场等全方位、多层次金融支持服务体系；要适应发展更多依靠创新、创造、创意的大趋势，推动金融服务结构和质量来一个转变；要更加注意尊重市场规律、坚持精准支持，让市场在金融资源配置中发挥决定性作用。这“六个要”充分表达了金融业高质量发展对于实体经济发展的重要性。

四、科学定位经济高质量发展的取向

经济高质量发展的根本目的就是改善民生、增进民生福祉。习近平最关心人民、最关注民生，他强调必须多谋民生之利、多解民生之忧，在发展中补齐民生短板、促进社会公平正义，从而为新时代改善民生指明了方向。

经济的高质量发展依靠人民，经济的高质量发展也是为了人民。“以人民为中心”是中国共产党部署经济工作、制定经济政策、推动经济发展的重要基础。带领人民创造美好生活是以习近平同志为核心的党中央始终不渝的奋斗目标。习近平指出：“人民对美好生活的向往就是我们的奋斗目标，发挥人民主体作用是推动发展的强大动力。我们持续抓保

---

①②③ 习近平：《深化金融供给侧结构性改革　增强金融服务实体经济能力》，载《人民日报》2019 年 2 月 24 日。

障和改善民生工作，强调更多从解决人民群众普遍关心的突出问题入手推进全面建成小康社会建设，把坚持以人民为中心的发展思想贯穿到‘五位一体’总体布局和‘四个全面’战略布局之中。”① 因此，以人民的呼声为第一信号，以人民的需求为第一要务，以增进人民福祉为重要内容，以满足人民期待和实现人民愿望为己任，让改革发展成果更多更公平地惠及全体人民，成为习近平关于经济高质量发展理论和实践的重要导向。

民生问题是人民群众最关心、最直接、最现实的利益问题，事关国家发展、人民幸福。关注民生、重视民生、保障民生、改善民生，历来是中国共产党经济工作的重点。在全面建成小康社会决胜之年，以人民为中心，强化民生服务，更是推进经济高质量发展的出发点和归属点。在推进经济高质量发展中，习近平部署的每项任务、每个举措，都贯穿了鲜明的民生导向。做好“六稳”工作、“两个轮子”驱动、打好“三大攻坚战”等都和民生直接有关。经济高质量发展的目的就在于确保民生得到有效改善和保障，这反映了习近平基于人民、为了人民、向着人民、对人民负责、让人民获益的立场和思想理念。

民生是一项系统而复杂的工程，涉及就业、医疗、住房保障等方方面面。决胜全面建成小康社会，习近平把确保民生得到有效改善和保障的重点，定位在重点群体、困难群体和特殊群体上，强调要发挥政府作用保基本，注重普惠性、基础性、兜底性，做好关键时点、困难人群的基本生活保障，从而反映了中国共产党解决民生问题的针对性和有效性。

第一，就业是民生之本。习近平以“就业是最大的民生”论断点明了就业与民生的关系。要让老百姓端稳饭碗，就必须通过就业获得稳定的收入，只有安居乐业，才能促进社会的发展和稳定。从宏观上来说，就是“要坚持就业优先战略和积极就业政策，实现更高质量和更充分就业”。② 高质量的就业就在于稳定就业总量、改善就业结构、突出抓好重点群体就业工作，确保零就业家庭动态清零。针对重点群体就业问题，习近平强调要“扎实做好下岗失业人员、高校毕业生、农民工、退役军人等重点群体就业工作”③，多渠道促进就业创业。开展“稳就业”行动，兜牢民生“底线”，可以不断增强人民群众的获得感、幸福感和安全感。

第二，教育是民生之基。习近平指出：“建设教育强国是中华民族伟大复兴的基础工程，必须把教育事业放在优先位置，深化教育改革，加快教育现代化，办好人民满意的教育。”④ 在全面建成小康社会的决胜之年，对于农村教育存在着短板问题，他强调，“要推进城乡义务教育一体化发展，缩小城乡教育资源差距，促进教育公平，切断贫困代际传递”。⑤ 对于城市务工人员特殊群体，他强调，要有效解决他们的子女上学难问

---

① 《习近平谈治国理政》（第三卷），外文出版社2020年版，第234页。

② 《十九大以来重要文献选编》（上），中央文献出版社2019年版，第32~33页。

③ 《习近平在宁夏考察时强调　决胜全面建成小康社会决战脱贫攻坚　继续建设经济繁荣民族团结环境优美人民富裕的美丽新宁夏》，载《人民日报》2020年6月11日。

④ 《十九大以来重要文献选编》（上），中央文献出版社2019年版，第32页。

⑤ 《脱贫摘帽是新生活新奋斗的起点——习近平总书记陕西考察重要讲话引发热烈反响》，载《人民日报》2020年4月26日。

题，保证城市务工人员的子女以流入地公办幼儿园和普惠性民办幼儿园为主接受学前教育，以公办学校为主接受义务教育，解决他们接受完成义务教育之后的中高考升学问题，让他们的子女享有平等的同城入学、同城升学的机会，以推进教育公平。

第三，社会保障是民生之安全网。习近平指出："按照兜底线、织密网、建机制的要求，全面建成覆盖全民、城乡统筹、权责清晰、保障适度、可持续的多层次社会保障体系。"① 在全面建成小康社会的决胜之年，在新冠肺炎疫情肆虐中国大地之时，习近平强调，"要完善社会保障，做好低保工作，及时发放价格临时补贴，确保群众基本生活"。② 对于老弱病残等缺乏劳动能力的群体，要综合运用社会救助、社会福利等保障措施，实现应保尽保，确保兜住基本生活底线；对于老年人群体，要确保养老金按时足额发放，加快推进养老保险全国统筹；还必须发挥市场供给灵活性优势，深化医疗养老等民生服务领域市场化改革和对内对外开放，增强多层次多样化供给能力，更好实现社会效益和经济效益相统一。

第四，住房是民生之保障。习近平告诫我们："房子是用来住的、不是用来炒的。"③ 他一再强调，只有坚持这个定位，才能促进房地产市场平稳健康发展。在全面建成小康社会的决胜之年，对于城市困难群体的住房保障，不仅要加强城市更新改造，改善基础设施，而且要进行存量住房改造提升，加电梯、地下管网等，做好城镇老旧小区改造，同时还要大力发展租赁住房，全面落实因城施策，稳地价、稳房价、稳预期的长效管理调控机制，促进房地产市场平稳健康发展，更好地满足城市困难群体的住房需求。

民生问题是习近平于2020年4月17日在中央政治局会议上提出的"六保"任务（保居民就业、保基本民生、保市场主体、保粮食能源安全、保产业链供应链稳定、保基层运转）中的前两项任务，是完成后四项任务的前提和基础。解决民生问题，既是经济高质量发展的需要，也是经济高质量发展的方向。习近平把改善民生，特别是在关键时点上改善特定群体的民生，作为决胜全面建成小康社会的基础，将民生放在党的经济工作的突出位置，体现了他以人民为中心推动经济高质量发展的治国理政的理念。

---

① 《十九大以来重要文献选编》（上），中央文献出版社2019年版，第33页。

②③ 《中共中央政治局召开会议中共中央总书记习近平主持会议》，载《人民日报》2020年4月18日。

《资本论》的创新性研究对于中国特色社会主义政治经济学的重大意义*

邱海平**

摘要：习近平总书记指出，坚持和发展中国特色社会主义政治经济学，要以马克思主义政治经济学为指导，这是构建作为“系统化的经济学说”的中国特色社会主义政治经济学理论体系的重大方法论原则，切实贯彻这一原则，需要全面正确认识马克思主义政治经济学的丰富内涵及其与中国特色社会主义政治经济学的关系，需要明确坚持和继承、创造性转化、创新性发展马克思经济学特别是《资本论》的理论成果，这也是构建中国特色社会主义政治经济学理论体系的重要途径和必由之路。

关键词：马克思经济学　马克思主义政治经济学　《资本论》　中国特色社会主义政治经济学

党的十八大以来，习近平总书记提出了“各级党委和政府要学好用好政治经济学”的重大现实任务，提出了“中国特色社会主义政治经济学”这一重要范畴，指明了全面深化经济体制改革必须坚持中国特色社会主义政治经济学的重大原则，批判了《资本论》和马克思主义政治经济学“过时论”，指明了坚持和发展中国特色社会主义政治经济学“要以马克思主义政治经济学为指导，总结和提炼我国改革开放和社会主义现代化建设的伟大实践经验，同时借鉴西方经济学的有益成分”的方法论原则，提出了“把实践经验上升为系统化的经济学说”的理论目标。在中国特色社会主义政治经济学理论体系的构建过程中，究竟如何贯彻落实“以马克思主义政治经济学为指导”这一重大原则，是一个值得深入研究的理论课题。围绕这个主题，本文探讨以下几个方面的问题。

一、全面认识马克思经济学的丰富内涵

坚持和发展中国特色社会主义政治经济学，必须坚持以马克思主义政治经济学为指

* 本文系国家社科基金重大项目“新时代中国特色经济学基本理论问题研究”（18VXK002）、教育部重大专项课题“党的创新理论引领贯穿理论经济学知识体系研究”（19JZDZ002）的阶段性成果。该文发表于《马克思主义研究》2020 年第 2 期。

** 邱海平，中国人民大学经济学院教授。

导。那么，什么是“马克思主义政治经济学”呢？对此，我们应该有一个全面的认识，从广义的角度来说，要对“马克思主义政治经济学”下一个标准定义似乎并不容易，特别是要判断马克思主义经典作家之外的经济学者的理论和观点是否可以归属马克思主义政治经济学，可能更加困难。列宁指出：“马克思主义是马克思的观点和学说的体系。”他还指出：“使马克思的理论得到最深刻、最全面、最详尽的证明和运用的是他的经济学说。”① 因此，我们首先必须把马克思主义政治经济学理解为马克思主义经典作家特别是马克思本人（包括恩格斯）的政治经济学理论即马克思的经济学说或马克思经济学。因此，“以马克思主义政治经济学为指导”，首先是指“以马克思经济学为指导”。接下来的问题是，马克思经济学包括哪些内容？众所周知，《资本论》是马克思主义政治经济学的经典著作，人们常说的马克思主义政治经济学首先是指《资本论》的理论。但是，需要指出的是，不应该把《资本论》的理论理解为马克思经济学的全部内容。事实上，从一个更广阔的视野来看，马克思经济学的内容除了《资本论》的理论之外，还包含其他的十分丰富的内容。众所周知，马克思曾经制订过一个“六册结构计划”，其中包括《资本》册、《雇佣劳动》册、《土地所有制》册、《国家》册、《对外贸易》册和《世界市场》册。《资本论》是马克思在写作《资本》册中“资本一般”篇的基础上逐步演变而成的。虽然学术界在马克思是否用后来的《资本论》结构代替了“六册结构”这个问题上存在着不同的看法，但是，有一点却是确定无疑的，即马克思在一系列文献中对于《资本》册后几篇和六册中后五册的相关内容进行了大量论述。20 世纪 90 年代，我国马克思主义经济学家对此进行了系统的研究，最后由汤在新教授主编出版了《〈资本论〉续篇探索》一书②。这个重要的研究成果表明，马克思在《资本论》之外，对于竞争、信用、股份资本、土地所有制、雇佣劳动、国家、对外贸易、世界市场等进行了大量论述，这些都构成了马克思经济学的极为重要的组成部分。毫无疑问，了解和学习马克思的这些理论和思想内容，不仅有助于我们更加全面地理解马克思经济学，而且有助于促进马克思主义政治经济学的拓展和发展，有助于中国特色社会主义政治经济学理论体系的构建。

不仅如此，在《共产党宣言》《资本论》《哥达纲领批判》《反杜林论》等马克思主义经典文献中，马克思、恩格斯对于未来社会主义和共产主义社会的基本经济特征进行了理论概括和描述，其中主要有生产资料的社会公有制、计划生产、按劳分配、按需分配、人与自然的和谐、人的自由全面发展等。毫无疑问，马克思、恩格斯关于未来社会基本经济特征的理论，是马克思经济学的重要组成部分。事实上，马克思经济学的这一部分理论和思想对于后来的社会主义政治经济学理论和实践产生了十分深远的影响，并且对于新时代中国特色社会主义政治经济学理论及其体系的构建仍然具有原则和方向上的现实指导意义。有人根据中国特色社会主义在许多方面与马克思、恩格斯关于未来社会的设想存在差异，就断然否定马克思、恩格斯的科学社会主义理论的重大现实意义，

① 《列宁专题文集：论马克思主义》，人民出版社 2009 年版。
② 汤在新主编：《〈资本论〉续篇探索》，中国金融出版社 1995 年版。

这是完全错误的。同时，实践证明，教条主义地对待马克思、恩格斯关于未来社会的理论设想，把这些理论设想直接等同于现实社会主义发展道路，同样是错误的。我们还要看到，马克思不仅研究了发达资本主义国家无产阶级革命和向共产主义过渡的问题，而且对于落后国家和民族跨越“卡夫丁峡谷”的问题也进行了认真研究，形成了关于落后国家和民族向共产主义过渡的丰富思想。这些思想，同样是马克思经济学的重要内容。虽然马克思的这些思想是以发达国家的无产阶级率先取得革命胜利为前提的，但是毫无疑问，马克思的这些思想对于我们理解中国特色社会主义发展道路及其规律具有更加直接的现实指导意义。除此之外，马克思对于前资本主义的各种社会经济也有大量论述，即属于“广义政治经济学”的思想内容。① 这些思想内容同样构成了马克思经济学的极有价值的组成部分，并且同样是中国特色社会主义政治经济学的重要思想资源。

总之，马克思经济学包含着十分丰富的理论内容，它们都是中国特色社会主义政治经济学的重要理论和思想资源。从原则上来说，我们都应该很好地继承和运用。但是，从范畴的规范性、理论的精确性、逻辑的严谨性、体系的完整性等各个方面来看，《资本论》是马克思经济学的精华，也是马克思主义政治经济学的百科全书，在理论上具有无可替代的重要地位。因此，我们首先需要研究的是，如何坚持和继承、创造性转化和创新性发展《资本论》的理论成果。

二、坚持和继承、创造性转化和创新性发展《资本论》的理论成果

习近平总书记指出：“坚持以马克思主义为指导，是当代中国哲学社会科学区别于其他哲学社会科学的根本标志，必须旗帜鲜明加以坚持。”② 如上所述，“以马克思主义政治经济学为指导”，首先是指以马克思经济学为指导，更进一步说又首先是指坚持和继承、创造性转化、创新性发展《资本论》的理论成果。那么，坚持和继承、创造性转化、创新性发展《资本论》的理论成果的科学涵义和具体方法是什么呢?

坚持和继承、创造性转化、创新性发展《资本论》的理论成果的首要涵义，当然是指贯彻和体现在《资本论》中的世界观和方法论，即辩证唯物主义和历史唯物主义。习近平总书记指出：“马克思主义关于世界的物质性及其发展规律、人类社会及其发展规律、认识的本质及其发展规律等原理，为我们研究把握哲学社会科学各个学科各个领域提供了基本的世界观、方法论。”③ 众所周知，马克思是在创立了历史唯物主义之后转向政治经济学研究的。马克思在《〈政治经济学批判〉序言》中对历史唯物主义基本原理进行了经典表述，并且明确指出，这是指导他的政治经济学研究的“总的结果”④。马克思在《资本论》第1卷德文第2版“跋”中，明确地阐明自己运用的方法（论）

---

① 例如恩格斯的《家庭、私有制和国家的起源》就是这方面的经典之作。

②③ 习近平：《在哲学社会科学工作座谈会上的讲话》，载《人民日报》2016年5月19日。

④ 《马克思恩格斯文集》（第2卷），人民出版社2009年版，第591页。

是唯物辩证法。在《资本论》第1卷法文版序言中，马克思指出："我所使用的分析方法至今还没有人在经济问题上运用过。"① 正是由于马克思把唯物辩证法和历史唯物主义方法论运用于对经济问题的分析，从而超越了英国法国的古典政治经济学，实现了政治经济学的革命。无需赘言，唯物辩证法和历史唯物主义是指导一切社会问题研究的、一般的、普遍的科学世界观和方法论。作为中国化的马克思主义政治经济学——中国特色社会主义政治经济学，理所当然必须坚持贯彻运用唯物辩证法和历史唯物主义世界观和方法论。

另外，我们必须认识到，仅仅从方法论的角度来理解《资本论》的理论成果对于中国特色社会主义政治经济学的指导地位和作用是远远不够的。事实上，在《资本论》中，方法论和理论是融为一体的，是不能分割来理解的。脱离《资本论》的理论内容而孤立地、片面地强调马克思经济学方法论的指导地位和作用，无异于用马克思主义哲学替代了马克思经济学，显然是不科学的、不正确的。不仅如此，事实上，《资本论》是由研究对象、基本立场、研究目的、研究方法、一系列范畴和原理、叙述方法（即逻辑）等各方面理论成果构成的一个完整体系。因此，坚持以马克思经济学为指导，除了必须坚持贯彻和体现在《资本论》中的辩证唯物主义和历史唯物主义世界观和方法论之外，还需要科学对待《资本论》的研究对象、基本立场、研究目的、基本范畴、基本理论、逻辑方法等各个方面理论成果与中国特色社会主义政治经济学的关系。我们认为，坚持和继承、创造性转化和创新性发展《资本论》的各个方面的理论成果，既是以马克思经济学为指导的完整涵义和具体方法，也是构建中国特色社会主义政治经济学理论体系的重要途径，而这一点也恰好是我们需要深入研究的问题和努力的方向。

从科学发展规律的角度来说，坚持和继承、创造性转化和创新性发展人类已有的优秀科学文化科学遗产，既体现科学发展一般规律的基本要求，更体现了中国特色社会主义政治经济学的内在要求及其与马克思经济学的本质联系。习近平总书记指出，构建中国特色哲学社会科学体系，特别是要把握好三个方面的资源，即马克思主义的资源、中华优秀传统文化的资源和国外哲学社会科学的资源。毫无疑问，这三种资源在构建中国特色社会主义政治经济学中的地位和作用是不一样的，不应该将它们混为一谈。这是因为，中国特色社会主义政治经济学是中国特色社会主义经济实践的理论反映，而中国特色社会主义经济实践从根本上来说，是中国共产党不断自觉地把马克思主义基本原理与中国实际相结合的过程。在这个过程中，也包含着我们党对于中华传统优秀文化和国外优秀哲学社会科学成果的有益借鉴和恰当吸收。因此，构建中国特色社会主义政治经济学理论体系，仍然需要坚持正确的理论原则和方向，集中研究如何坚持和继承、创造性转化和创新性发展《资本论》的各个方面理论成果。

① 《马克思恩格斯文集》（第5卷），人民出版社2009年版，第24页。

三、科学运用《资本论》的理论成果的具体途径

我们主张通过坚持和继承、创造性转化和创新性发展《资本论》的理论成果，构建中国特色社会主义政治经济学理论体系。首先需要确定一个基本原则，即创造性转化和创新性发展必须以坚持和继承为前提，而创造性转化和创新性发展的根本目的正在于更好地坚持和继承。那么，坚持和继承、创造性转化和创新性发展《资本论》的理论成果的具体内容又是什么呢？限于篇幅，这里进行一些初步的讨论。

1.《资本论》重要理论要素的坚持和继承

以马克思经济学为指导，除了坚持和继承辩证唯物主义和历史唯物主义世界观和方法论之外，还必须坚持和继承《资本论》中对于中国特色社会主义政治经济学具有重大意义的许多理论要素。

第一，《资本论》的基本立场和价值观。习近平总书记指出："坚持以马克思主义为指导，核心要解决好为什么人的问题。为什么人的问题是哲学社会科学研究的根本性、原则性问题。我国哲学社会科学为谁著书、为谁立说，是为少数人服务还是为绝大多数人服务，是必须搞清楚的问题。"① 与资产阶级意识形态不同，马克思主义公开承认自己的无产阶级立场和价值观。马克思思想发展史表明，马克思早在青年时代就确立了崇高的世界观和人生价值观，从而为后来成为一位伟大的思想家奠定了坚实的思想基础。但马克思并非天然就是一个无产阶级思想家和革命家，他是在深入研究了社会历史和现实，发现了阶级斗争规律和工人阶级的历史地位，创立了历史唯物主义的科学理论之后，才更加自觉地站到工人阶级和劳动人民立场上来的。在马克思那里，科学理论的发现对于他的阶级立场和价值观的确定具有决定性的作用，科学家的一面同革命家的一面是辩证地统一在一起的。毫无疑问，中国特色社会主义政治经济学来源于中国共产党领导的中国特色社会主义经济建设实践，以人民为中心是中国共产党的初心和始终一贯的阶级立场与价值观。因此，中国特色社会主义政治经济学必须自觉地坚持和继承体现在《资本论》中的阶级立场和价值观，坚持科学性与阶级立场的有机统一。这就决定了中国特色社会主义政治经济学只能是一种为人民服务的经济学，而不是为资本服务的经济学。当然，由于中国特色社会主义经济实践中存在着各种各样的资本，出于为人民服务的最终目的和利用资本的现实需要，中国特色社会主义政治经济学需要建立一种新的资本理论。

第二，《资本论》关于社会生产和市场经济的一般原理。由于资本主义经济在客观上表现为社会生产过程、商品生产或市场经济、资本主义生产方式三个方面的有机统

① 习近平：《在哲学社会科学工作座谈会上的讲话》，载《人民日报》2016年5月19日。

一，因此，在理论上，《资本论》在侧重揭示资本主义社会所特有的经济运动规律的同时，还提出了关于社会生产和市场经济的一般原理。例如：在社会的生产、交换、分配、消费等不同环节中，生产始终是起决定性作用的环节，同时其他环节对于生产又具有一定的反作用；人的劳动和以广义的土地为代表的一切自然资源都是社会财富的原始源泉，土地是财富之母，劳动是财富之父和能动的要素；劳动生产力是由多种情况决定的，其中包括：工人的平均熟练程度、科学的发展水平和它在工艺上的应用程度、生产过程的社会结合、生产资料的规模和效能以及自然条件；社会总劳动按比例分配在不同的生产上，才能满足人的不同需要；一切节约从根本上来说都是时间的节约，这是“首要的规律”；一切发达的、以商品交换为中介的分工的基础，都是城乡的分离，社会的全部经济史，都概括为这种对立运动；商品具有使用价值和价值两个因素，使用价值是价值的基础和前提，价值是凝结在商品中的一般人类劳动，价值量是生产它的社会必要劳动时间决定的，单位商品的价值量与生产它的社会劳动生产率成反比；交换价值或价格是价值的表现形式，同时受供求关系的影响，价格围绕价值波动，是价值规律的实现形式；随着商品形式和价值形式的不断发展，最终产生了货币，货币在本质上是从商品交换中产生并充当一般等价物的商品，货币的本质通过价值尺度、流通手段、支付手段、贮藏手段、世界货币等职能既得到表现，同时又被掩盖，流通中的货币数量是由流通中待实现的商品价值量决定的，纸币发行量必须服从货币流通量规律，否则就会发生通货膨胀；价值规律的作用一方面推动着社会劳动生产率的提高，另一方面又会造成生产者的分化甚至一部分生产者的破产，在一定社会条件下为资本主义生产方式的建立创造了基础；等等。

毫无疑问，从根本特征上来看，中国特色社会主义经济是社会生产、市场经济和社会主义生产方式的有机统一，构建中国特色社会主义政治经济学理论体系必须坚持和继承《资本论》的上述一般原理，这一点也是政治经济学界的普遍共识，几乎不存在争议。

第三，《资本论》关于资本主义经济运动规律的基本理论。《资本论》深刻地揭示了资本主义社会的经济运动规律，科学地论证了资本主义生产方式或经济制度的历史局限性，指明了资本主义生产方式必然被更高级的社会生产方式（共产主义生产方式）所取代的历史趋势，从而为无产阶级革命和社会主义建设事业奠定了坚实的理论基础。中国特色社会主义实践正是在《资本论》的核心理论以及整个马克思主义理论指导下进行的，只有坚持和继承《资本论》的核心理论，中国特色社会主义政治经济学才具有理论上的合法性和合理性。相反，如果怀疑甚至否定《资本论》的核心理论和科学结论，那么，“中国特色社会主义政治经济学”这一概念都无从谈起，更遑论构建中国特色社会主义政治经济学理论体系了，这一点也是政治经济学界的普遍共识，不存在原则性分歧。总之，只有坚持和继承《资本论》的上述重要理论要素，才能确保中国特色社会主义政治经济学是中国化的马克思主义政治经济学，而不是什么其他性质的经济学。

2.《资本论》范畴和述语的创造性转化

以马克思经济学为指导，还需要对《资本论》的某些范畴和基本原理进行创造性转化，以适用于分析中国特色社会主义经济，满足构建中国特色社会主义政治经济学理论体系的理论需要。这里说的主要是指资本、劳动力商品、剩余价值等《资本论》的核心范畴和理论。由于资本、劳动力商品、剩余价值等范畴和理论，是马克思用来刻画资本主义经济关系所创造出来的新范畴和新理论，因此，长期以来，学术界对于社会主义政治经济学中究竟可否使用这些范畴和理论一直存在争议。不过，随着中国特色社会主义经济实践的发展，可以看到一些重要的变化。例如，"资本"这个范畴已经开始被学界广泛使用，中央文件中也已使用了"国有资本"这样的概念。在究竟如何对待"劳动力商品"和"剩余价值"这两个核心范畴对于社会主义市场经济的适用性这个问题上，学术界的主流看法仍然是，可以直接用它们来分析中国的民营经济或私营经济，但不能将它们直接用于分析社会主义公有制经济。在这个认识的基础上，学术界对于如何创造相对应的新概念进行了长期探索，提出了一些不同的概念和范畴，但并未获得广泛认同。其实，从理论逻辑上来说，既然公有制经济中的资产也可以用"资本"来表达，为什么与"资本"紧密相关的"劳动力商品"和"剩余价值"范畴就不能使用呢？以往人们的主要担心是，这些范畴反映的是资本主义经济关系，如果将范畴和理论直接用于分析社会主义经济，就会"抹杀了社会主义与资本主义的本质区别"，就会"造成极大的思想混乱"。现在看来，需要重新思考这个问题了。

从科学发展史的角度来看，创造新概念是科学发展的表现和结果，对于已有概念或范畴进行重新定义，也是科学发展的重要表现，都是"术语的革命"。例如，在西方古代哲学中，"原子"表示世界的基本单元，它仅仅是一个抽象的哲学范畴。随着自然科学的发展，人们对于"原子"的认识不断深化，从而赋予这一术语不同层次的内涵。在化学中，"原子"是指化学反应中的最小单位；在经典物理学中，"原子"指由原子核和电子组成的结构体；随着基本粒子物理学的发展，人们对于"原子"的认识进一步深化。尽管如此，"原子"这个概念依然被使用，并没有因为科学的发展而被废弃。在经济学的发展中也有同样的现象，例如，古典经济学家提出了使用价值、交换价值、价值、工资、固定资本和流动资本等一系列术语和概念，但对这些术语和概念及其关系的理解往往是不科学的。马克思继承了这些术语和概念，并赋予它们新的涵义，使它们成为科学的政治经济学范畴。由此可见，继承已有的学术术语，并进行重新定义，是实现科学发展的重要途径和方法。就"劳动力商品""剩余价值"这两个术语来说，虽然它们在《资本论》中具有特定的涵义，用于反映特定的纯粹的资本主义生产关系，但这并不妨碍我们可以在继承这些术语的同时，对它们进行重新定义即创造性转化，使它们成为新的范畴。

从中国经济发展实际来看，随着社会主义市场经济体制的建立和发展，即使在国有经济中，从制度层面来看，是存在劳动力自由流动和劳动力市场的合法性的；但是，由于国有经济中的劳动者从法理上来说拥有生产资料的公共所有权，所以，不能认为公有制经济中的劳动者像纯粹资本主义生产方式中的劳动者一样，是单纯的劳动力出卖者。在进行了这样的说明之后，为了反映劳动力的自由流动性和市场交易性特征，在分析公有制经济中的劳动力价值及其实现问题时，应该是可以使用“劳动力商品”这一术语的。只不过，在中国特色社会主义政治经济学的语境中，它仅仅是指劳动力具有自由流动性和交易性，而不是指劳动者是丧失了生产资料所有权的一无所有者。

对于“剩余价值”这一术语也可以采取同样的创造性转化的方法。在《资本论》中，“剩余价值”特指资本家对于雇佣工人用剩余劳动时间创造的那部分价值的占有或剥削，是剩余劳动的特殊社会形式即资本主义形式。剩余劳动是人类生产力发展到一定水平和阶段后的普遍现象，没有剩余劳动，就没有人类文明的发展。但是，剩余劳动是一个历史的范畴，在不同的历史阶段，必要劳动和剩余劳动具有不同的涵义和分割特点。简单地说，在资本主义以前的各阶级社会中，劳动者的劳动也可以划分为必要劳动和剩余劳动，这个划分的特点在于，必要劳动并不是指劳动者再生产自己的劳动力商品价值的劳动，而是通过奴隶主或封建地主的超经济强制的办法所确定的、归属于劳动者的那部分劳动，这部分劳动及其产品或价值，可以使劳动者及其家属得到简单再生产，也可以偶尔得到扩大再生产，但经常可能是萎缩的再生产。这恰好反映了奴隶制社会和封建制社会的阶级剥削的残酷性。在资本主义条件下，工人的必要劳动不是通过超经济强制的办法来确定的，而是由于劳动力成为商品、市场机制成为影响劳动力商品价值的实现以及由此决定的必要劳动的重要因素，其结果是，在多数情况下，工人的必要劳动由工人的劳动力商品价值预先决定，然后才是工人的剩余劳动形成资本家占有的剩余价值，这正是资本主义生产方式的历史合理性的重要表现。当然，这并不排斥资本家为了获得足够量的剩余价值而采取各种强迫性办法和手法，从而挤占了工人的必要劳动，使工人的工资低于劳动力价值的现象，对此，马克思在《资本论》中做过分析。

在社会主义公有制经济中，毫无疑问是同样存在必要劳动和剩余劳动之分的，只不过，在社会主义市场经济条件下，不仅必要劳动和剩余劳动具有新的涵义，而且它们之间的划分机制也具有新的特点。具体来说，这里的必要劳动一方面会受到劳动力价值的影响，另一方面也会受到按劳分配制度的影响，仅仅为了与剩余劳动相区别，将之称为必要劳动是合理的。同时，公有制经济中的剩余劳动及其所创造的价值，从根本上来说都属于劳动者，从这个意义上来说，它同样具有必要劳动的性质，但是，从初次分配的角度看，它仍然属于剩余劳动的范畴。与此相适应，将劳动者的剩余劳动创造的价值称为剩余价值也是可以成立的。这里的剩余价值，不再反映私人资本家对于工人的剥削关系，而是反映了社会主义的初次分配关系，反映了公有制企业、国家与劳动者三者之间的经济关系。

总之，我们应该以历史唯物主义方法论为指导，深刻理解经济范畴的历史性，通过继承和创造性转化《资本论》中的术语和概念，赋予它们新的涵义，并在此基础上提出新的基本原理，运用于分析中国特色社会主义现实经济运动，运用于构建中国特色社会主义政治经济学理论体系。

3.《资本论》研究目的和研究对象的创新性发展

以马克思经济学为指导，还必须在坚持和继承的基础上，创新性发展《资本论》的有关理论成果。这里仅以《资本论》的研究目的和研究对象为例进行说明。

如前所述，《资本论》和中国特色社会主义政治经济学的阶级立场和价值观是完全一致的，因此，它们的研究目的在本质上也是为无产阶级和劳动人民服务的。同时，还必须认识到，《资本论》与中国特色社会主义政治经济学在理论任务上的重要差别。

马克思在《资本论》第1卷序言中明确指出："本书的最终目的就是揭示现代社会的经济运动规律。"马克思经济学的科学性与阶级性是统一的，因此，《资本论》的根本目的，就是为无产阶级革命提供政治经济学的科学理论基础和指南。那么，中国特色社会主义政治经济学面临的根本任务是什么呢？或者说它的研究目的是什么呢？

社会存在决定社会意识。从理论与实践的关系看，一方面，中国特色社会主义政治经济学来源于中国特色社会主义经济实践，是这种实践的理论产物；另一方面，中国特色社会主义政治经济学承担着为中国特色社会主义经济实践提供理论依据和指导的重要任务。中国特色社会主义政治经济学与《资本论》在研究目的和理论任务上是一种继承和发展的关系，具体来说，中国特色社会主义政治经济学像《资本论》一样，首先要揭示中国特色社会主义社会经济运动规律，然后在这个基础上，还必须为中国特色社会主义经济实践提供理论支持和政策服务。由此可见，中国特色社会主义政治经济学与《资本论》在研究目的和理论任务上具有一致的一面，同时又是存在一定差别的，体现着一种继承和发展的关系。

我们还要看到，《资本论》以英国资本主义作为"典型例证"，并且在理论上将它作为一种成熟的资本主义经济制度，揭示了资本主义经济运动的一般规律。与此不同，中国特色社会主义政治经济学的考察对象是我国社会主义初级阶段的经济运动，而不是成熟的或发达的社会主义经济制度。由于在客观上社会主义经济运动的某些规律在初级阶段有可能表现得还不是十分充分，因此，不能要求中国特色社会主义政治经济学完全像《资本论》那样，只是揭示经济规律，而是必须在揭示规律的基础上进行创新性发展，也就是在揭示社会主义经济规律的基础上，还要进一步分析中国特色社会主义经济实践中的矛盾和问题，进而提出进一步改革和发展的建设性对策。只有把揭示规律、分析矛盾和问题、提出建设性主张等三个方面结合起来，中国特色社会主义政治经济学才能体现出科学性、现实性与建设性的有机统一，从而更好地服务于中国特色社会主义经济建设实践。

在研究对象上同样需要进行创新性发展。马克思在《资本论》第1卷序言中明确指出："我要在本书研究的，是资本主义生产方式以及与它相适应的生产关系和交换关系。"根据研究对象，《资本论》三大理论卷分别考察了资本的生产过程、资本的流通过程和资本主义生产的总过程（即生产、流通、分配相统一的过程）。由此可见，马克思确立的《资本论》的研究对象，规定了理论内容及其逻辑关系。要构建中国特色社会主义政治经济学理论体系，首先也必须准确地确定它的研究对象。“中国特色社会主义政治经济学”的一个重要特点，就在于将“中国特色社会主义经济”明确为它的研究对象，通过考察和分析中国特色社会主义经济运动过程，揭示社会主义经济运动一般规律。这是对马克思主义政治经济学研究方法的继承和发展，即通过对具体国家的经济运动的考察和研究，进而揭示出一定社会形态的一般经济规律。既然中国特色社会主义政治经济学的研究目的或者理论任务具有三个层次的内容，那么，对于中国特色社会主义政治经济学的研究对象，也必须有一个比较全面的理解。具体来说，中国特色社会主义政治经济学一要研究中国特色社会主义生产方式及其与之相适应的生产关系和交换关系；二要分析社会主义经济运行及其矛盾；三要研究经济发展和改革问题。只有这样，中国特色社会主义政治经济学才能体现出科学性（揭示规律）、实践性（分析经济运行）、建设性（提出改革和发展政策建设）的有机统一，这是中国特色社会主义政治经济学的重要特点和创新性的重要表现，也是构建中国特色社会主义政治经济学理论体系的一个重要方法论原则和发展方向。

四、小　结

本文围绕如何实现以马克思主义政治经济学为指导构建中国特色社会主义政治经济学理论体系这一主题进行了几个方面的理论讨论。首先，对于马克思主义政治经济学的涵义和马克思经济学的丰富内容进行了理论概括，并指出了《资本论》在马克思经济学中的特殊地位，为进一步探讨坚持以马克思经济学为指导的具体实现途径提供了出发点；其次，本文把以马克思经济学为指导具体理解为坚持和发展、创造性转化和创新性发展三个层次的途径和方法，并结合《资本论》的方法论、研究目的、研究对象、关于社会生产和市场经济的一般理论、一些范畴和原理、关于未来社会的设想等理论成果，初步探讨了它们对于中国特色社会主义政治经济学的适用性问题。本文的主要目的在于说明，坚持和继承、创造性转化和创新性发展《资本论》的理论成果，是构建中国特色社会主义政治经济学理论体系的重要途径和必由之路。由于篇幅所限，关于《资本论》的逻辑主线、逻辑方法等还未能得到应有的讨论；文中涉及的某些重要理论问题，也有待进一步深入研究。

参考文献

［1］宋涛：《资本和剩余价值不是资本主义经济和社会主义经济的通用范畴》，载《高校理论战线》1995年第7期。

［2］汤在新：《〈资本论〉续篇探索》，中国金融出版社1999年版。

［3］顾海良：《中国特色社会主义政治经济学史纲》，高等教育出版社2019年版。

［4］张宇：《中国特色社会主义政治经济学》，中国人民大学出版社2016年版。

［5］白永秀：《重新认识社会主义市场经济中的资本与剩余价值》，载《广东商学院学报》2005年第4期。

［6］刘明远：《马克思经济学体系对构筑中国特色社会主义政治经济学的指导意义》，载《当代经济研究》2018年第3期。

［7］颜鹏飞：《新时代中国特色社会主义政治经济学研究对象和逻辑起点》，载《内蒙古社会科学（汉文版）》2018年第4期。

［8］王朝科：《中国特色社会主义政治经济学——逻辑·范畴·理论》，载《社会科学辑刊》2017年第4期。

中国特色社会主义政治经济学及其创新发展研究

毛泽东对中国特色社会主义政治经济学的理论探索*

朱鹏华　王天义**

摘要：新中国成立后，毛泽东坚持从中国的国情和实践出发，通过对苏联经济建设经验的鉴戒，形成了一系列社会主义政治经济学的理论成果。这既是中国特色社会主义政治经济学“开篇”前期的探索和积累，也是中国特色社会主义政治经济学重要的理论来源和组成部分。从最终成果看，毛泽东对中国特色社会主义政治经济学的理论探索可分为两个层面：一方面创造性地提出了一系列中国特色社会主义政治经济学的重要观点，另一方面形成和发展了一系列研究中国社会主义经济问题的方法论。毛泽东的理论探索本质是探寻中国的社会主义经济发展方向和实现快速发展的规律，具有基础性和连续性、整体性和全面性、理论和实践有机结合、时代性和发展性四个方面的特征。总体来看，毛泽东的理论探索为中国特色社会主义政治经济学明确了学理依循和理论“初心”，奠定了理论基础，确立了构建和发展该理论体系的方法论原则。

关键词：毛泽东　中国特色社会主义政治经济学　理论探索　习近平新时代中国特色社会主义经济思想

---

* 本文系国家社科基金重点项目“马克思社会资本再生产理论拓展研究”（17ALJ003）的阶段性研究成果。发表在《毛泽东思想和邓小平理论研究》2020 年第 7 期。

** 朱鹏华，山东大学经济学院博士后，副教授；王天义，中共中央党校（国家行政学院）经济学部教授。

一、引　言

新中国成立后，面临着严峻复杂的国内外环境，在缺少经济工作经验的情况下，学习苏联成为必然选择。1953年开启社会主义改造后，毛泽东就开始对“社会主义经济法则”进行思考和探寻，并将目标确定为“发展生产，保障需要”。[①] 1956年社会主义改造基本完成时，照搬“苏联模式”的弊病开始显露，探索一条适合我国国情的社会主义经济发展道路，成为一项紧迫的历史性课题摆在了以毛泽东为代表的中国共产党人面前。在深入调研的基础上，毛泽东于1956年4月和1957年2月分别发表了《论十大关系》和《关于正确处理人民内部矛盾的问题》讲话，这是中国共产党人探索社会主义政治经济学的重要理论成果，标志着中国特色社会主义政治经济学发端和酝酿的开启。[②] 除了根据中国实践经验和教训的理论探索之外，通过学习和研究苏联的社会主义政治经济学也是一个重要途径。毛泽东曾多次倡导领导干部要读斯大林的《苏联社会主义经济问题》和苏联的《政治经济学教科书》。[③] 他本人曾亲自带头研读，并进行了批注和评论，提出了许多重要的思想和论断。在理论探索的过程中，毛泽东曾明确提出中国自己“写社会主义政治经济学”的任务，并阐述了研究的起点和主要的困难。[④] 邓小平指出，党的十一届三中全会后“我们还是把毛泽东同志已经提出、但是没有做的事情做起来，把他反对错了的改正过来，把他没有做好的事情做好。今后相当长的时期，还是做这件事。当然，我们也有发展，而且还要继续发展”。[⑤] 习近平也指出，以毛泽东为主要代表的中国共产党人“在探索社会主义建设道路过程中对发展我国经济提出了独创性的观点，如提出社会主义社会的基本矛盾理论，提出统筹兼顾、注意综合平衡，以农业为基础、工业为主导、农轻重协调发展等重要观点。这些都是我们党对马克思主义政治经济学的创造性发展”。[⑥] 由此可见，作为中国化的马克思主义政治经济学，中国特色社会主义政治经济学的理论探索始于毛泽东。客观、科学、系统地阐述毛泽东对中国特色社会主义政治经济学的理论探索，对构建和发展这一系统化的经济学说具有十分重要的理论和现实意义。

早在20世纪50年代末，就有学者提出并探讨毛泽东经济思想，并将其列为毛泽东思想的重要组成部分。[⑦] 改革开放以来，学术界对毛泽东经济思想的研究呈现多元化的发展趋势，其中毛泽东对社会主义政治经济学的探索和实践成为热点论题。[⑧] 特别地，

① 《毛泽东文集》（第6卷），人民出版社1999年版，第289页。
② 顾海良：《〈论十大关系〉与中国特色社会主义政治经济学的发展》，载《教学与研究》2016年第4期。
③ 《建国以来毛泽东文稿》（第7册），中央文献出版社1992年版，第510页。
④ 《毛泽东文集》（第8卷），人民出版社1999年版，第137～138页。
⑤ 《邓小平文选》（第2卷），人民出版社1994年版，第300页。
⑥ 《十八大以来重要文献选编》（下），中央文献出版社2018年版，第2页。
⑦ 刘国光：《学习毛泽东经济思想　拓展强国富民之路》，载《经济研究》1993年第12期。
⑧ 吴易风：《毛泽东论中国社会主义政治经济学》，载《政治经济学评论》2004年第1期。

习近平提出“中国特色社会主义政治经济学”的概念以来，毛泽东经济思想与中国特色社会主义政治经济学的关系问题逐渐受到学术界的关注，涌现了一些研究成果。比如，张宇（2016）①、顾海良（2016）②、王立胜（2016）③、周新成（2017）④、张明（2018）⑤ 等学者认为毛泽东对社会主义政治经济学的研究，为中国特色社会主义政治经济学写下了序篇、奠定了基础、开辟了道路。综合来看，学术界对毛泽东经济思想与中国特色社会主义政治经济学的关系的研究呈现了以下两个特点：一是毛泽东对中国特色社会主义政治经济学的理论探索在学术界尚未形成共识。虽然有学者已提出毛泽东经济思想与中国特色社会主义政治经济学关系的命题，但囿于中国特色社会主义开启于改革开放之后的思维定式，并未明确毛泽东的理论探索对中国特色社会主义政治经济学具有贡献。二是毛泽东对中国特色社会主义政治经济学的理论探索论证尚不具体。虽然也有学者提出并阐述了毛泽东对中国特色社会主义政治经济学的探索及启示，但仍是毛泽东经济思想的逻辑，并未站在中国特色社会主义政治经济学的视角，阐明毛泽东的理论探索所形成的具体贡献，以及对中国特色社会主义政治经济学理论构建和发展的现实意义。

从社会主义经济思想史来看，中国特色社会主义政治经济学已蕴含在中国共产党领导全国各族人民开展社会主义经济建设和改革的伟大实践中。在新中国成立 70 年的历史方位上，本文回溯改革开放前中国特色社会主义政治经济学的酝酿过程，从重要观点和方法论两个层面，系统阐述毛泽东的理论探索，以更好地启迪中国特色社会主义政治经济学的构建和发展。

二、毛泽东探索中国特色社会主义政治经济学的重要观点

新中国成立后，毛泽东从中国社会主义经济建设实践出发，在深入研读苏联社会主义政治经济学的基础上，对中国社会主义政治经济学进行了探索，并提出和发展了许多重要观点。这些理论成果为构建中国自己的社会主义政治经济学留下了珍贵的理论遗产，是中国特色社会主义政治经济学的重要组成部分。

1. 人民主体论：中国特色社会主义政治经济学的根本立场

马克思主义认为人民群众是历史的创造者，是历史的主体。人民主体论是马克思主义的“基因”，也是中国特色社会主义政治经济学的根本立场，这一立场的确立始于毛泽东。人民群众是实践主体和价值主体的统一，这是贯穿于毛泽东理论探索的思想

① 张宇：《毛泽东对中国特色社会主义政治经济学的探索》，载《高校马克思主义理论研究》2016 年第 2 期。
② 顾海良：《中国特色社会主义政治经济学的序篇》，载《毛泽东邓小平理论研究》2016 年第 3 期。
③ 王立胜：《中国特色社会主义政治经济学的历史逻辑》，载《政治经济学评论》2016 年第 4 期。
④ 周新成：《必须重视毛泽东关于社会主义政治经济学的意见》，载《毛泽东邓小平理论研究》2017 年第 7 期。
⑤ 张明：《中国特色社会主义政治经济学的原初语境与当代发展》，载《经济社会体制比较》2018 年第 2 期。

"红线"。在实践主体方面，毛泽东强调，"人民，只有人民，才是创造世界历史的动力"。[①] 他特别认同列宁的观点，即"生气勃勃的创造性的社会主义是由人民群众自己创立的"。[②] 因此，依靠群众、解放群众、发动群众，通过群众路线和群众运动推进社会主义经济建设成为毛泽东的主要思路。在社会主义社会中，人民群众要真正成为国家、军队、企业和文化教育等各方面的管理者，这是劳动者最大的和最根本的权利。毛泽东对如何将企业建设成为真正人民的企业，进行了深入的思考和探索。比如，1960年3月，毛泽东针对中共鞍山市委向党中央提交的《关于工业战线上的技术革新和技术革命运动开展情况的报告》专门作了批示，高度评价了鞍钢"两参一改三结合"的经验，为社会主义企业保证劳动者的主人翁地位提供了可行的路径。[③] 在价值主体方面，毛泽东提出"一切为了群众"。新民主主义革命时期，他强调"以中国最广大人民的最大利益为出发点"。[④] 新中国成立后，他又多次强调，"全心全意为人民服务"，[⑤] 发展生产要"一切为了人民利益"，[⑥] 以"最广大人民群众所拥护为最高标准"。[⑦]社会主义经济建设既要符合人民群众客观的利益，又要得到人民群众主观的拥护，价值主体是客观和主观标准的有机统一。总之，在社会主义革命和建设中，毛泽东所确立的人民主体论是"依靠人民群众"和"为了人民群众"的有机互动，是实践主体和价值主体的辩证统一，这构成了人民主体论价值观的科学形态。改革开放后，邓小平提出的"三个有利于"标准、江泽民提出的"三个代表"重要思想、胡锦涛提出的"以人为本"的科学发展观都是人民主体论的延伸和发展。在此基础上，习近平提出"以人民为中心的发展思想"，并强调这是中国经济发展必须牢牢坚持的根本立场，也是当代中国马克思主义政治经济学的根本立场。[⑧]

2. 解放、保护和发展社会生产力：中国特色社会主义政治经济学的理论主线

1956年1月，毛泽东在最高国务（第六次）会议上讲话时指出，"社会主义革命的目的是解放生产力"，变革生产关系的过程就是解放生产力的过程，同时为发展生产力创造条件。[⑨] 同年4月，他在《论十大关系》的开篇提出社会主义建设的"基本方针"，即"把国内外一切积极因素调动起来，为社会主义事业服务"。[⑩] 这也是发展社会生产力的基本方针。同年9月，党的八大提出社会主义建设的主要任务，集中力量发展社会生产力，实现从落后的农业国向先进的工业国转变，满足人民日益增长的物质和文化需要。同时指出，"社会主义革命已经基本上完成，国家的主要任务已经由解放生产力变

---

① 《毛泽东选集》（第3卷），人民出版社1991年版，第1031页。
② 《列宁全集》（第33卷），人民出版社1985年版，第53页。
③ 《毛泽东文集》（第8卷），人民出版社1999年版，第129、135页。
④⑦ 《毛泽东选集》（第3卷），人民出版社1991年版，第1096页。
⑤ 《毛泽东文集》（第7卷），人民出版社1999年版，第284～285页。
⑥ 《毛泽东文集》（第8卷），人民出版社1999年版，第70页。
⑧ 《十八大以来重要文献选编》（下），中央文献出版社2018年版，第4页。
⑨ 《毛泽东文集》（第7卷），人民出版社1999年版，第1页。
⑩ 《毛泽东文集》（第7卷），人民出版社1999年版，第23页。

为保护和发展生产力”。[①] 1957 年 2 月，毛泽东又强调，“我们的根本任务已经由解放生产力变为在新的生产关系下面保护和发展生产力”。[②] 1958 年 11 月，他在读苏联《政治经济学教科书》谈话时提出，“社会主义制度下，虽然没有一个阶级推翻另一个阶级的革命，但是还有革命，技术革命，文化革命，也是革命”。[③] 由此可见，毛泽东已经形成“社会主义建设过程也是解放、保护和发展生产力的过程”的思想。改革开放后，邓小平提出社会主义改革本身就是一场革命，是中国的第二次革命，并将解放生产力和发展生产力纳入社会主义的本质。党的十八大以后，习近平提出“牢固树立保护生态环境就是保护生产力、改善生态环境就是发展生产力的理念”。[④] 目前从“基本方针”出发，通过解放、保护和发展社会生产力来推动社会主义经济建设，已成为中国实现经济高质量快速发展的基本路径，也是中国特色社会主义政治经济学的理论主线。

3. 社会主义发展阶段：中国特色社会主义政治经济学的立论基础

在马克思主义发展史上，毛泽东第一次提出了社会主义发展阶段的划分。1954 年 6 月，他提出“两步走”战略，即要用三个五年计划打基础，十个五年计划将中国建成伟大的社会主义国家。[⑤] 1956 年社会主义改造基本完成后，毛泽东开始思考中国建成社会主义的时间问题，并认为这需要经历一个生产力的快速发展过程。1958 年“大跃进”时期，过度的乐观主义和过度夸大人的主观能动性，致使社会主义经济建设遭受巨大挫折。1959 年 2 月第二次郑州会议上，毛泽东指出完成“农业机械化、电器化、国家工业化等等还是第一阶段，以后还要有第二、第三个提高的阶段，才能完成建成社会主义”。[⑥] 1959 年 12 月至 1960 年 2 月，毛泽东在读苏联《政治经济学教科书》的谈话时指出，“社会主义这个阶段，又可能分为两个阶段，第一阶段是不发达的社会主义，第二阶段是比较发达的社会主义。后一阶段可能比前一阶段需要更长的时间”“在我们这样的国家，完成社会主义建设是一个艰巨任务，建成社会主义不要讲得过早了。”同时，他还告诫全党“宁肯把困难想得多一点，因而把时间设想得长一点”。[⑦] 由此可见，经过理论探索和实践挫折，毛泽东已清醒地意识到在中国这样一个经济文化落后的国家建设社会主义是一项艰巨的任务，在不发达的社会主义阶段实现“四个现代化”需要经历一个长期的奋斗过程。毛泽东还十分肯定苏联《政治经济学教科书》中关于各社会主义国家要根据自身的国情和国际环境来选择合适的社会主义建设模式的观点，[⑧] 并强调中国建设社会主义要“普遍规律和具体特点相结合”。中国处于不发达社会主义阶段

① 《建国以来中央文献选编》（第 9 册），中央文献出版社 2011 年版，第 301 页。
② 《毛泽东文集》（第 7 卷），人民出版社 1999 年版，第 218 页。
③ 《毛泽东文集》（第 8 卷），人民出版社 1999 年版，第 108 ~ 109 页。
④ 习近平：《坚持节约资源和保护环境基本国策　努力走向社会主义生态文明新时代》，载《人民日报》2013 年 5 月 25 日。
⑤ 《毛泽东文集》（第 6 卷），人民出版社 1999 年版，第 329 页。
⑥ 《建国以来毛泽东文稿》（第 8 册），中央文献出版社 1993 年版，第 61 页。
⑦ 《毛泽东文集》（第 8 卷），人民出版社 1999 年版，第 116、302 页。
⑧ 苏联科学院经济研究所：《政治经济学教科书》（下册），人民出版社 1959 年版，第 329 页。

的基本国情，已成为毛泽东思考社会主义经济建设问题的立足点，这为提出改革不适应生产力发展的生产关系和上层建筑、发展社会主义商品经济、走中国自己的工业化道路等奠定了理论基础。毛泽东对“社会主义发展阶段”的探索为改革开放后，邓小平提出社会主义初级阶段、中国特色社会主义和“三步走”的发展战略奠定了思想基础。在“三步走”战略的基础上，党的十五大提出“新三步走”战略，党的十八大明确“两个一百年”奋斗目标，党的十九大提出“两个阶段”战略。虽然正在向社会主义现代化强国迈进，但当前仍处于社会主义初级阶段的国情没有变，这是中国的基本发展定位，也是中国特色社会主义政治经济学的立论基础。

4. 走中国自己的工业化道路：中国特色社会主义政治经济学的理论主导

新中国成立之初，毛泽东就曾指出，“中国民族和人民要彻底解放，必须实现国家工业化”。① 工业化是新中国进行社会主义经济建设的主导性问题，这其中经历了学习苏联模式，到走中国自己的工业化道路的转变。1956 年在中国第一个五年计划即将完成之时，毛泽东就提出不能机械式地搬用外国的经验，而要从中国是一个大农业国的实际出发，以农业为基础、工业为主导，正确处理重工业同农业、轻工业的关系，走出一条适合国情的“中国工业化的道路”。② 正是在这一思想的指引下，第一个五年计划期间中国的社会主义工业化取得了很大的成就，许多指标都超额完成，人民生活水平也大幅提升。其中，工业增加值由 1952 年的 141.1 亿元，增加到 1957 年的 316.6 亿元；居民消费水平由 1952 年的 80 元，增加到 1957 年的 108 元。对于如何“多快好省”地实现工业化，毛泽东特别重视“向科学进军”，强调“不搞科学技术，生产力无法提高”。③ 新中国成立 20 多年后，建成了门类相对齐全的工业体系，工业增加值占比由 1952 年的 20.8%，增加至 1976 年的 45%；④ 取得了以“两弹一星”为标志的重大科技成就，建立起现代科学技术体系和独立国防工业体系，为国家的独立、尊严和发展奠定了坚实的基础。毛泽东还提出了建设社会主义“工业现代化，农业现代化，科学文化现代化”和“国防现代化”的宏伟目标，⑤ 将工业化发展为“四个现代化”。他围绕着“走中国自己的工业化道路”所提出的系列重要观点，为改革开放后科教兴国战略、新型工业化道路、科学发展观、“五位一体”总体布局、乡村振兴战略以及富强民主文明和谐美丽的社会主义现代化强国目标的提出开拓了道路，是中国特色社会主义政治经济学的理论主导。

5. 发展社会主义商品经济：中国特色社会主义政治经济学的理论主题

1956 年社会主义改造基本完成后，急于建成社会主义的“左”倾思潮盛行，有人

---

① 《毛泽东文集》（第 6 卷），人民出版社 1999 年版，第 223 页。
② 《毛泽东文集》（第 7 卷），人民出版社 1999 年版，第 24～25、240～241 页。
③ 《毛泽东文集》（第 8 卷），人民出版社 1999 年版，第 116、351 页。
④ 资料来源：国家统计局年度数据库，http://data.stats.gov.cn/easyquery.htm?cn=C01。
⑤ 《毛泽东文集》（第 8 卷），人民出版社 1999 年版，第 116 页。

提出社会主义社会不需要价值规律，应该消灭商品生产。针对这种错误思想，毛泽东指出，“我们有些号称马克思主义的经济学家表现得更‘左’，主张现在就消灭商品生产，实行产品调拨。这种观点是错误的，是违反客观规律的”。① 中国的物质生产非常落后，全民和集体所有制将长期共存（不是单一的所有制），因此“很需要一个发展商品生产的阶段”。只有当生产力极大发展，社会产品大为丰富了，“才有可能使商品经济不必要而消失”。② 毛泽东十分赞成斯大林关于“商品生产可以在一定时期内为社会主义社会服务”的观点，③ 还明确提出社会主义商品生产的原则，即“商品生产和资本主义相联系，是资本主义商品生产；商品生产和社会主义相联系，是社会主义商品生产”。④ 他还指出只要存在商品生产，价值规律就是客观经济法则，并强调在社会主义商品经济中，价值规律是“一个伟大的学校”。⑤ 在社会主义商品经济的范围方面，毛泽东并不认同斯大林的仅限于个人消费领域“特种的商品生产”的观点，他认为“例如拖拉机等生产资料”也属于商品。⑥ 他还明确提出商品经济是发展社会主义经济的工具或方式，它的存在与生产力发展的状况直接相关。“即使是过渡到了单一的社会主义全民所有制，如果产品还不很丰富，某些范围内的商品生产和商品交换仍然有可能存在”。⑦ 此外，他还在读斯大林《苏联社会主义经济问题》谈话时，专门就社会主义商品生产问题发表了重要讲话，强调社会主义商品经济的重要作用。⑧ 在马克思主义发展史上，毛泽东第一次科学的区分并阐述了资本主义商品生产和社会主义的商品生产。⑨ 虽然这一观点距离社会主义市场经济还有一定的距离，但他的理论探索为在社会主义制度下发展商品经济开了先河，对于改革开放后经济发展的实践创新和理论创新都具有重要的指导意义，为中国特色社会主义政治经济学的理论主题的开启奠定了基础。

6. 统筹兼顾的发展经济：中国特色社会主义政治经济学发展观的理论基点

毛泽东多次强调统筹兼顾、“弹钢琴”是社会主义经济建设中十分重要的思想和方法，从微观到宏观各个领域都需要统筹兼顾、协调发展。⑩ 马克思曾指出，“人们为之奋斗的一切，都同他们的利益有关”。⑪ 毛泽东认为进行社会主义经济建设，不仅要考虑国家的利益，更要考虑集体和个人的利益。他在《论十大关系》中系统阐述了统筹兼顾处理“国家、生产单位和生产者个人的关系”，并指出“不能只顾一头。无论只顾哪一头，都是不利于社会主义”。其中，特别强调要处理好给个人分配的利益关系。对

---

① 邓力群编：《毛泽东读社会主义政治经济学批注和谈话》，中华人民共和国国史学会印，1998 年，第 18 页。
② 邓力群编：《毛泽东读社会主义政治经济学批注和谈话》，中华人民共和国国史学会印，1998 年，第 31 页。
③ 邓力群编：《毛泽东读社会主义政治经济学批注和谈话》，中华人民共和国国史学会印，1998 年，第 25 页。
④ 邓力群编：《毛泽东读社会主义政治经济学批注和谈话》，中华人民共和国国史学会印，1998 年，第 26 页。
⑤ 邓力群编：《毛泽东读社会主义政治经济学批注和谈话》，中华人民共和国国史学会印，1998 年，第 36 页。
⑥ 邓力群编：《毛泽东读社会主义政治经济学批注和谈话》，中华人民共和国国史学会印，1998 年，第 34 页。
⑦ 邓力群编：《毛泽东读社会主义政治经济学批注和谈话》，中华人民共和国国史学会印，1998 年，第 33 页。
⑧ 《毛泽东文集》（第 7 卷），人民出版社 1999 年版，第 434 ~ 441 页。
⑨ 吴易风：《毛泽东论社会主义商品生产和价值规律》，载《马克思主义研究》2003 年第 6 期。
⑩ 《毛泽东文集》（第 8 卷），人民出版社 1999 年版，第 73 页。
⑪ 《马克思恩格斯全集》（中文第 1 版，第 1 卷上册），人民出版社 1956 年版，第 187 页。

于工人“随着整个国民经济的发展，工资也需要适当调整”。对于农民要吸取苏联“义务交售制”的教训，工农业产品交换“采取缩小剪刀差，等价交换或者近乎等价交换的政策”。此外，他还阐述了要协调处理好积累和消费，农业、轻工业和重工业，沿海和内地，中央和地方等方面的关系。毛泽东在《正确处理人民内部矛盾》中专门论述了“统筹兼顾、适当安排”的问题，强调要统筹兼顾分配经济发展利益，这是解决社会主义建设事业中各种问题的出发点。① 在强调经济发展物质利益“刺激”以及合理分配的同时，他还特别强调“精神鼓励”的作用。② 毛泽东对“统筹兼顾的发展经济”的探索还体现在对发展的系统性思考上，经济发展不仅仅就是生产的发展，还包括积累、就业、消费和市场等方面的发展，在搞好经济建设同时，要兼顾处理好其他社会主义事业的发展。③ 改革开放后，从“以经济建设为中心”“两手抓，两手都要硬”，正确处理“改革发展稳定”的关系，到以统筹兼顾为根本方法的科学发展观，再到“五位一体”总体布局、“四个全面”战略布局、五大发展理念，中国的经济发展观在不断丰富和创新发展。其中，“统筹兼顾的发展经济”贯穿于中国社会主义建设和改革的整个过程，是中国特色社会主义政治经济学发展观的理论基点。

7. 区域经济均衡布局：中国特色社会主义政治经济学区域协调发展的理论核心

毛泽东曾指出，“搞社会主义建设，很重要的一个问题是综合平衡”。并将该问题列为社会主义建设四个基本问题之首。④ 在实践中，综合平衡的内容广泛，区域经济均衡布局是其重要的方面。新中国成立之初，是一个区域发展极不平衡的落后国家，有超过70%的工业分布在沿海地区的大城市，广大的内陆地区十分贫穷。毛泽东在《论十大关系》中以“沿海工业和内地工业的关系”为例，探讨了区域经济均衡发展问题。他指出，“为了平衡工业发展的布局，内地工业必须大力发展”，同时“沿海的工业基地必须充分利用”。区域经济布局是一个“逐渐平衡”的过程，“好好地利用和发展沿海的工业老底子，可以使我们更有力量来发展和支持内地工业。如果采取消极态度，就会妨碍内地工业的迅速发展”。⑤ 出于对国际局势和备战的考虑，新中国将工业建设大部分布局在内地，这也推动了工业布局的平衡。特别地，在中苏交恶以及美国在中国东南沿海加强攻势的背景下，毛泽东于1964年作出“三线”建设的重大战略决策。这是为加强战备，逐步改变生产力布局的一次由东向西转移的战略大调整。事实证明，“三线”建设为中国中西部地区工业化作出了巨大贡献，在一定程度上平衡了东中西部经济发展。改革开放后，毛泽东对“区域经济均衡布局”的探索被邓小平发展为“两个大局”的战略安排，支持东部地区率先发展，1999年以江泽民同志为核心的中央领导集体提出西部大开发战略。进入21世纪，以胡锦涛同志为总书记的中央领导集体相继提

① 《毛泽东文集》（第7卷），人民出版社1999年版，第28~31、227~228页。
② 邓力群编：《毛泽东读社会主义政治经济学批注和谈话》，中华人民共和国国史学会印，1998年，第277页。
③ 《毛泽东年谱（1949~1976）》（第2卷），中央文献出版社2013年版，第529页。
④ 《毛泽东文集》（第8卷），人民出版社1999年版，第73、76页。
⑤ 《毛泽东文集》（第7卷），人民出版社1999年版，第25~26页。

出振兴东北地区等老工业基地战略和推动中部崛起战略。在此基础上，习近平在党的十九大报告中提出了区域协调发展战略。从“综合平衡问题”到“区域协调发展战略”，区域经济均衡布局始终是中国特色社会主义政治经济学区域协调发展的理论核心。

8. 立足自力更生、积极“向外国学习”：中国特色社会主义政治经济学对外开放的理论根基

新中国成立之初，面临严峻国际环境，毛泽东将新民主主义革命时期“自力更生为主、争取外援为辅”的原则确立为社会主义经济建设的基本方针。[①] 一方面，强调独立自主，要立足国内坚持自力更生；另一方面，反对闭关锁国、故步自封，要积极学习一切国家的经验和长处。[②] 毛泽东在《论十大关系》中指出，“每个民族都有它的长处”“我们的方针是，一切民族、一切国家的长处都要学”。他特别强调，“工业发达国家的企业，用人少，效率高，会做生意，这些都应当有原则地好好学过来，以利于改进我们的工作”。立足于中国的实践，学习和借鉴国外先进技术和经营管理方式，是搞好社会主义经济建设的重要手段和方法。他还告诫，“对外国的科学、技术和文化，不加分析地一概排斥，和前面所说的对外国东西不加分析地一概照搬，都不是马克思主义的态度，都对我们的事业不利”。[③] 20 世纪 60 年代，被政治封锁的中国对外贸易非常有限，但毛泽东还是抓住时机指示相关部门成功从英国、荷兰和意大利等国家引进化肥生产的成套技术设备。[④] 70 年代初随着中美关系缓和，中国重返联合国，一批发达国家纷纷与中国建交。他又抓住这一时机，先后批准了引进西方成套化纤、化肥设备和引进 43 亿美元的成套设备方案，至 1979 年底实际签约成交 39.6 亿元。[⑤] 这是新中国第一次与资本主义国家进行大规模的经济贸易，具有开创性意义。改革开放后，邓小平进一步发展了毛泽东的这一重要观点和实践，并认为学习发达资本主义国家的先进经验是实现社会主义超越的必然选择。“社会主义要赢得与资本主义相比较的优势，就必须大胆吸收和借鉴人类社会创造的一切文明成果，吸收和借鉴当今世界各国包括资本主义发达国家的一切反映现代化生产规律的先进经营方式、管理方法”。[⑥] 事实证明，中国改革开放的经济发展史就是一部立足自力更生、积极“向外国学习”的奋斗史。党的十八大以来，在立足自力更生、积极引进来的同时，中国正在积极走出去，让中国的发展惠及世界。在人类命运共同体理念的引领下，中国提出共建“一带一路”倡议，形成了立足自力更生、推动合作共赢、坚持引进来和走出去并重的发展方略。由此可见，立足自力更生、积极“向外国学习”的观点是中国特色社会主义政治经济学对外开放的理论根基。

---

① 《毛泽东文集》（第 7 卷），人民出版社 1999 年版，第 380 页。

② 《毛泽东文集》（第 7 卷），人民出版社 1999 年版，第 82 ~ 83 页。

③ 《毛泽东文集》（第 7 卷），人民出版社 1999 年版，第 41 ~ 43 页。

④ 瞿商、许天成：《20 世纪 60 年代初中国引进西方化肥生产成套技术设备的工作》，载《当代中国史研究》2019 年第 3 期。

⑤ 陈东林：《“文革”时期毛泽东的经济思想探析》，载《当代中国史》1996 年第 1 期。

⑥ 《邓小平文选》（第 3 卷），人民出版社 1993 年版，第 373 页。

9. 共同富裕：中国特色社会主义政治经济学的理论导向

新中国成立后，毛泽东始终将建立“人人平等、大家富裕”的社会主义新中国作为奋斗目标。1955年7月，他在《关于农业合作化问题》中首次提出“共同富裕”的概念，并强调“实行合作化，在农村中消灭富农经济制度和个体经济制度，使全体农村人民共同富裕起来”。[①] 同年10月，他在资本主义工商业社会主义改造问题座谈会上指出，“现在我们实行这么一种制度，这么一种计划，是可以一年一年走向更富更强的，一年一年可以看到更富更强些。而这个富，是共同的富，这个强，是共同的强，大家都有份，也包括地主阶级”。同时又强调社会主义制度的优越性，使得“这种共同富裕，是有把握的”。[②] 由此可见，毛泽东认为中国实现共同富裕是一个长期的接力奋斗过程，应处理好改革生产关系与发展生产力的关系，注重目标和过程的有机统一。他曾指出，共同富裕就是全国“所有一切人都富裕起来”,[③] 这种富裕包括物质和精神两个方面，但不是绝对的平均主义。[④] 同时，他还认为思想政治工作是发展生产和实现共同富裕的重要保障。[⑤] 改革开放后，邓小平丰富和发展了共同富裕的思想，将其上升为社会主义本质的最终归宿。在迈向共同富裕的道路上，江泽民提出兼顾效率和公平，让广大人民群众共享改革发展的成果；胡锦涛强调坚持以人为本，科学发展要更加注重社会公平；习近平提出坚持以人民为中心的发展思想，确保人民群众在共享发展中有更多获得感，逐步迈向共同富裕。事实证明，从将解决好“三农”问题作为全党工作重中之重，到建设社会主义新农村，再到共享发展理念的确立，精准扶贫、精准脱贫，实施乡村振兴战略，共同富裕的思想始终是中国特色社会主义政治经济学的理论导向。

10. 党对经济工作集中统一领导：中国特色社会主义政治经济学的本质特征

新中国成立后，毛泽东将党的领导这一法宝运用到社会主义经济建设中，提出要实行政治和经济的统一、政治和技术的统一、又红又专的方针，并确立了党对经济工作集中统一领导的原则。[⑥] 1957年5月，他在接见新民主主义青年团第三次代表大会全体代表时指出，“中国共产党是全中国人民的领导核心。没有这样一个核心，社会主义事业就不能胜利”。[⑦] 1962年1月，他在扩大的中央工作会议上强调，“工、农、商、学、兵、政、党这七个方面，党是领导一切的”。[⑧] 坚持党对经济工作的集中统一领导，是中国共产党历史经验的深刻总结。毛泽东曾强调，“思想工作和政治工作，是完成经济工作和技术工作的保证，它们是为经济基础服务的”“只要我们的思想工作和政治工作

---

① 《毛泽东文集》（第6卷），人民出版社1999年版，第437页。
② 《毛泽东文集》（第6卷），人民出版社1999年版，第437、495~496页。
③ 《建国以来毛泽东文稿》（第7册），中央文献出版社1992年版，第572页。
④ 《毛泽东文集》（第8卷），人民出版社1999年版，第130页。
⑤ 《毛泽东文集》（第6卷），人民出版社1999年版，第449页。
⑥ 《毛泽东文集》（第8卷），人民出版社1999年版，第14、76、80页。
⑦ 《毛泽东文集》（第7卷），人民出版社1999年版，第303页。
⑧ 《毛泽东文集》（第8卷），人民出版社1999年版，第305页。

稍微一放松，经济工作和技术工作就一定会走到邪路上去”。重视党对经济工作集中统一领导的同时，他还特别注重地方、企业和个人的独立性，强调“统一性和独立性是对立的统一”。① 这种独立性是民主的，通过充分发扬民主，调动广大人民群众的积极性，汇集多方的智慧，才能“制定出好的路线、方针、政策和办法”。② 新中国成立70多年来，正是始终坚持党的领导，创造性地完成了生产关系的变革，开启了社会主义建设的伟大征程；开创性地进行改革开放的伟大革命，通过自觉地调整生产关系，不断解放、保护和发展社会生产力，才实现了从站起来、富起来到强起来的伟大飞跃。党的十九大报告将“坚持党对一切工作的领导”作为新时代坚持和发展中国特色社会主义基本方略的第一条，强调“党政军民学，东西南北中，党是领导一切的”。③ 坚持党对经济工作的集中统一领导，不仅是中国特色社会主义制度的一大优势，还是中国特色社会主义政治经济学研究对象的重要特征。④ 因此，党对经济工作的集中统一领导作为中国经济改革发展的重要原则，其现实性、规律性和科学性本身也是中国特色社会主义政治经济学的本质特征。

三、毛泽东探索中国特色社会主义政治经济学的方法论

在对中国自己的社会主义政治经济学进行理论探索的过程中，毛泽东坚持马克思主义世界观和方法论的基础上，还形成和发展了一系列研究社会主义经济问题的方法论。这些理论成果不仅是中国特色社会主义政治经济学的组成部分，还是继续丰富和发展这一系统化学说的基本遵循和根本原则。

1. 马列主义与中国实际的“第二次结合”：奠定了中国特色社会主义政治经济学的方法论基础

中国共产党领导全国人民完成了新民主主义革命，实现了马克思列宁主义与中国实际的“第一次结合”，并形成了毛泽东思想。1956 年 4 月，毛泽东在发表《论十大关系》讲话前的一次会议上指出，“现在是社会主义革命和建设时期，我们要进行第二次结合，找出在中国怎样建设社会主义的道路”。⑤ 他提出将马克思列宁主义同中国社会主义革命和建设实际进行“第二次结合”的命题，一方面旨在破除对苏联经验和模式的迷信，反对教条主义；另一方面旨在立足中国国情，探索适合中国自己的社会主义建设道路。从《论十大关系》起，在中国由社会主义革命向社会主义建设转折的重大历

① 《毛泽东文集》（第 7 卷），人民出版社 1999 年版，第 351、29 页。

② 《毛泽东年谱（1949～1976）》（第 5 卷），中央文献出版社 2013 年版，第 77 页。

③ 习近平：《决胜全面建成小康社会 夺取新时代中国特色社会主义伟大胜利》，载《人民日报》2017 年 10 月 28 日。

④ 王天义、朱鹏华：《习近平新时代中国特色社会主义经济思想的理论方位》，载《毛泽东邓小平理论研究》2019 年第 1 期。

⑤ 《毛泽东年谱（1949～1976）》（第 2 卷），中央文献出版社 2013 年版，第 557 页。

史时期，“开始找到自己的一条适合中国的路线”。① 邓小平曾指出，“在搞社会主义方面，毛泽东主席的最大功劳是将马克思列宁主义的普遍真理同中国革命的具体实践结合起来”。② 2013 年 12 月，习近平在纪念毛泽东 120 周年诞辰座谈会的讲话中指出，毛泽东“以苏联的经验教训为鉴戒，提出要创造新的理论、写出新的著作，把马克思列宁主义基本原理同中国实际进行‘第二次结合’，找出在中国进行社会主义革命和建设的正确道路，制定把我国建设成为一个强大的社会主义国家的战略思想”。③ 事实证明，“第二次结合”贯穿于中国特色社会主义政治经济学的发端、酝酿、形成和发展的全过程，既是这一学说最显著的特征，也是这一学说的方法论基础。

2. 坚持灵活运用唯物辩证法：确立了中国特色社会主义政治经济学的方法论主题

毛泽东作为一位马克思主义哲学家，始终将唯物辩证法作为其分析经济问题的基本方法。比如，他以矛盾的普遍性和特殊性原理为中国社会主义经济变革提供理论依据；以矛盾双方的对立统一、相互转化的哲学原理，作为认识“农轻重”的辩证关系的思想武器。马克思主义认为人类社会是一个复杂的矛盾体系，矛盾是社会发展的根本动力。毛泽东指出，“在社会主义社会中，基本的矛盾仍然是生产关系和生产力之间的矛盾，上层建筑和经济基础之间的矛盾”。④ 并批判苏联《政治经济学教科书》不从历史和现实出发，运用唯物辩证法来研究问题，“而是从规律出发，进行演绎”。在探索社会主义经济建设的道路上，毛泽东始终强调矛盾仍是社会主义社会发展的动力，并指出矛盾可以经过社会主义制度本身不断地得到解决。⑤ 在他这一思想的指导下，1956 年 9 月，党的八大提出社会主义社会主要矛盾，“已经是人民对于建立先进的工业国的要求同落后的农业国的现实之间的矛盾，已经是人民对于经济文化迅速发展的需要同当前经济文化不能满足人民需要的状况之间的矛盾”。⑥ 1987 年 10 月，党的十三大将社会主义初级阶段的主要矛盾明确为，“人民日益增长的物质文化需要同落后的社会生产之间的矛盾”。2017 年 10 月，党的十九大提出，“中国特色社会主义进入新时代，我国社会主要矛盾已经转化为人民日益增长的美好生活需要和不平衡不充分的发展之间的矛盾”。⑦ 事实证明，新中国成立 70 多年来的成功正是因为找到了解决社会主要矛盾的正确途径。毛泽东曾指出，“做一门科学，应该从分析矛盾出发，否则就不能称其为科学”。⑧ 对于创立中国自己的社会主义政治经济学，他强调“没有哲学家头脑的作家，要写出好的经济学来是不可能的”。⑨ 这些理论探索为构建和发展中国特色社会主义政治经济学确立

① 《毛泽东年谱（1949～1976）》（第 4 卷），中央文献出版社 2013 年版，第 419 页。
② 《邓小平文选》（第 2 卷），人民出版社 1994 年版，第 313 页。
③ 《十八大以来重要文献选编》（上），中央文献出版社 2014 年版，第 691 页。
④ 《毛泽东文集》（第 7 卷），人民出版社 1999 年版，第 214 页。
⑤ 《毛泽东文集》（第 8 卷），人民出版社 1999 年版，第 133、138 页。
⑥ 《建国以来中央文献选编》（第 9 册），中央文献出版社 2011 年版，第 293 页。
⑦ 习近平：《决胜全面建成小康社会 夺取新时代中国特色社会主义伟大胜利》，载《人民日报》2017 年 10 月 28 日。
⑧ 邓力群编：《毛泽东读社会主义政治经济学批注和谈话》，中华人民共和国国史学会印，1998 年，第 713 页。
⑨ 《毛泽东文集》（第 8 卷），人民出版社 1999 年版，第 140 页。

了方法论主题。事实上，作为中国特色社会主义政治经济学最新篇章的习近平新时代中国特色社会主义经济思想，就是灵活运用唯物辩证法的典范。

3. 立足现实和实践探寻经济规律：指明了中国特色社会主义政治经济学的方法论主线

恩格斯曾强调，“政治经济学本质上是一门历史的科学”，[①] 要从一定的社会发展的历史轨迹中总结出经济发展的规律，而不能仅靠凭空的想象。毛泽东在研读苏联《政治经济学教科书》时批判地指出，该教科书不是从现实的经济问题分析入手，而总是从概念、原则和规律出发，运用演绎推理，用概念解释概念，用原则说明原则，用规律阐释规律。他强调，研究社会主义政治经济学应像马克思在《资本论》中对资本主义经济问题分析一样，“要从人们看得见、摸得到的现象出发，来研究隐藏在现象后面的本质，从而揭露客观事物的本质的矛盾”。他还指出，不论是研究经济问题还是推动经济实践最根本的就是要从“本国的实际出发”。构建科学的政治经济学要既有理论家的分析概括能力，还要懂经济实践，有实际的经济实践经验。[②] 同时，他也理性地认为，“现在就要写出一本成熟的社会主义共产主义政治经济学教科书，还受到社会实践的一定限制”。[③] 习近平曾多次强调实践在认识和发现规律中的关键作用，比如“摸着石头过河就是摸规律，从实践中获得真知”。[④] 五大发展理念中的每一个理念都是在“建设社会主义的长期实践中”形成的。[⑤] 构建中国特色社会主义政治经济学就是要将实践经验上升为系统化的经济学说，“中国特色社会主义政治经济学只能在实践中丰富和发展，又要经受实践的检验，进而指导实践”。[⑥] 这些观点与毛泽东立足现实和实践探寻经济规律的方法论一脉相承。因此，构建中国特色社会主义政治经济学要从新中国成立特别是改革开放以来，中国社会主义经济建设和改革的实践出发，立足现实并探寻其中的经济规律。

4. 用发展的观点来解决现实矛盾和把握经济规律：明确了中国特色社会主义政治经济学的方法论主导

毛泽东把辩证唯物主义和历史唯物主义关于一切社会现象都是发展变化的论点，贯彻到探索经济理论和推进经济建设实践之中，提出了“从发展的观点看”的方法论。[⑦] 在对经济发展现实问题的认识上，他指出，“社会主义制度的矛盾，是前进道路上的矛盾”。因此必须在发展中解决现实中的各种矛盾，这种思维方法对于破除在经济建设问

① 《马克思恩格斯文集》（第9卷），人民出版社2009年版，第153页。
② 《毛泽东文集》（第8卷），人民出版社1999年版，第139页。
③ 《毛泽东文集》（第8卷），人民出版社1999年版，第137页。
④ 习近平：《以更大的政治勇气和智慧深化改革　朝着十八大指引的改革开放方向前进》，载《人民日报》2013年1月2日。
⑤ 习近平：《深入理解新发展理念》，载《求是》2019年第10期。
⑥ 习近平：《坚定信心增强定力　坚定不移推进供给侧结构性改革》，载《人民日报》2016年7月9日。
⑦ 《毛泽东文集》（第7卷），人民出版社1999年版，第44页。

题上的僵化认识、正确看待社会主义经济建设道路中的“曲折”意义重大。他还指出，“光从思想上解决问题不行，还要研究解决制度问题。人是生活在制度之中的，同样是那些人，实行这种制度，人们就不积极，实行另外一种制度，人们就积极起来了。解决生产关系问题，要解决生产的诸种关系，也就是各种制度问题，不单是要解决一个所有制的问题”。① 将发展与调动人的积极性和创造性、与制度的建设、与生产关系的变革结合在一起，反映了毛泽东对经济发展问题理解的洞察力。在对经济规律的认识上，毛泽东认为任何经济规律，随着生产力的发展总有一天要被突破。在社会主义社会里，也不存在永恒的经济范畴和经济规律，像按劳分配、商品生产和价值规律等并非是一成不变的，它们都是历史范畴。② 同时，他又指出，人对客观规律的认识是一个循序渐进的过程，在发展中把握经济规律是“一个不完全到更完全、不很明确到更明确、不深入到更深入的发展变化过程，同时还要随客观实际的发展变化而发展变化”。③ 事实上，中国特色社会主义政治经济学是在实践中不断完善和建立起来的，并且随着实践的推进还要不断创新发展。

四、毛泽东对中国特色社会主义政治经济学理论探索的特征

总体来看，毛泽东对中国特色社会主义政治经济学理论探索的本质是探寻中国自己的社会主义经济发展方向和实现快速发展的规律，这其中至少有四个方面的特征。

1. 基础性和连续性

毛泽东的理论探索立足于社会主义制度和科学社会主义的基本原则，抓住主要矛盾，为中国特色社会主义政治经济学筑牢了理论基础。习近平曾多次强调，“中国特色社会主义是社会主义而不是其他什么主义，科学社会主义基本原则不能丢”。④ 中国的改革不论如何深化，在经济方面坚持人民主体论，坚持解放、保护和发展生产力，坚持公有制的主体地位，坚持以共同富裕为目标，坚持党对经济工作集中统一领导等基本原则不能改变。同时，毛泽东探索中国特色社会主义政治经济学的方法论原则也不能改变。新中国成立70年的经济史是连续的，以改革开放为转折点，前一时期毛泽东对中国社会主义政治经济学的理论探索与后一时期中国特色社会主义政治经济学在实践中的形成具有内生的一致性和连续性。我们不能只看到前后两个时期社会主义经济发展模式的不同，而看不到其中内在的共同点。⑤ 特别地，毛泽东理论探索的基础性和连续性是相辅相成的，基础性是连续性的前提，连续性是基础性的保证。

---

① 《毛泽东年谱（1949～1976）》（第2卷），中央文献出版社2013年版，第529页。
② 《毛泽东文集》（第8卷），人民出版社1999年版，第137页。
③ 《毛泽东文集》（第7卷），人民出版社1999年版，第17页。
④⑤ 习近平：《关于坚持和发展中国特色社会主义的几个问题》，载《求是》2019年第7期。

2. 整体性和全面性

毛泽东作为新中国的缔造者和领袖，他思考的大都是全局性的经济发展战略问题。从毛泽东理论探索的重要观点来看，“人民主体论”是发展立场，“解放、保护和发展社会生产力”与“社会主义发展阶段”是发展定位，“走中国自己的工业化道路”“发展社会主义商品经济”“统筹兼顾的发展经济”“区域经济均衡布局”以及“立足自力更生、积极‘向外国学习’”是发展方略，“共同富裕”是发展方向，“党对经济工作集中统一领导”是发展保障。由此可见，毛泽东对中国特色社会主义政治经济学的理论探索，融社会主义社会生产力和生产关系、经济基础和上层建筑为一体，涵盖了社会主义经济建设的方方面面，体现了立足中国国情对社会主义政治经济学的整体性探索。改革开放以来，几乎中国社会主义经济改革和发展的每个方面都曾有毛泽东理论探索的痕迹，① 虽然其中有许多不完善、不充分、不彻底，具有一定的时代局限性，但不能否认，毛泽东对中国特色社会主义政治经济学的探索是整体和全面的理论探索。

3. 理论和实践有机结合

新中国成立特别是社会主义改造完成后，毛泽东将对中国社会主义建设道路的探索具体化为工业化，后又拓展为“四个现代化”。将一个落后的中国加快建设成工业、农业、科技文化和国防现代化的社会主义国家，是毛泽东探索社会主义政治经济学理论问题，推进社会主义经济建设实践的中心目标。这其中毛泽东以一个哲学家的睿智将理论探索和建设实践有机地结合起来，为中国特色社会主义政治经济学的形成和发展指明了方法论主线。一方面理论来源于实践，毛泽东认为中国社会主义政治经济学要从实践中总结和提炼，“社会主义社会的发展还不成熟”是“写出一本社会主义共产主义政治经济学教科书”最大的困难；② 另一方面理论指导实践，并经受实践的检验。毛泽东在研读《苏联社会主义经济问题》和《政治经济学教科书》时，始终联系中国的实际，力求读出真正的“味道”。新中国成立70年来，毛泽东理论探索的成果已被正反两方面实践检验，并伴随着实践逐渐发展成系统化的经济学说。同时我们也应该看到，改革开放前由于各种原因，毛泽东的一些理论探索成果在实践中未能坚持和贯彻到底，甚至被扭曲和背弃。这恰好反证，毛泽东的理论探索是理论和实践有机结合，背离了这个特征就必然导致理论的错误和实践的失败。

4. 时代性和发展性

“从发展的观点看”，中国特色社会主义政治经济学不可能一成不变，它必定随着时代、实践和科学的发展而不断丰富和拓展。毛泽东对中国特色社会主义政治经济学的理论探索具有鲜明的时代特征，他立足中国实际对社会主义政治经济学的创新发展，已

---

① 魏礼群：《毛泽东对中国社会主义建设道路的探索及其现实意义》，载《国家行政学院学报》2014年第2期。

② 《毛泽东文集》（第8卷），人民出版社1999年版，第137页。

经取得了多方面的理论和实践突破，这一点不容置疑。同时，毛泽东对很多经济问题仅仅是初步的思考和探索，实践中也有不合意甚至失误，这一点也不容置疑。事实证明，中国特色社会主义政治经济学的“新话”，伴随着“实践材料”的丰富在不断发展。坚持和发展中国特色社会主义政治经济学是一篇宏大的文章，毛泽东为它酝酿和奠定了坚实基础，邓小平为它开篇确立了基本思路，以江泽民同志为核心的党的第三代中央领导集体、以胡锦涛同志为总书记的党中央均为它写下了精彩篇章，习近平在中国特色社会主义新时代又为它续写了关键篇章，并形成了习近平新时代中国特色社会主义经济思想。①

五、结　语

新中国成立以来，从总体上看社会主义理论和实践探索可分为改革开放前和改革开放后两个时期。从实践层面看，中国特色社会主义政治经济学虽然形成于改革开放后，但改革开放前以毛泽东为主要代表的中国共产党人也对其进行过艰辛的理论探索。毛泽东对中国特色社会主义政治经济学的理论探索既不能夸大，更不能忽视，客观合理的梳理和总结毛泽东的理论探索对于构建和发展中国特色社会主义政治经济学意义重大。首先，毛泽东的理论探索为中国特色社会主义政治经济学明确了学理依循和理论“初心”。毛泽东提出的“第二次结合”原则，推动了建立中国自己的社会主义政治经济学的理论觉醒，明确了中国特色社会主义政治经济学学理依循于马克思主义政治经济学。作为中国共产党治国理政的系统化经济学说，中国特色社会主义政治经济学本质上是为了科学地定位中国经济发展的方向，以及阐明实现高质量快速发展的规律，这其中始终离不开毛泽东所确立的理论“初心”，即人民主体论的根本立场和共同富裕的最终目标。毛泽东的理论探索打破了各种形式的教条主义，使中国特色社会主义政治经济学生成了自主探索和守正创新的基因。其次，毛泽东的理论探索为中国特色社会主义政治经济学奠定了理论基础。毛泽东的理论探索立足于国情和实践，推动着中国社会主义政治经济学的理论特色生成。这种理论特色是马克思主义政治经济学的中国化和时代化的本质要求，为中国特色社会主义政治经济学的“开篇”提供了前提。中国特色社会主义政治经济学的理论体系十分宏大且仍在不断丰富和发展，但其理论主线——“解放、保护和发展生产力”、立论基础——“社会主义发展阶段”、理论主导——“走中国自己的工业化道路”、理论主题——“发展社会主义商品经济”、关键特征——“党对经济工作集中统一领导”，以及其发展观的理论基点——“统筹兼顾的发展经济”、区域协调发展的理论核心——“区域经济均衡布局”、对外开放的理论根基——“立足自力更生、积极‘向国外学习’”等都是源于毛泽东的理论探索，这些重要的理论观点奠定了

① 王天义、朱鹏华：《习近平新时代中国特色社会主义经济思想的理论方位》，载《毛泽东邓小平理论研究》2019年第1期。

中国特色社会主义政治经济学的理论基础。最后，毛泽东的理论探索为中国特色社会主义政治经济学的构建和发展确立了方法论原则。坚持中国特色社会主义政治经济学的重大原则，必须要坚持方法论的重大原则。毛泽东在理论探索中形成的方法论基础——“马列主义与中国实际的‘第二次结合’”、方法论主题——“坚持灵活运用唯物辩证法”、方法论主线——“立足现实和实践探寻经济规律”和方法论主导——“用发展的观点来解决现实矛盾和把握经济规律”构成了中国特色社会主义政治经济学的方法论原则，这也是构建和发展具有中国特色、中国风格、中国气派的系统化经济学说所必须遵循的根本原则。毛泽东的理论探索既有成功也有失败，这一曲折的过程也为中国特色社会主义政治经济学的发展标记了方向，正如他在读苏联《政治经济学教科书》谈话时强调，“要认识事物发展的客观规律，必须进行实践，在实践中必须采取马克思主义的态度来进行研究，而且必须经过胜利和失败的比较。反复实践，反复学习，经过多次胜利和失败，并且认真进行研究，才能逐步使自己的认识合乎规律。只看见胜利，没有看见失败，要认识规律是不行的”。①

① 《毛泽东文集（第8卷）》，人民出版社1999年版，第104页。

新时代共同富裕思想的理论贡献*

张春敏　吴　欢**

摘要：新时代是中国特色社会主义发展的一个历史阶段，新时代共同富裕思想是共同富裕在这一历史阶段的理念发展。新时代共同富裕思想在坚持马克思主义共同富裕思想基本原则前提下，立足社会现实，在中国社会主义制度建立以来，共同富裕理论和实践取得成就的基础上进行继承和发展，强化了全体中国人民作为实现共同富裕主体的基本点，将实现路径与解决新时代中国社会主要矛盾相统一，在世界发展新格局背景下拓展“共同”理念，使马克思主义共同富裕思想具有了更鲜明的时代特征和世界价值，深化了马克思主义方法论的运用并进一步提升了理论的针对性、时代性和系统性，具有突出的理论贡献和现实意义。

关键词：新时代　共同富裕　理论贡献

共同富裕是马克思主义的重要范畴和理论，马克思主义“系统地阐述了共同富裕的历史性、实现共同富裕的物质前提、社会制度前提、社会途径以及共同富裕与人的全面发展的关系、实现共同富裕的阶段性等方面内容，从而揭示了共同富裕的发展规律。从一定意义上来说，马克思主义理论就是关于人类共同富裕的理论。”① 这一理论在马克思主义中国化进程中，尤其是在社会主义建设中得以贯彻。这种贯彻在实践中随着社会主义建设各阶段历史条件的变化又具体表现出不同的内容，包括具体目标、具体任务和具体路径等。新时代共同富裕思想承继之前各阶段共同富裕理论和实践，以新时代世界发展总体格局变化和社会主要矛盾为基础，拓展了马克思主义共同富裕思想的广度和深度，成为习近平新时代中国特色社会主义思想的重要组成部分，作出了新的理论贡献，具有深刻的现实意义。

一、新时代共同富裕思想是对马克思主义共同富裕思想的继承与发展

共同富裕作为马克思主义政治经济学的范畴，② 在其创始人那里具有一般性意蕴的

* 本文系北京市习近平新时代中国特色社会主义思想研究中心项目“新时代脱贫攻坚的成就和经验研究”（18KDBL061）的阶段性成果，发表于《中国社会科学院研究生院学报》2020 年第 1 期。

** 张春敏，中央民族大学经济学院教授；吴欢，中央民族大学经济学院博士研究生。

① 邱海平：《马克思主义关于共同富裕的理论及其现实意义》，载《思想理论教育导刊》2016 年第 7 期。

② 陈伯庚：《共同富裕论》，载《上海经济研究》2017 年第 11 期。

规定。马克思、恩格斯以当时生产力领先于世的欧洲为基础，以科学理论为工具，为未来设计出一幅符合极大发展了的生产力基础上生产关系的社会蓝图。这幅蓝图在《共产党宣言》中已见华彩，“代替那存在着阶级和阶级对立的资产阶级旧社会的，将是这样一个联合体，在那里，每个人的自由发展是一切人的自由发展的条件”。[①] 在这个新的联合体中，生产的目的是所有人的富裕，即“给所有人提供充裕的物质生活和闲暇时间，给所有的人提供真正的充分的自由”。[②] 马克思在分析资本主义制度的矛盾中确立了未来建立的社会主义制度要坚持的共同富裕原则，但是，这一基本原则在不同历史条件下又会呈现出具体特征和具体内容。“马克思主义的全部精神，它的整个体系，要求人们对每一个原理都要历史地，都要同其他原理联系起来，都要同具体的历史经验联系起来加以考察。”[③] 总结新时代共同富裕思想的理论贡献，要明确的是，新时代共同富裕思想以坚持马克思主义共同富裕思想的基本原则为前提，在中华人民共和国成立以来社会主义建设和改革的理论与实践成就基础上，针对新时代历史条件和社会主要矛盾提出新时代共同富裕的任务和目标，达到了逻辑与历史的统一。对于中华人民共和国成立以来的建设和成就，习近平指出，改革开放前和改革开放后两个历史时期，前者为后者积累了条件，后者是对前者的坚持、改革和发展。[④] “这是两个相互联系又有重大区别的时期，但本质上都是我们党领导人民进行社会主义建设的实践探索。”[⑤] 认识共同富裕思想发展的逻辑与上述逻辑相同，必须从一脉相承的维度理解新时代共同富裕与之前共同富裕的关系。

中华人民共和国成立后，经过社会主义改造建立了社会主义制度，为共同富裕奠定了制度基础，人民对于建立先进的工业国的要求同落后的农业国的现实之间的矛盾成为当时的社会主要矛盾，从而框定了共同富裕的任务和基本思路。社会主义计划经济体制以平均分配方式保障在物质基础较弱背景下的人民生活，虽然还没有实现人民生活上的物质富裕，但在教育和医疗方面迅速建立起初级保障体系。[⑥] “1949～1978 年，中国充分发挥社会主义制度的优越性，在人力资本建设方面取得了辉煌成就，突出表现在健康和教育水平的提高、生育率的下降以及妇女地位的提高。其结果是，20 世纪 70 年代末 80 年代初开始改革开放时，中国的人力资本水平在发展中国家遥遥领先，一些指标达到了发达国家水平。”[⑦] 此成就为后来的改革提供了坚实的人力资本基础。在此阶段，共同富裕与工业化理论、农业合作化理论合成一体，在实践上表现为建立公有制与综合

① 马克思、恩格斯：《共产党宣言》，人民出版社 2018 年版，第 51 页。

② 《马克思恩格斯全集》（第 21 卷），人民出版社 1965 年版，第 570 页。

③ 《列宁选集》（第 2 卷），人民出版社 1995 年版，第 785 页。

④ 中共中央宣传部编：《习近平总书记系列重要讲话读本》，学习出版社、人民出版社 2016 年版，第 32 页。

⑤ 同④，第 31 页。

⑥ 这一初级体系包括覆盖城镇居民的劳动保险、公费医疗制度和农村合作医疗、赤脚医生制度。在教育方面，包含基本教育制度、已确立的成人及非正式教育推广网。见李玲、江宇：《毛泽东医疗卫生思想和实践及其现实意义》，载《现代哲学》2015 年第 5 期，第 39～43、106 页；世界银行经济考察团：《中国：社会主义经济的发展》，财政部外事财务司组织译校，中国财政经济出版社 1983 年版，第 64 页。

⑦ 李玲、李明强：《人力资本、经济奇迹与中国模式》，载《当代中国史研究》2010 年第 1 期。这一论断有来自世界银行考察团的数据和论述支持，见《中国：社会主义经济的发展》，第 63～69 页。

平衡发展战略相统一。

改革开放以后，全党的工作重心转移到社会主义现代化建设上来。社会主要矛盾转化为人民日益增长的物质文化需要同落后的社会生产之间的矛盾，针对当时生产力发展水平较低的现实，邓小平提出，“搞社会主义，一定要使生产力发达，贫穷不是社会主义”。① 然而当时的生产力水平决定了平均发展是不可能的，“一部分地区、一部分人可以先富起来，带动和帮助其他地区、其他的人，逐步达到共同富裕”。② 此阶段的共同富裕思想进一步强调了共同富裕是社会主义的本质规定，开拓了“先富带后富”与发展生产力相统一的路径，将共同富裕向前推进了一步。③

进入新时代，人民基本物质需要得到满足，我国已经基本具备了实现共同富裕的物质条件，社会主要矛盾已经转化为人民日益增长的美好生活需要和不平衡不充分的发展之间的矛盾。新时代共同富裕思想将这一矛盾的解决路径与共同富裕的实现统一起来，将共同富裕这一社会主义的本质规定外化为具体目标，作为衡量中国特色社会主义发展的重要指标。党的十九大报告提出，到2035年，基本实现社会主义现代化，全体人民共同富裕迈出坚实步伐；到21世纪中叶，把我国建成富强民主文明和谐美丽的社会主义现代化强国，全体人民共同富裕基本实现。④ 这就意味着，第一，共同富裕在具体层面越来越成为现实。第二，理论成为现实的路线图越发清晰，包括制度上将公有制经济的巩固和发展作为实现共同富裕的重要物质条件，并持续推动公有制经济适应市场经济发展的改革，鼓励非公有制经济发展；体制上坚持和深化社会主义市场经济改革；在实现路径上秉承新发展理念，以供给侧结构性改革为主线，以建立现代经济体系为支撑，最终实现共同富裕这一目标。

回顾历史可以看出，整个社会主义建设和改革时期坚持了马克思主义共同富裕思想的原则，以此为前提，每一阶段又呈现出自身特征。社会主义建设初期的探索，为共同富裕奠定了制度前提和工业化基础；⑤ 改革开放探索过程中，以“先富带动后富”为路径使共同富裕迅速迈向新时代；新时代共同富裕思想在已有物质条件的基础上，提出目标、任务和路线图。从总体上分析新时代共同富裕思想的理论贡献，必须坚持历史唯物主义。

二、新时代共同富裕思想将以人民为中心原则落实到“富裕”理念拓展上

马克思关于共同富裕的理论坚持以无产阶级为主体，在我国建立社会主义制度后，

---

① 《邓小平文选》（第3卷），人民出版社1993年版，第225页。

② 同①，第149页。

③ 卫兴华：《论社会主义共同富裕》，载《经济纵横》2013年第1期。

④ 习近平：《决胜全面建成小康社会 夺取新时代中国特色社会主义伟大胜利——在中国共产党第十九次全国代表大会上的报告（2017年10月18日）》，载《人民日报》2017年10月28日。

⑤ 韩文龙、祝顺莲：《新时代共同富裕的理论发展与实现路径》，载《马克思主义与现实》2018年第5期。

马克思主义政党代表无产阶级利益的立场自发地转变为代表全体人民利益的立场，这一主线在不同时代有不同的表述，并贯穿于社会主义的理论和现实中。人民立场在新时代共同富裕中得到了深化，以人民为中心成为指导共同富裕思想及实践的原则和根本落脚点。正像2012年习近平指出的那样，“人民对美好生活的向往，就是我们的奋斗目标”。① 2015年，党的十八届五中全会首次提出“以人民为中心”的发展思想。

“以人民为中心”的发展，就是将共同富裕立足于人民。随着我国经济社会发展水平的变化，因不同区域、不同发展水平、不同需求等差异，共同富裕任务也在不同维度和不同阶段上有所差别，突出体现在新时代共同富裕思想中“富裕”理念维度的拓展上。一是人的群体维度；二是富裕的内容维度。两个维度在内容上存在交叉性。

“富裕”理念在人的群体维度上的拓展，是指重点从贫困群众拓展到全体人民。对于贫困群众，“富裕”的内涵就是首先解决绝对贫困问题。在以开发式扶贫解决收入性贫困的成就基础上，立足于城乡二元结构导致的基本公共服务差异而形成的多维度贫困，中央提出精准扶贫，在扶贫对象、扶贫区域、扶贫方法、扶贫领域等各方面力求精准到位。从基本物质条件改善到“两不愁、三保障”，提升扶贫效果，扩展扶贫领域，取得了世界瞩目的成就。截至2018年底，我国农村贫困人口比2012年累计减少8239万人。② 从全体人民的需要出发，新时代共同富裕思想中的“富裕”理念从以收入为主要衡量标准扩展到包括教育、医疗、收入分配、养老、住房等多方面的内容，并体现到有针对性的解决方案中。如在养老和医疗保障方面，“党的十八大以来，各类保险参保人数越来越多，基本养老参保人数达到了9亿人以上，基本医疗保险所覆盖人口达到13亿以上，基本达到了全民医保要求”。③ 在住房方面，加快住房制度改革，坚持“房子是用来住的，不是用来炒的定位”，④ 落实房地产长效管理机制，不将房地产作为短期刺激经济的手段。⑤

“富裕”理念在内容维度上的拓展，包括重点从物质富裕到物质和精神都富裕再到社会全方位发展，拓展了新时代“富裕”的内涵。一是物质富裕，这是人民的基本富裕要求，也是基础条件。二是物质富裕与精神富裕的结合。在物质逐步富裕基础上实现精神提升，逐步建设美好生活，这在扶贫理念和政策中体现得较为突出，习近平强调“要把扶贫同扶志结合起来，着力激发贫困群众发展生产、脱贫致富的主动性，着力培育贫困群众自力更生的意识和观念，引导广大群众依靠勤劳双手和顽强意志实现脱贫致富”。⑥ 三是关注社会的全面发展。社会的全面发展是人的全面发展的条件，“我们将坚持在发展中保障和改善民生，不断满足人民日益增长的美好生活需要，不断促进社会公

---

① 《习近平谈治国理政》，外文出版社2014年版，第4页。

② 《2018年中国农村减贫1386万人》，载《人民日报·海外版》2019年2月16日。

③ 左伟：《新时代共同富裕的实现障碍及其路径探索》，载《马克思主义研究》2019年第5期，第29页。

④ 习近平：《决胜全面建成小康社会 夺取新时代中国特色社会主义伟大胜利——在中国共产党第十九次全国代表大会上的报告》，载《人民日报》2017年10月28日。

⑤ 《2019年第三季度中国货币政策执行报告》，http：//www. pbc. gov. cn/goutongjiaoliu/113456/113469/3922261/index. html，2019年12月1日。

⑥ 中共中央党史和文献研究院编：《习近平扶贫论述摘编》，中央文献出版社2018年版，第140页。

平正义，使人民获得感、幸福感、安全感更加完善、更有保障、更可持续”。① 这种拓展使新时代共同富裕贯穿于经济建设、政治建设、文化建设、社会建设、生态文明建设全方位和全过程。

新时代共同富裕思想中“富裕”理念的拓展，体现了新时代共同富裕思想全方位贯彻满足人民美好生活需要这一根本，将美好生活作为共同富裕的内涵和深化动力，为实现人的本质完全解放与自由奠定物质和精神基础。

三、新时代共同富裕思想将实现路径与解决社会主要矛盾相统一

新时代共同富裕思想的理论贡献不仅体现于理论传承上，还体现于现实矛盾的解决上，进而体现于解决路径上。从新时代社会主要矛盾两个方面的转变来看，一是人民的物质文化需要转变为人民的美好生活需要，二是解决落后的社会生产问题转变为解决不平衡不充分的发展问题。在新时代社会主要矛盾的两个方面中，不平衡不充分的发展又是矛盾的主要方面。抓住主要矛盾、抓住主要矛盾的主要方面，是解决问题的根本办法。②

“发展是人类社会永恒的主题”，③ 新的矛盾依然要通过发展来解决。但发展又会呈现阶段性，不同时期的发展，内容也有所差别。新时代的发展以之前各个阶段为基础，包括了共同富裕实现的基本方法和逻辑，不仅要解决物质层面的问题，还要解决精神层面的问题，既有生产方面的问题，又有分配方面的问题，这些都在新发展理念中得到回答和体现。

第一，创新发展解决共同富裕的动力问题。④ 新时代的共同富裕是社会主义的共同富裕，必须防止两极分化，这就要求必须坚持以公有制为主体的基本经济制度，通过深化改革提升国有经济活力，而改革就需要不断地创新；实现共同富裕的基本条件是社会生产力的极大发展，随着我国经济进入新常态，靠要素驱动的发展模式动力减弱，动能转换成为关键，建立高质量现代化经济体系需要生产力的高质量平衡发展，这就要求在技术和制度上进行不断地创新；共同富裕不仅要提升生产力发展的质量，还要求财富分配、贫困人口可持续脱贫等各种体制和机制的深化改革，体制和机制的创新成为必备要素。可以说，实现共同富裕目标，需要在不同维度、不同领域等多方位进行创新。

第二，协调发展解决共同富裕的平衡问题。共同富裕不是个别人也不是一批人富裕，而是全体人民富裕。但共同富裕不是同步富裕、平均富裕，而是先富与后富协调发展。新时代协调发展在共同富裕道路上起着平衡器和稳定器的作用，是解决不平衡发展

① 习近平：《抓住世界经济转型机遇　谋求亚太更大发展——在亚太经合组织工商领导人峰会上的主旨演讲》，载《人民日报》2017年11月11日。

② 《毛泽东选集》（第1卷），人民出版社1952年版，第297页。

③ 中共中央文献研究室编：《习近平关于社会主义经济建设论述摘编》，中央文献出版社2017年版，第14页。

④ 有学者提出，创新和共同富裕是新时代的两个主题，这是从生产力和生产关系两个维度来解读的。事实上，生产力与生产关系是内在统一的，创新和共同富裕都会同时涉及生产力和生产关系两个维度，不能分开。李民圣：《新时代中国经济的两大主题：创新与共同富裕》，载《马克思主义与现实》2019年第1期。

问题的关键环节。如解决收入不平衡问题，实施精准扶贫、社会保障体系改革、税收制度改革等；解决城乡不平衡发展问题，统筹城乡发展，促进城乡一体化，实施乡村振兴战略；解决区域发展不平衡问题，建设新的增长极，实施区域协调发展战略，京津冀协同发展、长江经济带发展、粤港澳大湾区建设、长三角一体化发展等重大国家战略都是这一维度的内容。以京津冀地区为例，2017 年，京津冀区域发展指数为 153.99，比 2013 年上升 36.29 个点，区域协调发展指数为 118.43，与 2010 年相比，年均提高 2.63 个点，凸显出近几年来京津冀协同发展战略对区域发展的带动作用。①

第三，绿色发展解决共同富裕中生态保障和环境可持续性问题。资本主义工业文明时代开启后，以单纯追求最大化利润的生产目标建立的生产模式和消费模式制造了大量的生态灾难。虽然资本主义发达国家在这种情况下采取了有组织的治理措施，但无法消除造成灾难的制度因素。新时代共同富裕思想立足社会主义的价值追求，以人的全面发展作为共同富裕的内在要求，摒弃单向为利润、为产值、为 GDP 的发展模式，建立人的发展与自然的和谐关系。这种和谐关系内含于实现共同富裕的绿色途径，表现为“绿水青山”是“金山银山”的充分条件的理念，满足人民从“求生存”到“求生态”需要的转变。

第四，开放发展解决共同富裕的外部条件问题。实现共同富裕需要良好的外部条件，人类历史就是在开放中发展的。随着经济全球化深入发展，各国经济加速融合，虽然也存在各种反全球化的思潮和行为，但世界越发融合为一体的趋势无法阻挡。我国不断加大对外开放力度，实行更加积极主动的开放战略，推动构建人类命运共同体，推进建设“一带一路”，大幅度放宽市场准入，获得更多推动发展所必需的资金、技术、资源、市场、人才，不断为经济发展注入新动力、拓展新空间，为共同富裕的实现创造良好的外部条件。

第五，共享发展解决共同富裕道路上发展为了谁、依靠谁、发展成果由谁分享的问题。习近平强调“让广大人民群众共享改革发展成果，是社会主义的本质要求，是社会主义制度优越性的集中体现，是我们党坚持全心全意为人民服务根本宗旨的重要体现”。② 共享发展包括多个维度的内容。“全民共享”说明共享发展的主体是人民，要实现更多人的发展，既要把“蛋糕”做大，还要把不断做大的“蛋糕”分好；“全面共享”说明共享发展的范围，经济、政治、文化、社会、生态，一个方面都不能缺位；“共建共享”说明共享发展的方式以共同建设为前提、共同享有为结果；“渐进共享”说明了共享发展的过程，需要从低级到高级、从不均衡到均衡的过程。共享发展是中国特色社会主义的本质要求，为了让全体人民有更多获得感、幸福感、安全感，朝着共同富裕方向稳步前进。

---

① 国家统计局：《京津冀区域发展指数稳步提升》，http://www.stats.gov.cn/tjsj/zxfb/201808/t20180802_1613665.html，2018 年 8 月 2 日。

② 习近平：《以新发展理念引领发展，夺取全面建成小康社会决胜阶段的伟大胜利（二〇一五年十月二十九日）》，中共中央文献研究室编：《十八大以来重要文献选编（中）》，中央文献出版社 2016 年版，第 827 页。

新发展理念中各要素之间存在着内在有机统一的关系，构成一个整体，系统作用于解决新时代社会主要矛盾过程中。党的十八大以来，秉承新发展理念，我国经济实力再上新台阶，经济增速位居世界主要经济体前列，成为世界经济增长的主要动力源和稳定器，国家地位进一步提升；推进经济体制改革，消除体制机制障碍，经济发展活力不断增强；供给侧结构性改革的实施促进了供求平衡，推进经济体制改革，市场释放出更强活力；对外开放步伐加快，推动“一带一路”建设，成为积极引领经济全球化的主要力量；脱贫攻坚进入冲刺期，基本公共服务均等化程度不断提高，人民获得感、幸福感、安全感明显增强。新发展理念作为解决新时代社会主要矛盾的指引，将继续统一于“五位一体”总体布局中，贯彻于实现共同富裕目标的历史进程中。

四、新时代共同富裕思想拓展了共同富裕的主体外延

新发展理念引导的发展产生的外溢效应逐渐成为吸引海外爱好和平民族共谋发展的力量。这种力量使世界各个国家，不论大小、强弱、贫富，以合作共赢新型国际关系为基础形成一种共同体，共同推进人类和平与发展事业。

“不能把世界长期发展建立在一批国家越来越富裕而另一批国家却长期贫困落后的基础之上”。[①]“共同”理念一直存在于中国的历史长河中，“人人为公”“四海之内皆兄弟”“天下大同”等就是这一理念的反映。立足全球发展日益紧密的时代潮流和趋势，新时代共同富裕思想将“共同”理念的主体外延从中华民族共同体扩展到人类命运共同体。世界自进入资本主义工业文明时代以来，各国交往一直以资本主导的全球化为主要内容，并带来一系列全球治理难题。这些难题的解决需要世界各个国家的共同参与。针对这种情况，习近平指出，各国“理应平等参与决策、享受权利、履行义务”，[②]“各国应该坚持人类优先的理念……以更加开放的心态和举措，共同把全球市场的蛋糕做大、把全球共享的机制做实、把全球合作的方式做活，共同把经济全球化动力搞得越大越好、阻力搞得越小越好”。[③]

“没有哪一个国家能独自应对人类面临的各种挑战，也没有哪个国家能够退回到自我封闭的孤岛。”[④] 2012 年，党的十八大明确提出“要倡导人类命运共同体意识”。作为世界的一部分，中华民族秉承“天下一家”理念，在强调本国特殊性、独立性的同时，积极化解分歧矛盾，提出以共商共建共享为内容的全球治理观，从伙伴关系、安全格局、经济发展、文明交流、生态建设等方面入手展开合作、作出努力，推动形成利益共

---

① 中共中央宣传部编：《习近平总书记系列重要讲话读本》，学习出版社、人民出版社 2016 年版，第 262 页。

② 习近平：《共担时代责任　共促全球发展——在世界经济论坛 2017 年年会开幕式上的主旨演讲》，载《人民日报》2017 年 1 月 18 日。

③ 习近平：《开放合作　命运与共——在第二届中国国际进口博览会开幕式上的主旨演讲》，载《人民日报》2019 年 11 月 6 日。

④ 习近平：《决胜全面建成小康社会　夺取新时代中国特色社会主义伟大胜利——在中国共产党第十九次全国代表大会上的报告》，载《人民日报》2017 年 10 月 28 日。

同体、责任共同体、命运共同体。

“一带一路”倡议不断推动构建人类命运共同体。“一带一路”在中国境内涵盖18个省份，贯穿欧亚大陆，连接了亚太经济圈和欧洲经济圈。在谋求本国发展的同时，我国持续推动设立丝路基金、成立亚投行，推进金砖国家新开发银行建设，全方位推进“一带一路”倡议的落地和实施，为其他国家发展创造条件和机遇。第一，人类命运共同体构建及“一带一路”倡议着眼人类发展和世界前途，不上制度枷锁，没有意识形态控制。“共建‘一带一路’倡议不是地缘政治工具，而是务实合作平台；不是对外援助计划，而是共商共建共享的联动发展倡议”。[①] 第二，“一带一路”倡议能够使沿线国家搭上中国经济快速发展的快车、便车，“‘一带一路’是共赢的，将给沿线各国人民带来实实在在的利益，将为中国和沿线国家共同发展带来巨大机遇”。[②] 第三，“一带一路”倡议造福各国人民，消除贫困，推动人类命运共同体向更加富裕、更加繁荣的道路发展，加大与发展中国家在基础设施建设方面的合作，通过基础设施互联互通提升发展中国家发展能力，为国际减贫事业注入新活力。[③]

新时代人类命运共同体理念，将热爱和平、共享发展的世界人民纳入共同富裕、共同发展的范围，拓展了“共同”理念的主体外延，以共同繁荣、共同发展为目标，打破意识形态和制度的藩篱，为世界上那些既希望加快发展又希望保持自身独立性的国家和民族提供了全新选择，为解决人类问题贡献了中国智慧和中国方案，使共同富裕具有更深刻的时代特征及世界价值。

五、新时代共同富裕思想深化了马克思主义方法论的运用

“马克思的整个世界观不是教义，而是方法。它提供的不是现成的教条，而是进一步研究的出发点和供这种研究使用的方法。”[④] 中国共产党领导中国革命和社会主义建设的过程，就是马克思主义中国化的过程，就是充分运用马克思主义方法的过程，就是同教条使用马克思主义方法作斗争的过程。毛泽东同志撰写的《反对本本主义》《矛盾论》《实践论》，以及邓小平同志关于社会主义本质的论述等，都是深化马克思主义方法运用的充分体现。中国革命和社会主义实践的经验之一就是将马克思主义的方法与中国现实充分结合，脱离这一点，就会出这样或那样的问题。新时代共同富裕思想抓住马克思主义方法论的灵魂，根据共同富裕所处历史条件、所要实现的目标以及面临的任务等具体情况，以理论指导实践，在实践中总结经验，深化了马克思主义方法论的运

---

① 习近平：《共同开创金砖合作第二个“金色十年”——在金砖国家工商论坛开幕式上的讲话》，http://www.xinhuanet.com/politics/2017-09/03/c_1121596338.htm，2017年9月3日。

② 中共中央宣传部编：《习近平总书记系列重要讲话读本》，学习出版社、人民出版社2016年版，第268页。

③ 习近平：《携手消除贫困，促进共同发展（二〇一五年十月十六日）》，《十八大以来重要文献选编（中）》，第723页。

④ 《马克思恩格斯选集》（第4卷），人民出版社1995年版，第742～743页。

用，突出体现在三个方面。

第一，坚持生产力与生产关系辩证统一。在马克思主义政治经济学研究中，一直强调生产力与生产关系的辩证统一，“对一定历史条件下生产力与生产关系的对立统一关系的认识，是马克思主义经济学说明一定社会经济制度产生、发展和衰亡的历史过程，解释一定社会经济制度下发生的不以任何个人意志为转移的经济运行规律的根本依据”。① 但在实际理论研究中，依然存在将生产力与生产关系分割开来的现象。而新时代共同富裕思想则一直坚持生产力与生产关系辩证统一视角，体现于从共同富裕面对的社会主要矛盾转化，到共同富裕的目标，再到具体路径中的顶层设计和实施政策的一系列环节。在解放生产力过程中解放生产关系，通过生产关系的改革来促进生产力的发展，为共同富裕创造物质条件和社会条件。生产力表现为发展能力和创新能力等，生产关系表现为制度、各种管理体制机制以及现实存在的城乡关系、收入关系、区域关系以及群体关系，实现共同富裕的过程，就是在生产关系不断调整中实现全体人民美好生活水平提高的过程。在共同富裕更为具体的环节中也都体现着这一视角，如新发展理念中的创新发展，既包括技术创新，也包括制度创新；“五位一体”总体布局，是包括了经济和政治等多元系统的布局；供给侧结构性改革这一主线，就是在经济结构调整过程中提高供给能力。

第二，在解决矛盾中强化问题导向。矛盾内在于事物之中，在矛盾发展的不同阶段，会直接表现出不同的问题，问题是事物内在矛盾发展的“指示灯”。问题导向实际上是强调重视事物矛盾变化，是矛盾分析法的动态发展。新时代共同富裕通过不断实践，运用将问题导向与抓主要矛盾相结合的方法不断推进问题解决，从而不断推动矛盾朝着有利方向发展。中国特色社会主义已经进入新时代，“意味着近代以来久经磨难的中华民族迎来了从站起来、富起来到强起来的伟大飞跃”。② 新时代共同富裕思想，所要面对的最大问题就是在“强起来”背景下如何实现共同富裕，解决所有问题的基本点就在于此。这种问题导向的方法在具体环节上也会充分体现出来。例如，基于我国社会主义初级阶段的国情，“先富—后富论”作为伟大的理论创造，一直指导着中国实现共同富裕的实践。该理论意味着达到共同富裕不仅是整体的历史过程，个体上也会有速度的快慢，正是在快与慢的矛盾发展中逐渐走向共同富裕。③ 进入新时代，贫困问题亟须解决。从这一问题出发抓主要矛盾，在解决方案中强化对后富群体的关注。这种关注从贫困人口精准到个人，从大区域精准到深度贫困地区，从单一评价指标精准到多维衡量标准。新时代共同富裕思想根据历史条件的变化，深刻剖析共同富裕面对的具体问题，抽丝剥茧，制定出系统性和精准性的策略，这既是共同富裕道路上经验的积累，也是对马克思主义唯物辩证法的灵活运用，是对新时代面对的社会主要矛盾的回应。

① 张宇、孟捷、卢荻主编：《高级政治经济学（第三版）》，中国人民大学出版社2012年版，第33页。

② 习近平：《决胜全面建成小康社会　夺取新时代中国特色社会主义伟大胜利——在中国共产党第十九次全国代表大会上的报告》，载《人民日报》2017年10月28日。

③ 龚云：《论邓小平共同富裕理论》，载《马克思主义研究》2012年第1期。

第三，充分贯彻个体和总体相统一的理论逻辑。马克思始终从个体与总体相统一的角度分析社会问题，“人是特殊的个体，并且正是人的特殊性使人成为个体，成为现实的、单个的社会存在物，同样，人也是总体，是观念的总体，是被思考和被感知的社会的自为的主体存在，正如人在现实中既作为社会存在的直观和现实享受而存在，又作为人的生命表现的总体而存在一样”。[①] 可以看出，马克思从社会总体角度去理解个人，将人规定为“社会的人”，从社会属性出发去认识人类社会和历史。新时代共同富裕思想的方法论强调个体与总体的统一，具体表现在两个方面：一是在分析共同富裕所面对的世界发展格局、我国社会主要矛盾以及体制改革时，充分运用总体方法。突出体现在精准扶贫进程中注重制度、体制、机制的构建，从总体层面推动全面建成小康社会的实现，形成“专项扶贫、行业扶贫、社会扶贫等多方力量、多种举措有机结合和互为支撑的‘三位一体’大扶贫格局”。[②] 二是强调个体人的重要性、个体人作为要素对总体的制约及与总体的统一，习近平提出“小康路上一个都不能掉队!”[③] 体现了个体人的重要性。个体人是总体的组成要素，没有个体人，就没有总体，没有每一个贫困户的脱贫，就没有脱贫攻坚战的胜利。这种对个体人的重视，在制定精准扶贫政策时体现得更为明显，如弄清贫困人口、贫困程度、致贫原因，找到“贫根”，对症下药，因人施策，[④] 在这过程中创新了“六个精准”“五个一批”“十项工程”等做法，开拓出特色产业脱贫、资产收益脱贫、医疗保险和医疗救助脱贫、组织劳务输出脱贫、低保兜底脱贫、生态保护脱贫、社会公益脱贫等有针对性的脱贫途径。

个体与总体统一的方法论在新时代共同富裕思想中还拓展到处理区域关系、产业关系等方面。在共同富裕道路上，将贫困户个体与企业和发达地区等总体相统一实现互动效应，将落后地区与先进地区相统一统筹发展，将单个产业与总体产业布局相统一促进结构升级，将中国发展与共建世界命运共同体相统一促进全球治理。从总体中实现个体发展、以个体发展推动总体发展，这一个体与总体相统一的理论逻辑创造性地拓宽了新时代共同富裕的理论和实现途径。

生产力与生产关系辩证统一的视角、问题导向的方法、个体与总体相统一的逻辑，深化了马克思主义方法论的运用，从抽象到具体，从理论到实践，凸显了新时代共同富裕思想的针对性、时代性和系统性。

六、理解新时代共同富裕思想的现实意义

新时代共同富裕思想的形成和发展与马克思主义共同富裕思想的理论和实践一脉相

---

① 马克思：《1844 年经济学哲学手稿》，人民出版社 2018 年版，第 81 页。

② 《习近平扶贫论述摘编》，第 99 页。

③ 习近平：《努力奋斗才能梦想成真——二〇一七年新年贺词》，载《党建》2017 年第 1 期。

④ 莫光辉：《精准扶贫：中国扶贫开发模式的内生变革与治理突破》，载《中国特色社会主义研究》2016 年第 2 期。

承，体现出理论与现实内在统一。准确理解新时代共同富裕思想，具有重要的现实意义。

第一，新时代共同富裕思想推进共同富裕进入新阶段。新时代共同富裕思想提供了符合世界发展总体趋势和中国特色社会主义发展特点的共同富裕系统理论和路径框架，推动和加快了实现共同富裕的历史进程，这个维度的现实意义突出表现于三个层次：一是将马克思根据当时社会历史条件所确定的原则和设想不断推向现实，在中国社会主义初级阶段国情下达到了共同富裕在人类历史上的最高水平；二是立足于中国革命和社会主义建设成就，传承中华民族传统文化基因，在已有物质条件基础上加速新时代中国社会共同富裕程度的提升，人民美好生活需要逐步实现；三是突破以往量化标准衡量富裕的单向维度，在人民主体、制度保障、完成路径、实现方法等多向度的理论和实践体系中，在衡量标准的变化中促进共同富裕水平质的提升。

第二，新时代共同富裕思想在全面建成小康社会决胜阶段中起引导作用。习近平同志在党的十九大报告中提出，解决人民温饱问题、人民生活总体上达到小康水平这两个目标已提前实现，中国已经进入全面建成小康社会决胜期。① 全面建成小康社会是党和国家到2020年的奋斗目标，是全国各族人民的根本利益所在。在这个时期，习近平指出："全面建成小康社会，强调的不仅是'小康'，而且更重要的也是更难做到的是'全面'。'小康'讲的是发展水平，'全面'讲的是发展的平衡性、协调性、可持续性。如果到2020年我们在总量和速度上完成了目标，但发展不平衡、不协调、不可持续问题更加严重，短板更加突出，就算不上真正实现了目标，即使最后宣布实现了，也无法得到人民群众和国际社会认可。"② 为此，近年来重点在"全面"上下很大功夫。在脱贫攻坚战中，照顾到每一个地区、每一个群体、每一个人，"全面小康路上不能忘记每一个民族、每一个家庭"。在教育、就业、医疗、住房等涉及民生及人民共同富裕方面出台各类政策，促进小康社会的全面实现。为实现平衡、协调和可持续发展，提出新发展理念，摒弃照搬西方经济发展理论的思维，立足中国共产党人带领全国各族人民实现中华民族伟大复兴中国梦的目标、立足中国发展所处阶段、立足中国人民的诉求，"不断完善中国特色社会主义政治经济学理论体系，推进充分体现中国特色、中国风格、中国气派的经济学科建设"，③ 坚持以供给侧结构改革为主线，在实践上建设现代化经济体系。新时代共同富裕思想作为习近平新时代中国特色社会主义思想的有机组成部分，在理论、理念、思路、实践、原则等多个维度指导中国建设小康社会，并将继续服务于未来共同富裕目标的实现。

第三，新时代共同富裕思想中的"共同"理念为理论创新和实践创新提供新视角。立足世界发展新格局和中国现实，新时代共同富裕思想不断拓展"共同"理念。一是

---

① 习近平：《决胜全面建成小康社会　夺取新时代中国特色社会主义伟大胜利——在中国共产党第十九次全国代表大会上的报告》，载《人民日报》2017年10月28日。

② 习近平：《在党的十八届五中全会第二次全体会议上的讲话（节选）（2015年10月29日）》，http：//cpc.people.com.cn/n1/2016/0101/c64094-28002398.html，2016年1月1日。

③ 《习近平主持召开经济形势专家座谈会强调　坚定信心增强定力　坚定不移推进供给侧结构性改革》，载《人民日报》2016年7月9日。

理论的拓展，突出体现在对社会主义基本经济制度的认识上，凸显了坚持主体与共同发展的原则。党的十九届四中全会审议通过的《中共中央关于坚持和完善中国特色社会主义制度　推进国家治理体系和治理能力现代化若干重大问题的决定》明确指出："公有制为主体、多种所有制经济共同发展，按劳分配为主体、多种分配方式并存，社会主义市场经济体制等社会主义基本经济制度，既体现了社会主义制度优越性，又同我国社会主义初级阶段社会生产力发展水平相适应，是党和人民的伟大创造。"① 二是在维度上的拓展，将"共同"理念从经济拓展到政治、文化、社会和生态等多方面。在文化上，坚持和完善社会主义文化制度，团结全体人民，坚持共同的理想信念、价值理念、道德观念，弘扬中华优秀传统文化、革命文化和社会主义先进文化，发挥全体人民在思想上精神上紧紧团结在一起的显著优势；在政治、社会和生态上，在坚持和完善社会保障制度、社会治理制度以及生态文明制度体系等多方面体现了"共同"理念。三是空间范围的拓展，体现在对世界命运共同体的认识上。新时代共同富裕思想的提出和实践推动经济全球化不断发展，促进同一地区不同国家通过不断做大开放市场推动区域经济一体化，建立利益共享链条，达到合作共赢，为各国人民带来更多福祉。通过不断探索，证明了经济发展包容性存在的合理性和必要性，为全世界国家作出垂范，助力世界格局不断向有利于各国平等发展、共同繁荣的方向前进。

第四，新时代共同富裕思想为其他发展中国家走向共同富裕提供借鉴。20 世纪中后期，广大发展中国家陆续摆脱殖民统治，实现了民族解放和民族独立。在此基础上，发展成为这些国家面对的共同主题。在解决这一问题时，一些发展中国家照搬发达资本主义国家的经验，遵从资本全球化的规则，结果不但没有实现发展的目标，反而逐步成为"外围"国家，经济成为依附型经济，未能跨越"中等收入陷阱"，或者陷入大多数人贫困的境地，或者陷入贫富差距急剧扩大的境地。坚持走中国特色社会主义道路，中华民族实现了从站起来、富起来到强起来的飞跃，习近平指出："中国的社会生产力、综合国力实现了历史性跨越，人民生活实现了从贫困到温饱再到总体小康的历史性跨越。这不仅使中国彻底抛掉了'东亚病夫'的帽子，而且为人类战胜贫困、为发展中国家寻找发展道路提供了成功的实例。"② 新时代共同富裕思想在国内引导的共同富裕实践，扩展到在国际上倡导构建人类命运共同体，开创了具有自身特点的共同富裕道路，在理论、理念、方法和路径等各方面为其他发展中国家提供了有价值的经验。

新时代共同富裕思想在引导中国全面建成小康社会、实现共同富裕的历史进程中，在与世界爱好和平的民族共同发展、共同繁荣的道路上，在不断解决世界上不平衡不充分问题的努力下，还会不断创新和发展，以理论发展及实践进展回应"时代之问"，以中国方案促进人类文明的总体进步。

---

① 《中共中央关于坚持和完善中国特色社会主义制度　推进国家治理体系和治理能力现代化若干重大问题的决定（2019 年 10 月 31 日中国共产党第十九届中央委员会第四次全体会议通过）》，载《人民日报》2019 年 11 月 6 日。

② 习近平：《在庆祝中华人民共和国成立 65 周年招待会上的讲话（2014 年 9 月 30 日）》，载《人民日报》2014 年 10 月 1 日。

从“现实的人”到“以人民为中心”[*]

——马克思主义政治经济学根本立场探析

常庆欣　张　旭[**]

摘要：中国特色社会主义政治经济学的根本要义，就是以马克思主义为指导，贯彻以人民为中心这一根本立场。“以人民为中心”的发展思想，是在避免马克思指出的“经济人”的缺陷的基础上，在遵循他关于“人的一般本性”的基本规定的前提下，在对马克思考察的“变化的人的本性”的变化趋势的深刻把握中，结合中国特色社会主义经济建设和改革实践，对发展为了谁、发展依靠谁、发展成果由谁享有这个根本问题作出回答。从马克思关于“现实的人”的思想到以“人民为中心”的发展思想之间，存在着运用、发展与创新关系。证明“以人民为中心”这一“马克思主义政治经济学的根本立场”，坚持“以人民为中心”的发展思想，是马克思主义理论尤其是中国特色社会主义政治经济学创新的重要成果和我国经济社会建设的基本指南。

关键词：政治经济学根本立场　经济人　现实的人　以人民为中心

党的十九大报告指出：“明确新时代我国社会主要矛盾是人民日益增长的美好生活需要和不平衡不充分的发展之间的矛盾，必须坚持以人民为中心的发展思想，不断促进人的全面发展、全体人民共同富裕。”① “以人民为中心”是“马克思主义政治经济学的根本立场”。② 要在当前复杂的国际国内背景下，真正做到牢牢坚守“以人民为中心”这个立场，就要把有关“以人民为中心的发展思想”涉及的不同方面的理论讲透彻，因为“理论只要说服人，就能掌握群众；而理论只要彻底，就能说服人。所谓彻底，就是抓住事物的根本”。③

对于“以人民为中心”的发展思想，人们总结过它的提出及孕育过程，分析过它的理论渊源和实践基础，论证过它的创新特征和进步属性，讨论过它的丰富内涵和核心要义，揭示过它的重大理论价值和现实意义。这些研究成果推进了人们对这一思想的掌

---

[*] 该文主体内容发表于《经济学家》2020 年第 5 期。

[**] 常庆欣，中国人民大学马克思主义学院教授，中国人民大学全国中国特色社会主义政治经济学研究中心研究员；张旭，中国社会科学院经济研究所教授，博士生导师，全国马克思列宁主义经济学说史学会副会长、秘书长，中国社会科学院全国中国特色社会主义政治经济学研究中心副主任，中国社会科学院当代中国马克思主义政治经济学创新智库秘书长。

① 习近平：《决胜全面建成小康社会　夺取新时代中国特色社会主义伟大胜利——在中国共产党第十九次全国代表大会上的报告》，人民出版社 2017 年版，第 19 页。

② 习近平：《在十八届中央政治局第二十八次集体学习时的讲话》，载《人民日报》2015 年 11 月 25 日。

③ 《马克思恩格斯文集》（第 1 卷），人民出版社 2009 年版，第 11 页。

握和运用。

就理论研究而言，追求理论的“彻底性”，是一个连续的思想活动，上述各种研究，多数聚焦于相对宏观的层面，在“以人民为中心”的发展思想与马克思关于人的思想之间的具体联系、运用与创新这个理论方向上，研究成果稍显欠缺，而这种欠缺，对“以人民为中心”的发展思想的学习、研究和普及而言是一种不足。因为，阐明马克思主义中国化的某项成果和马克思主义基本立场、观点、方法之间存在的继承和发展关系，仅仅是完成了“抓住事物的本质”的一个方面的工作；而从具体的、微观的层面，把一个创新理论、一套战略制定、一种政策设计和马克思的思想的关联讲明白、讲清楚，则会在进一步提升“理论说服人”的可能性的同时，深化人们对马克思主义基本原理的理解和其当代价值的认可。

基于上述思考，本文尝试从微观层面，探讨以人为中心的发展思想和马克思有关现实的人的思想之间存在的运用、发展与创新关系。

一、对“经济人”的批判与人的分析维度的确立

就政治经济学研究而言，对古典学派的人的观念的批判性考察，在马克思确立人的研究的基本维度上发挥了重要作用。在马克思看来，古典学派对人的分析，存在三个明显的不足：

在评价被斯密和李嘉图当作经济研究的出发点的单个的孤立的猎人和渔夫时，马克思说这种出发点属于“十八世纪的缺乏想象力的虚构”，这种虚构的关键问题在于，“人是最名副其实的政治动物，不仅是一种合群的动物，而且是只有在社会中才能独立的动物。孤立的一个人在社会之外进行生产——这是罕见的事，在已经内在地具有社会力量的文明人偶然落到荒野时，可能会发生这种事情——就像许多个人不在一起生活和彼此交谈而竟有语言发展一样，是不可思议的”。①马克思认为，被古典经济学家作为分析出发点的个人概念，把社会的历史的人，解释为自然的结果和历史的起点，从而把人的社会性和历史性遮蔽了起来。

古典学派的“经济人”概念的另一个特征，是对人的欲望进行的狭隘的抽象。也就是说，“把利己主义一词等同于利己的快乐主义，……个人把他自己的最大幸福当作其行为的终极目的”。②这样理解人时，就是把人的某种单一特征作为一种普遍标准了。所以，马克思在评价边沁时，说他“幼稚而乏味地把现代的市侩，特别是英国的市侩说成是标准人。……他还用这种尺度来评价过去、现在和将来”。③此外，在边沁那里，“公益归根到底就是一般地表现在竞争中的公益”，从而“经济学内容逐渐使功利论变

① 《马克思恩格斯文集》（第 8 卷），人民出版社 2009 年版，第 6 页。
② 亨利·西季威克：《伦理学方法》，中国社会科学出版社 1993 年版，第 117 页、141 页。
③ 《马克思恩格斯文集》（第 5 卷），人民出版社 2009 年版，第 704 页。

成了替现存事物的单纯的辩护，变成了这样的说教：在目前条件下，人们彼此之间的现有的关系是最有益的、最有公益的关系”。①把利己当成人主要的或唯一的特征，把经济互利解释成普遍的公益，这样的分析完全忽视了非自利动机，而且把公益狭隘化了。

马克思指出，古典政治经济学描绘的“自然自由的体系”展示的是这样一幅图景：“每个人追求自己的私人利益，而且仅仅是自己的私人利益；这样，也就不知不觉地为一切人的私人利益服务，为普遍利益服务。”②但是，在这个古典经济学家描绘的自然自由的体系里，“我是为自己而不是为你生产，就象你是为自己而不是为我生产一样。我的生产的结果同你没有什么关系，就象你的生产的结果同我没有直接的关系一样。换句话说，我们的生产并不是人为了作为人的人而从事的生产，即不是社会的生产”。③“我们彼此进行交谈时所用的唯一可以了解的语言，是我们的彼此发生关系的物品”。④在这种彼此依赖的类型的基础上，产生了马克思说的：“我们每个人实际上把自己变成了另一个人心目中的东西；你为了占有我的物品实际上把自己变成了手段、工具、你的物品的生产者。……你为了你自己而在事实上成了你的物品的手段、工具。”⑤这种把人视为工具而非目的的经济体系的生成，以及和古典经济学家的人的概念的普遍流行密切相关。

基于对古典学派的研究的缺陷的洞察，马克思给自己设定了人的分析的基本维度：“评价人的一切行为、运动和关系等等，就首先要研究人的一般本性，然后要研究在每个时代历史地发生了变化的人的本性。”⑥

二、“人的一般本性”的基本规定

依据马克思分散在不同著作中的论述，他在“人的一般本性”的框架下，讨论了人的理性、需要与能力，以及人与人的关系的本质。

在马克思那里，存在三种形式的对人性的分析：“所有人都具有的性质。……能够被人发展的特定范围的性质（包括在任何现实社会中都未被观察到的）。……第二种类型中应该被发展的性质。”⑦

所有人都具有的性质，可以是包含自主意识、思维能力等在内的广义的理性，也可以是经济学坚持的作为“内部一致性”或“自利最大化”的狭隘意义上的理性。马克思在讨论人和动物的区别时，指出“人则使自己的生命活动本身变成自己的意志的和意识的对象。……有意识的生命活动把人同动物的生命活动直接区别开来”。⑧马克思还

① 《马克思恩格斯全集》（第3卷），人民出版社1960年版，第484页。
② 《马克思恩格斯文集》（第8卷），人民出版社2009年版，第50页。
③ 《马克思恩格斯全集》（第42卷），人民出版社1979年版，第34页。
④⑤ 《马克思恩格斯全集》（第42卷），人民出版社1979年版，第36~37页。
⑥ 《马克思恩格斯文集》（第5卷），人民出版社2009年版，第704页。
⑦ Jon Elster. Making Sense of Marx. New York：Cambridge University Press，1985，61.
⑧ 《马克思恩格斯文集》（第1卷），人民出版社2009年版，第162页。

说：“最蹩脚的建筑师从一开始就比最灵巧的蜜蜂高明的地方，是他在用蜂蜡建筑蜂房以前，已经在自己的头脑中把它建成了。”① 由这些分析可以明白，马克思对人的理性的分析，更多地围绕人的自主意识和计划能力展开，而非古典政治经济学意义上的自利最大化。

在上述一般意义的理性的基础之上，马克思围绕需要和能力之间的相互作用与辩证运动，对一般人性进行了进一步的分析。对于这种分析，奥尔曼评价说，马克思“在开始之初就关注在任何时代对任何人都拥有的东西是什么。与被广泛接受的观点相反，马克思有这样一个‘处在历史之外的’人的概念。最经常用于表达这一观点的术语是‘力量’和‘需要’，它们是打开被贴上马克思关于‘人性一般’概念这个标签意味着什么这个问题的钥匙”。② 奥尔曼所说的“力量”和“需要”，在埃尔斯特那里被称为“能力”和“需要”，埃尔斯特说：“在马克思看来，人性可以根据需要和能力来描述和评估。人的发展是通过需要和能力之间的一种互动而发生的，正如能力得到了发展从而满足了需要，接着又产生了新的需要一样。”③

从能力和需要的角度看，人性表现为一个一般的动态发展过程：人的需要推动人的能力的发展，能力使需要得以满足，并创造新的需要，这个动态的过程，以人完全实现其作为创造者的潜能的共产主义社会的实现为目标。马克思说：“已经得到满足的第一个需要本身、满足需要的活动和已经获得的为满足需要用的工具又引起新的需要。而这种新的需要的产生是第一个历史活动。”④ 随着人类历史活动的展开，人的能力也不断得到发展，“由于人类自然发展的规律，一旦满足了某一范围的需要，又会游离出、创造出新的需要。因此，资本在促使劳动时间超出为满足工人身体上的需要所决定的限度时，也使社会劳动即社会的总劳动划分得越来越多，生产越来越多样化，社会需要的范围和满足这些需要的资料的范围日益扩大，从而使人的生产能力得到发展，因而使人的才能在新的方面发挥作用”。⑤ 这样一个动态的过程，最终会使得人的能力本身也会成为一种需要，“劳动已经不仅仅是谋生的手段，而且本身成了生活的第一需要”。⑥

但是，在资本主义时代，需要和能力之间的关系主要呈现出以下两个特征：

一个特征，最明显的是需要的扩展和能力的扩展不是发生在同一群人身上。“作为过去取得的一切自由的基础的是有限的生产力；受这种生产力所制约的、不能满足整个社会的生产，使得人们的发展只能具有这样的形式：一些人靠另一些人来满足自己的需要，因而一些人（少数）得到了发展的垄断权；而另一些人（多数）经常地为满足最迫切的需要而进行斗争，因而暂时（即在新的革命的生产力产生以前）失去了任何发展的可能性”。⑦

---

① 《马克思恩格斯文集》（第5卷），人民出版社2009年版，第208页。
② 奥尔曼：《异化：马克思论资本主义社会中人的概念》，北京师范大学出版社2011年版，第91页。
③ 乔恩·埃尔斯特：《理解马克思》，中国人民大学出版社2008年版，第57页。
④ 《马克思恩格斯文集》（第1卷），人民出版社2009年版，第532页。
⑤ 《马克思恩格斯全集》（第47卷），人民出版社1979年版，第260页。
⑥ 《马克思恩格斯文集》（第3卷），人民出版社2009年版，第435页。
⑦ 《马克思恩格斯全集》（第3卷），人民出版社1960年版，第507页。

另一个特征，是人性的物化。“如果这一个欲望取得抽象的、独立的性质，如果它成为一种外在的力量同我对立起来，如果因此个人的满足就表现为片面地满足一个唯一的欲望”“这不决定于意识，而决定于存在；不决定于思维，而决定于生活；这决定于个人生活的经验发展和表现，这两者又决定于社会关系。如果这个人的生活条件使他只能牺牲其他一切特性而单方面地发展某一种特性，如果生活条件只提供给他发展这一种特性的材料和时间，那末这个人就不能超出单方面的、畸形的发展”。①

从资本主义时代需要和能力之间关系的特征看，古典政治经济学的“经济人”概念把资本家和工人都视为是理性个体，对需要和能力发展的不匹配问题视而不见；另外，古典经济学家对“经济人”概念的自然化和非历史化处理，进一步深化了“牺牲其他一切特性而单方面地发展某一种特性”的状况。无论是对更大数目的人（无产阶级）的不发展问题的忽视，还是对他们的片面发展（工人生产率的提升）的赞美，从根本的意义上，都发挥了为自由资本主义现状辩护的作用，这恰恰就是为什么马克思时常用“庸俗经济学家”称呼大多数古典经济学家的两个主要原因。

在马克思看来，人的本质的核心在于人与人之间的关系。

马克思认为，自由主义的抽象个体观念本身就是错误的。马克思说：“人的本质不是单个人所固有的抽象物，在其现实性上，它是一切社会关系的总和。”② “人不是抽象地蛰居于世界之外的存在物。人就是人的世界，就是国家，社会”。③ 对于这种从关系总和角度展开的人的分析，福斯特评价说：“马克思理解世界的基本的本体论方案，像黑格尔一样，是内部关系。……对马克思而言，每种事物都是由它的关系的总体构成的。”④

关系中的人是政治经济学研究中，分析人的行为的出发点。在有关分析人的行为时，从哪里出发这一具有重要意义的方法问题上，马克思指出不要“从人们所说的、所设想的、所想象的东西出发”，也不要“从口头说的、思考出来的、设想出来的、想象出来的人出发，去理解有血有肉的人”。主张要用符合现实生活的考察方法去考察人，这种方法“从现实的前提出发，它一刻也不离开这种前提。它的前提是人，但不是处在某种虚幻的离群索居和固定不变状态中的人，而是处在现实的、可以通过经验观察到的、在一定条件下进行的发展过程中的人”。⑤

人与人之间社会关系的性质决定了人的本质，同时这种关系的变化也决定着社会的本质。马克思说：“人的本质是人的真正的社会联系，所以人在积极实现自己本质的过程中创造、生产人的社会联系、社会本质，而社会本质不是一种同单个人相对立的抽象的一般的力量，而是每一单个人的本质，是他自己的活动，他自己的生活，他自己的享

① 《马克思恩格斯全集》（第3卷），人民出版社1960年版，第295~296页。
② 《马克思恩格斯文集》（第1卷），人民出版社2009年版，第501页。
③ 《马克思恩格斯文集》（第1卷），人民出版社2009年版，第3页。
④ J. B. Foster. The Dialectics of Nature and Marxist Ecology. in：Ollman，B.，and Smith，T.（eds.），Dialectics for the New Century，London：Palgrave Macmillan，2008：67-68.
⑤ 《马克思恩格斯文集》（第1卷），人民出版社2009年版，第525页。

受，他自己的财富。”① 一旦人的本质是人与人之间的社会联系、社会关系，那么每个人的现实活动，也同时是在创造着社会的本质。这种认识，连马克思的坚定批判者米塞斯也是赞同的，“只有在意志成为合意（co - willing）、行动成为合作（co - action）的地方，才存在社会。共同努力去实现仅靠个体根本不能实现或不能达到同等效果的目标——这就是社会”。②

真正的自由是建立在人与人之间的关系基础之上的。马克思在对资产阶级的人权、自由等理念的批判中，强调了人的本质是人与人之间的关系。马克思以他所处时代最为激进的法国《人权和公民权宣言》对自由的定义作为资产阶级自由观念的代表。该《宣言》把自由定义为：“自由是做任何不损害他人权利的事情的权利”，马克思指出这种自由实际上是一种“孤立的、退居于自身的单子的自由”；“自由这一人权不是建立在人与人相结合的基础上，而是相反，建立在人与人相分离的基础上。这一权利就是这种分隔的权利，是狭隘的、局限于自身的个人的权利”。③ 这种对原子化的个体的批判，也表现在马克思对施蒂纳的理论的评价中，洛维特对于马克思对施蒂纳的理论的评价，议论到：“马克思想从正面证明，施蒂纳只不过是分崩离析的资本主义社会、一个由‘个别化的单个人’组成的社会最极端的思想家。”④ 正是基于对人与人的关系的基础之上的自由的强调，马克思指出，在共产主义社会“每个人的自由发展是一切人的自由发展的条件”。⑤

在人与人的关系的基础之上建立的生产体系中，人们将彼此把对方视为目的而不是手段。马克思认为，在古典经济学家描绘的经济形态中，“我们彼此的价值就是我们彼此拥有的物品的价值。因此，在我们看来，一个人本身对另一个人来说是某种没有价值的东西”。⑥ 而在取代了资本主义的生产体系中，人“作为人进行生产。在这种情况下，我们每个人在自己的生产过程中就双重地肯定了自己和另一个人”，在这种生产体系中，“我在我的生产中物化了我的个性和我的个性的特点”“在你享受或使用我的产品时，我直接享受到的是：既意识到我的劳动满足了人的需要，从而物化了人的本质，又创造了与另一个人的本质的需要相符合的物品”“对你来说，我是你与类之间的和中介人，你自己意识到的和感觉到的是我是你自己本质的补充，是你自己不可分割的一部分”“在我个人的生命表现中，我直接创造了你的生命表现，因而在我的个人的活动中，我直接证实和实现了我的真正的本质，即我的人的本质，我的社会的本质”。⑦ 而在作为“目的人”而存在的生产体系中，人与人之间关系的“这种体验将提升相互依赖的意识，不仅在直接接触的工人当中，而且在更大的构成人的本质‘社会关系的总和’中”。⑧

---

① 《马克思恩格斯全集》（第42卷），人民出版社1979年版，第24页。
② 路德维希·冯·米塞斯：《社会主义：经济与社会学的分析》，中国社会科学出版社2008年版，第260页。
③ 《马克思恩格斯文集》（第1卷），人民出版社2009年版，第40~41页。
④ 卡尔·洛维特：《从黑格尔到尼采》，生活·读书·新知三联书店2006年版，第139页。
⑤ 《马克思恩格斯文集》（第2卷），人民出版社2009年版，第72页。
⑥ 《马克思恩格斯全集》（第42卷），人民出版社1979年版，第33~37页。
⑦ 《马克思恩格斯全集》（第42卷），人民出版社1979年版，第37页。
⑧ John G. Fox. Marx，the Body，and Human Nature. New York：Palgrave Macmillan，2015，13.

三、“变化的人的本性”的变化趋势

在“变化的人的本性”中，马克思分析的核心是“历史中的人”和“发展着的人”。

在批判费尔巴哈时，恩格斯说：“对抽象的人的崇拜，……必定会由关于现实的人及其历史发展的科学来代替。”① 这种对现实的人及其历史发展的考察，体现为马克思的分析中一些非常具体的内容和判断，因为“整个历史也无非是人类本性的不断改变而已”。②

“经济人”自身是历史的产物。在马克思的分析中，古典经济学家描绘的自由市场，是人与人之间相互联系的一种形式或一个阶段，这个阶段的典型特征是，“在商品生产占支配地位的地方，人与人之间的关系的必然采取物与物的关系的形式”。③ 对于这种相互联系的形式，马克思指出：“它是历史的产物。它属于个人发展的一定阶段。”④ 在讨论工业的历史时，马克思表达了同样的观点，他说：“工业的历史和工业的已经生成的对象性的存在，是一本打开了的关于人的本质力量的书，是感性地摆在我们面前的人的心理学。”⑤ 古典经济学家招致马克思严厉批评的地方，就在于他们把历史的产物视为历史的起点，把具有历史属性的东西视为永恒起作用的因素，马克思说“国民经济学以交换和贸易的形式来探讨人们的社会联系或他们的积极实现着的人的本质，探讨他们在类生活中、在真正的人的生活中的相互补充”。但是，这种国民经济学研究，并没有把古典经济学引向对历史和人性分析的正确方向上，古典经济学的一大缺陷就在于“把社会交往的异化形式作为本质的和最初的形式、作为同人的本性相适应的形式确定下来了”。⑥

物质生产的变化是人性演变的基础。“与那种认为人的本质是一成不变的观念远远不同，马克思主义者相信人们的能力、需要和兴趣最终决定于他们所生活社会的生产方式。这样，人的本质自身就成为一个历史的产物”。⑦ 在马克思看来，理解人的本质要立足于理解人的实践活动和实践过程。这种活动和过程的基础和核心是“生产物质生活本身”。⑧ 也就是说，“人不像自由主义社会思想主张的那样，只是被动的、个体消费者，他们是积极的、社会的。和生产性的人。通过他们的生产活动，他们不仅造成了自然世界的变化，而且改造了社会关系和他们自己的本性”。⑨ 马克思说：“我们开始要谈

---

① 《马克思恩格斯文集》（第4卷），人民出版社2009年版，第295页。
② 《马克思恩格斯文集》（第1卷），人民出版社2009年版，第632页。
③ Norman Geras. Essence and Appearance：Aspects of Fetishism in Marx's Capital. New Left Review，1971，76.
④ 《马克思恩格斯文集》（第8卷），人民出版社2009年版，第56页。
⑤ 《马克思恩格斯文集》（第1卷），人民出版社2009年版，第192页。
⑥ 《马克思恩格斯全集》（第42卷），人民出版社1979年版，第25页。
⑦ 阿莉森·贾格尔：《女权主义政治与人的本质》，高等教育出版社2009年版，第80页。
⑧ 《马克思恩格斯文集》（第3卷），人民出版社2009年版，第31页。
⑨ Sean Sayers. Marxism and Human Nature. New York：Routledge，1998：3–4.

的前提不是任意提出的，不是教条，而是一些只有在臆想中才能撇开的现实前提。这是一些现实的个人，是他们的活动和他们的物质生活条件，包括他们已有的和由他们自己的活动所创造出来的物质生活条件。因此，这些前提可以用纯粹经验的方法来确认。”[①] 在马克思看来，人们“自己的活动所创造出来的物质生活条件”及这种生活条件的客观变化，是分析个人本质的物质前提和基础，离开这样的前提和基础，就只会跌落到抽象概念的陷阱中，不能自拔。比如，针对施蒂纳抽象地讨论利己主义、利他主义或者自我牺牲，马克思评价说“对我们这位圣者来说，共产主义简直是不能理解的，因为共产主义者既不拿利己主义来反对自我牺牲，也不拿自我牺牲来反对利己主义，理论上既不是从那情感的形式，也不是从那夸张的思想形式去领会这个对立，而是在于揭示这个对立的物质根源，随着物质根源的消失，这种对立自然而然也就消灭”“共产主义者不向人们提出道德上的要求，例如你们应该彼此互爱呀，不要做利己主义者呀等等”，相反，他们清楚地知道，“无论利己主义还是自我牺牲，都是一定条件下个人自我实现的一种必要形式”。[②]

历史中的人是有历史追求的人。马克思在评价费尔巴哈说，费尔巴哈“关于人与人之间的关系问题上的全部推论无非是要证明，人们是互相需要的，并且过去一直是互相需要的”“他们希望加强对这一事实的理解，也就是说，和其他的理论家一样，只是希望达到对现存事实的正确理解”，但是，真正的共产主义者的任务“却在于推翻这种现存的东西”。[③] 这种评价完全适用于古典经济学家对市场自发秩序的理解，古典经济学试图做到对现实的正确理解，而根据马克思的思想，假如对市场运行的描述算是理解的话，古典学者成功了一半，他们看到了“看不见的手”对仅仅局限于物质生产领域的积极价值，忘记了“看不见的手”也可能是“笨重的铁拳”，把一些人的生活砸得粉碎。而一旦把古典经济学的分析置于历史的框架中，那连这一半成功的价值也大打折扣了，因为，这种分析完全无视“在再生产的行为本身中，不但客观条件改变着，……而且生产者也改变着，炼出新的品质，通过生产而发展和改造着自身，造成新的力量和新的观念，造成新的交往方式，新的需要和新的语言”。[④] 这种忽视，不是主流经济学内部什么静态分析向动态分析的转变能够解决的，因为，在这种分析中，根本不打算把人性的变化的方向和趋势作为一个需要研究的问题，更不愿意在对未来的追求中展示人性的可能的、丰富的内涵。

对马克思恩格斯而言，“‘人性’的变化是他们的一般论点。‘人性’不被作为观念地和机械地理解，而是去辩证地理解，是他们的独特的程序信条”。[⑤] 在马克思看来，“‘人性’实质上是不断变化的。他们以多种方式强调，‘人性’且完全是由具体个体或个体形成的群体，在它们各自的物质的和历史的环境中的行为和力量构成的，改变这些

① 《马克思恩格斯文集》（第1卷），人民出版社2009年版，第519页。
② 《马克思恩格斯文集》（第3卷），人民出版社2009年版，第275页。
③ 《马克思恩格斯文集》（第3卷），人民出版社2009年版，第47页。
④ 《马克思恩格斯全集》（第46卷上册），人民出版社1979年版，第494页。
⑤ Vernon Venable. Human Nature：The Marxian View. New York：Meridian Books，1945，4.

环境他们自己也随之而改变”。①

马克思所说的人性的变化与发展，是在从消费的需要向创造的需要转变的过程中实现的。一旦超越了直接指向消费的需要而进入积极的创造的需要的阶段，一旦摆脱了人的能力在满足人的需要的过程中创造的东西支配自身的阶段而进入全面发展的阶段，人性就得以完整、充分地展现。也就是马克思说的一种状态：“在现代世界，生产表现为人的目的，而财富表现为生产的目的。事实上，如果抛掉狭隘的资产阶级形式，那么，财富岂不正是在普遍交换中造成的个人的需要、才能、享用、生产力等等的普遍性吗？……财富岂不正是人的创造天赋的绝对发挥吗？这种发挥，除了先前的历史发展之外没有任何其他前提，而先前的历史发展使这种全面发展，即不以旧有的尺度来衡量的人类全部力量的全面发展成为目的本身。在这里，人不是在某一种规定性上在生产出自己，而是生产出他的全面性”。②

马克思认为，人的全面发展是历史的必然趋势。人的全面发展是一种必然的趋势，不是因为黑格尔意义上“自由”理念的最终实现，也不是哈耶克极力诟病的建构主义者的建构的结果。马克思说，全面发展的个人“成为可能，能力的发展就要达到一定的程度和全面性，这正是以建立在交换价值基础上的生产为前提的，这种生产才在产生出个人同自己和同别人的普遍异化的同时，也产生出个人关系和个人能力的普遍性和全面性”。③ 马克思分析了人的发展的三种形式。在第三个阶段，“社会化的人，联合起来的生产者，将合理地调节他们和自然之间的物质变换，把它置于他们的共同控制之下，而不让它作为盲目的力量来统治自己；拿消耗最小的力量，在最无愧于和最适合于他们的人类本性的条件下来进行这种物质变换，但是不管怎样，这个领域始终是一个必然王国。在这个必然王国的彼岸，作为目的本身的人类能力的发展，真正的自由王国，就开始了”。④ 总之，“在马克思看来，通过劳动，社会建制得到改变，从而其他人类属性可以在新的历史阶段得到实现”。⑤ 经济生活的变化，把历史变成一个发展的不可逆的过程，到了共产主义时代，生产中的劳动将变得日益理智与科学，这会“给所有的人腾出了时间和创造了手段，个人会在艺术、科学等等方面得到发展”。⑥ 人类不再受制于自己创造的存在的外部力量，无能为力和物化成为过去，人类获得对生产能力的共同控制，从而有充分的条件去实现自我，从人的本性的角度看，人变成自觉的、自由的和创造性的了。

---

① Vernon Venable. Human Nature：The Marxian View. New York：Meridian Books，1945，3.

② 《马克思恩格斯全集》（第46卷上册），人民出版社1979年版，第486页。

③ 《马克思恩格斯文集》（第8卷），人民出版社2009年版，第56页。

④ 《马克思恩格斯全集》（第25卷），人民出版社1974年版，第926~927页。

⑤ G. 希尔贝克，N. 伊耶：《西方哲学史——从古希腊到二十世纪》，上海译文出版社2012年版，第435~436页。

⑥ 《马克思恩格斯全集》（第46卷下册），人民出版社1979年版，第219页。

四、“以人民为中心”与“现实的人”的关联与创新

“以人民为中心”的发展思想，是在充分把握马克思有关“现实的人”的思想的基础上，创造性地把这种重要思想应用于实践，并结合实践进一步发展马克思有关“人的思想”的结晶。它成为马克思主义理论创新的重要成果和经济社会建设的基本指南，主要基于以下四个原因：

1. 以人民为中心，是对人的需要和能力发展的现实响应

党的十九大报告指出，中国特色社会主义进入新时代，我国社会主要矛盾已经转化为人民日益增长的美好生活需要和不平衡不充分的发展之间的矛盾。根据马克思有关“现实的人”的思想，“随着生产力的发展，人类需要也随之产生新的历史需要”。[①] 从人的需要的角度看，新时代人民的需要发生了历史性变化，从日益增长的物质文化需要转变为日益增长的美好生活需要，人民不仅对物质文化生活提出了更高要求，而且在民主、法治、公平、正义、安全、环境等方面的要求日益增长，这种历史性的变化是先前的经济建设取得的巨大成就的结果。从马克思有关现实的人的思想强调的需要和能力的辩证发展的视角看，人民的需要的变化，也是进一步推动中国特色社会主义建设走向新的胜利的前提之一。因为，人的需要的变化将会引发人的能力的进一步发展。

在作出基本矛盾已经变化的科学判断的基础上，提倡“以人民为中心”的发展思想，既是对人民的需求变化的及时回应，也凸显了对人民通过进一步提升自身建设能力满足需求变化，并推动中国特色社会主义建设事业走向新的胜利的信心。也就是说，“以人民为中心”的发展思想，是建立在对马克思有关“人的思想”中需要和能力辩证发展的基本原理的深刻理解和积极实践的基础之上的。

2. 以人民为中心，是对“关系的”人和“历史的”人的创造性运用

在谈到“中国梦”时，习近平总书记指出：“这个梦想，凝聚了几代中国人的夙愿，体现了中华民族和中国人民的整体利益，是每一个中华儿女的共同期盼。”[②] 在第党的十二届全国人民代表大会第一次会议上，习近平总书记进一步提出“中国梦归根到底是人民的梦”，要让人民“共同享有人生出彩的机会，共同享有梦想成真的机会，共同享有同祖国和时代一起成长与进步的机会”。[③]

根据这些论述，可以知道，在“中国梦”里，最为关键的是“人民的整体利益”“人生出彩的机会”和“同祖国和时代一起成长与进步”。也就是说，以人民为中心，

---

① 谢富胜：《如何理解中国特色社会主义新时代社会主要矛盾的转化》，载《教学与研究》2018 年第 9 期。

② 《习近平总书记重要讲话文章选编》，中央文献出版社、党建读物出版社 2016 年版，第 19 页。

③ 《习近平谈治国理政》，外文出版社 2014 年版，第 40 页。

本质上突出的是整体利益、个人追求和民族复兴的统一。之所以能够把人、国家和民族的利益融为统一体，不只是因为一个共同的理想使大家团结在一起，或者是一个集体的要求让大家不得不团结在一起，而是因为三重利益的有机统一符合马克思所说的人的本质。

在马克思关于现实的人的思想中，“历史的人”和“关系的人”，是理解这三重利益能够且应该统一在一起的客观基础。在构成性的意义上，人的本质要从两个方面去把握，人自己和人与人之间的关系，所以，在深层意义上，人追求自己的利益，内在地包含对集体利益的追求；此外，在历史的人的意义上，人是社会的和生产性的，通过他们自己的生产活动，人们改造了社会关系和他们自己的本性。因此，强调三重利益的统一，既表现出对马克思对人的本质思想的深刻理解，也展示出在理解的基础上如何制定发展的战略，让人通过自己的生产活动，进一步推动自身利益的实现和中国特色社会主义的建设与发展。

3. 以人民为中心，是新时代对人的全面发展思想的鲜活实践

党的十八届五中全会首次提出：“必须坚持以人民为中心的发展思想，把增进人民福祉、促进人的全面发展作为发展的出发点和落脚点。”①

在社会主义初级阶段，显然还无法达到“任何人都没有特殊的活动范围……上午打猎，下午捕鱼，傍晚从事畜牧，晚饭后从事批判”。② 这样一种状态，但是，人的全面发展是一种历史趋势，在每一个时代，都存在由这个时代的物质生产条件决定的全面发展的不同形态。小康社会是进入马克思把之视为理想的那种状态的准备阶段的一个环节。“以人民为中心”的发展思想，在运行的层面，通过全面建设小康社会的具体目标，把人的全面发展在新时代具体地呈现了出来。

经济更加发展、民主更加健全、科教更加进步、文化更加繁荣、社会更加和谐、人民生活更加殷实。这些具体的目标，从政治、经济、文化以及物质与精神等不同层面，把人的阶段性的全面发展展现出来。尽管这一阶段的全面发展，是受当前物质生产制约的有限度的全面发展，同马克思设想的状态相比，仍然不够全面，但是，同作为长期追求目标的全面发展状态相比，全面小康的目标，以更为具体、更为现实、更为真切的方式，体现出人是发展着的人，人具有全面发展的趋势。所以，“以人民为中心”的发展思想，是对发展的人的思想的具体实践，是结合时代状况对人的全面发展思想的贯彻。

4. 以人民为中心，是新时代对人的历史主体地位内涵的深化与丰富

在马克思关于现实的人的思想中，极为强调人是历史的创造者，是有历史追求的人。发展为了人民，强调以人为目的，但是这里的人，不是抽象的人，而是现实的、具体的人民。发展为了人民强调的不是原子化的个人在物质占有上的增长和扩大，而是建立

---

① 《十八大以来重要文献选编（中）》，中央文献出版社2016年版，第789页。

② 《马克思恩格斯文集》（第1卷），人民出版社2009年版，第527页。

在人与人的关系基础上的，作为一个整体的意义上的人民的物质和文化生活的全面进步。

“以人民为中心”的发展思想，把共享和共同富裕置于突出的地位。日常中人们理解的共享和共同富裕，多是带有平均倾向的、物质性的理解，即大家都在物质财富的拥有上达到一个大约一致的水平。“以人民为中心”的发展思想，在充分吸收马克思的现实的人的思想的基础上，把共享和共同富裕的理解立体化、结构化了。

共同富裕既体现在生产资料所有制上，也体现在发展政策设计上，还体现在具体的物质财富的增长上；共同拥有或控制生产资料，让生产活动服务于人的需要和能力的扩展，而非让人成为机器的一部分，是共同富裕的一个层面的内容，在这个意义上，我们的公有制为主体，其实就是共同富裕的一种体现，是“以人民为中心”在所有制层面的体现。

在发展战略制定上，强调包容、共享，让“以人民为中心”体现在发展战略制定上。《“十三五”规划建议》，在提出“到2020年国内生产总值和城乡居民人均收入比2010年翻一番”的目标之前，加上了提高发展“平衡性、包容性、可持续性”的先决条件。全面建成小康社会，不能把一部分地区、一部分人群或一部分民族排除在外，而使全体人民不分地域、不分城乡、不分群体、不分民族，共同前进、共同富裕，让发展成果为广大人民所共享。

“以人民为中心”也体现在真实的“获得感”的增加上。《“十三五”规划建议》提出，要“使全体人民在共建共享发展中有更多获得感”。这种获得表现在方方面面：党的十九大报告明确指出，在幼有所育、学有所教、劳有所得、病有所医、老有所养、住有所居、弱有所扶上不断取得新进展；《在纪念五四运动100周年大会上的讲话》中，针对青年，习近平总书记强调说要解决好他们在毕业求职、创新创业、社会融入、婚恋交友、老人赡养、子女教育等方面的操心事、烦心事。

人的主体地位还体现在“共享”和“共建”的结合中。人民群众的获得感，不仅源自对发展成果的“共享”，也源自对发展进程亲身参与、亲自尽力地“共建”。因为这种“共建”使人的主体性得到充分尊重，创造性得到充分发挥，从而使得人之所以为人的本质得到充分展现，人生价值得到肯定和实现①。“以人民为中心”的发展思想，突出了人的创造性，强调人民是历史的主体，是推动历史发展的力量源泉，使马克思的“人是创造性的人”这一思想得到延续和强调。

总之，新时代“以人民为中心”的发展思想中，人民的主体地位体现在不同的层面。从以公有制为主体的共同控制生产资料，到包容、共享的发展战略的制定，再到真实的获得感的增加，最后到人的创造性的共同发挥。这一思想，丰富了人的主体地位的内容，深化了人的主体地位的内涵。

---

① 顾海良：《中国特色社会主义政治经济学的“导言”——习近平〈不断开拓当代中国马克思主义政治经济学新境界〉研究》，载《经济学家》2019年第3期，第63页。

程恩富教授对中国特色社会主义基本经济制度理论创新的贡献[*]

李保民[**]

摘要：对于主张重建中国社会主义经济学的著名经济学家程恩富教授来说，中国特色社会主义基本经济制度研究一直是他最为重要的研究领域之一。作为“中国最有创见的经济学家之一”，程恩富教授不仅最早从所有制、分配制度、经济运行机制三个方面及相互关系来研讨社会主义基本经济制度，而且对其中的每一个方面都持续进行深入的研究，提出了一系列富有创见、新颖独到的原创性理论观点，形成了一套系统独特、为学界所瞩目的理论体系，为推动中国特色社会主义基本经济制度理论研究与实践探索取得重大创新成果贡献了自己的智慧。

关键词：程恩富　社会主义基本经济制度　所有制　分配制度　经济运行机制

党的十九届四中全会通过的《中共中央关于坚持和完善中国特色社会主义制度　推进国家治理体系和治理能力现代化若干重大问题的决定》（以下简称《决定》），将社会主义基本经济制度的内涵概括为“公有制为主体、多种所有制经济共同发展，按劳分配为主体、多种分配方式并存的社会主义市场经济体制”。① 与此前党的文件表述相比，这一概括新增加了“按劳分配为主体、多种分配方式并存”和“社会主义市场经济体制”两个方面内容。这是习近平新时代中国特色社会主义思想指引下，党对社会主义基本经济制度理论认识上的一个重大突破，是中国特色社会主义政治经济学新的最为重大的理论创新成果。它既体现了社会主义制度优越性，又同我国社会主义初级阶段生产力发展水平相适应，是党和人民的伟大创造。应当看到，我国有一批马克思主义经济学家，立足于我国国情和改革发展实践，长期致力于从学术与学理上提炼和总结实践中的规律性成果，将实践经验上升为“系统化的经济学说”，为推动中国特色社会主义基本经济制度理论取得重大创新成果作出了重要贡献。

著名经济学家程恩富教授，是中国社会科学院首批学部委员、学部主席团成员，长期担任上海财经大学马克思主义研究院院长、海派经济学研究中心主任、中国社会科学

* 本文系河南省高校科技创新人才（人文社科类）“马克思城乡就业一体化理论的文本解读、现代阐释及在中国应用”和河南大学教改重点项目“《政治经济学》精品课程建设的探索与实践”的阶段性研究成果。

** 李保民，河南大学经济研究所教授。

① 《中共中央关于坚持和完善中国特色社会主义制度　推进国家治理体系和治理能力现代化若干问题的决定》，载《人民日报》2019年11月6日。

院马克思主义研究学部主任、马克思主义研究院院长等重要职务；兼任全球性学术团体世界政治经济学会会长，是国际马克思主义学界杰出的领导者和组织者，广泛动员和组织联合海内外马克思主义经济学者开展理论创新，在国际学界产生了重要而深远的影响；他学贯中西，思想解放，富有开拓创新精神，首创新马克思经济学综合学派或海派经济学，以敢于为党和国家长远利益建言献策著称。社会主义基本经济制度是中国特色社会主义制度的重要支柱。对于主张重建中国社会主义经济学的程恩富教授来说，社会主义基本经济制度研究自然是他重要的研究领域之一，在其研究中占有相当重的分量。作为“海派经济学的主要创始人”“我国第四代经济学家的代表之一”和“中国最有创见的经济学家之一”，他不仅提出了一系列富有创见、新颖独到的原创性理论观点，而且形成了一套系统独特、为学界所瞩目的理论体系，为推动中国特色社会主义基本经济制度理论研究与实践探索取得重大创新成果贡献了自己的智慧。

一、最早从所有制、分配制度、经济运行机制三个方面研讨社会主义基本经济制度

在党的文件中，社会主义基本经济制度这一范畴最早出现在 1997 年 9 月召开的党的十五大的报告里。“公有制为主体、多种所有制经济共同发展，是我国社会主义初级阶段的一项基本经济制度”,[①] 是当时的原文表述，也是党的十九届四中全会召开以前党的文件一直沿用的表述。因而，党的十九届四中全会通过的《决定》，首次将“按劳分配为主体、多种分配方式并存”和“社会主义市场经济体制”纳入社会主义基本经济制度范畴，与时俱进地将其内涵从所有制一个方面的内容拓展到包括所有制、分配制度、经济运行机制三个方面的内容，迅速引起各界的极大关注、多种解读和热烈研讨。然而，学界从所有制、分配制度、经济运行机制三个方面来说明和研讨社会主义基本经济制度却要早得多。

作为马克思主义经济学界的一面旗帜，程恩富教授就是最早在学术方面从所有制、分配制度、经济运行机制三个方面及相互关系来说明和研讨社会主义基本经济制度的学者。他先后提出的思想观点主要有以下内容。

其一，以多种公有制形式为主体的多元所有制结构、新型的计划调控下的市场经济体制、以多种按劳分配形式为主体的多元分配结构三个方面，共同构成了社会主义初级阶段的生产关系基本内容。程恩富教授从所有制、分配制度、经济运行机制三个方面来研究社会主义基本经济制度，最早可以追溯到他在《复旦学报（社会科学版）》1988 年第 1 期发表的《关于划分社会经济形态和社会发展阶段的标志——兼论社会主义初级阶段的经济特征》一文。在该文中，他为了说明生产关系在划分社会发展阶段的作用，提

① 江泽民：《高举邓小平理论伟大旗帜　把建设有中国特色社会主义事业全面推向 21 世纪——在中国共产党第十五次全国代表大会上的报告》，中央文献出版社 2002 年版，第 426 页。

出将生产关系分为生产资料所有制形式、社会经济活动的方式和运行机制、分配制度三个方面，并依据三者是否发生部分质变来判断一个社会所处的发展阶段是否发生变化。① 在此基础上，程恩富教授依据辩证唯物主义质量互变规律的普遍性和复杂性原理，富有前瞻性地提出并通过分析我国社会主义将经历的三个阶段——社会主义社会的初级阶段、中级阶段、高级阶段，② 来具体说明生产关系在划分社会发展阶段的直接作用。他分析认为，生产资料所有制形式、社会经济活动的方式和运行机制、分配制度三个方面的部分质变或成熟完善程度，将依次显示社会主义社会的初级阶段、中级阶段、高级阶段。他依据马克思的理论思路和我国现实提出，我国社会主义生产资料所有制形式将经历“以多种公有制形式为主体的多元所有制结构”“以多种公有制为特征的所有制结构”“以单一的全社会所有制为特征的所有制结构”；社会经济活动的方式和运行机制将经历“新型的计划调控下的市场经济体制”（有计划的商品经济和国家调节市场、市场引导企业的经济运行机制）、“有商品关系存在的计划经济体制”“单一的计划经济结构”；分配形式将依次呈现为“以多种按劳分配形式为主体的多元分配结构”“以多种按劳分配形式为特征的分配结构”“单一的一级按劳分配结构”。在社会主义初级阶段，“以多种公有制形式为主体的多元所有制结构”是社会主义公有制作为主体经济而占据统治地位，非公有制经济成分则作为公有制经济的补充而存在。社会经济活动的方式是有计划的商品经济，经济运行机制是国家调节市场，市场引导企业，其实质是一种新型的计划调控下的市场经济体制。分配形式呈现为“以多种按劳分配形式为主体”的多元分配结构，按经营成果分配、按资分配和按劳动力价值分配等多种非按劳分配形式则处于“补充”的地位。总之，“这种以多种按劳分配形式为主体的多元分配结构，与上述所有制结构及经济活动方式和运行机制的特征一起，共同构成了社会主义社会初级阶段的生产关系基本内容”。③按照程恩富教授“生产关系即经济制度”的思想观点，④ 他所使用的“生产关系基本内容”的含义应该可以和基本经济制度基本一致。因而，从文本的角度看，程恩富教授是最早从所有制、分配制度、经济运行机制三个方面来研究社会主义基本经济制度的。

其二，社会主义市场经济条件下生产关系和经济制度的基本层面和运行机制，包括以公有制为主体、各种所有制共同发展的基本经济制度，与基本经济制度相适应的以按劳分配为主体、多种分配方式并存的基本分配制度，以及市场在经济资源配置中的决定作用和政府多种调控作用并存的基本调节制度，等等。⑤ 这是程恩富教授在《毛泽东邓小平理论研究》2017 年第 9 期发表的《多层面丰富和发展 21 世纪》一文，在谈到中国特色社会主义政治经济学的研究对象时所提出的理论观点。该理论观点显然承袭了程教

---

①③　程恩富、周环：《关于划分社会经济形态和社会发展阶段的标志——兼论社会主义初级阶段的经济特征》，载《复旦学报（社会科学版）》1988 年第 1 期。

②　“社会主义三阶段论”是程恩富教授在该论文中同时提出和论证的另一个与众不同的核心理论，在他于 1991 年广东高等教育出版社出版的《社会主义三阶段论》著作中得到系统阐发。

④　程恩富：《经济理论与政策创新》，中国社会科学出版社 2013 年版，第 55 页。

⑤　王中保、程恩富：《多层面丰富和发展 21 世纪马克思主义》，载《毛泽东邓小平理论研究》2017 年第9 期。

授从所有制、分配制度、经济运行机制三个方面来把握社会主义基本经济制度的研究思路与思想传统，但是，与此前的表述相比，这三个方面内容的表述无疑都更加与时俱进。

其三，中国特色社会主义既遵循马克思主义的科学社会主义基本原则，又紧密联系中国实际，在社会主义初级阶段坚持实行公有制为主体、多种所有制经济共同发展的基本经济制度，坚持实行按劳分配为主体、多种分配方式相结合的分配制度，坚持在经济运行机制方面建立完善社会主义市场经济体制，逐步迈向科学社会主义更高的经济制度目标。① 程恩富教授和杜奋根在2017年11月合作发表的《中国特色社会主义经济制度是科学社会继承性发展》一文中提出的这一论断，是他承袭从所有制、分配制度、经济运行机制三个方面来把握中国特色社会主义基本经济制度的研究思路与传统提出的最新理论观点。程教授从所有制、分配制度、经济运行机制三个方面对社会主义基本经济制度的最新表述来看，同党的十九届四中全会通过的《决定》对中国特色社会主义基本经济制度在所有制、分配制度、经济运行机制三个方面内容的规定可以说是高度一致的。这反映了程教授长期基于对中国特色社会主义发展全过程和最终趋势的科学把握所形成的独到新颖深刻的理论观点，总能使其以“理论先导者”的角色有力地推动实践创新和理论突破。

二、关于“以公有制为主体、多种所有制经济共同发展”的重要创新性观点

程恩富教授秉承与弘扬马克思主义科学精神，以巨大的理论勇气、宽广的学术视野、前瞻性的思维，不仅最早从所有制、分配制度、经济运行机制三个方面及相互关系来研讨社会主义基本经济制度，而且对每一个方面都有着独到、深刻的研究，提出了诸多重要的创新性观点。其中，在坚持与完善“以公有制为主体、各种所有制共同发展”方面，程教授提出的重要创新性观点主要是：

（一）公有制高绩效论

在我国所有制改革过程中，新自由主义思潮自20世纪80年代中后期在我国广泛扩散并取得主流地位，“无论中国还是外国，国有企业的效率都低于私有企业”“国有企业缺乏效率归因于公有化程度提高和公有经济规模扩大”“私有制高效率”等理论观点与舆论氛围甚嚣尘上，企图通过全面贬低与否定国有经济的基础地位与主导作用、动摇公有制主体地位，为国有企业特别是中央企业大规模私有化营造声势，形成了强大的舆

① 杜奋根、程恩富：《中国特色社会主义经济制度是科学社会继承性发展》，载《马克思主义研究》2017年第11期。

论压力。针对这些论证和理论观点，程恩富教授依据新中国的实践和马克思主义经济学与中国特色社会主义理论，另辟蹊径、有理有据、独树一帜地提出了“公有制高绩效论”，并构成了他坚持公有制为主体、国有经济为主导、各种所有制共同发展和反对搞私有化或民营化的重要理论依据。

程恩富教授运用大量现实数据证明，新中国成立以来，公有制经济的平均效率不是低于而是明显高于私有制经济。即使在常被所谓的主流经济学家所诟病的计划经济条件下，包括因失误而导致效率下降的“大跃进”和“文革”阶段，这一结论依然成立。在20世纪90年代，国有企业出现超60%的亏损，是市场经济转轨过程中出现的暂时现象，这并不足以说明公有制的效率就一定会低于私有制。还应该认识到，私有制低效和破产是市场经济司空见惯的现象。而且，我国的国有企业通过改革从传统计划经济体制下解脱出来，发挥出了更高生产率的优越性，焕发了活力。① 他通过实证分析得出的结论是：改革开放前30年，我国取得了举世瞩目、史无前例的高绩效（年均增长超6%）；改革开放后30年，我国绩效更高（年均增长超9%）。无论是从全社会的宏观视域看，还是从企业的微观视域看，公有制总体上肯定要比私有制效率高。对于他提出的“公有制高绩效论”的含义，他的解释是，从马克思主义经济学中概括出来的“公有制高绩效论”，是指在计划经济条件下生产资料归全社会成员共同所有的公有制体系能达到的社会绩效最大化；从中国特色社会主义经济理论中概括出来的“公有制高绩效论”，则是指在市场经济条件下生产资料全民所有制和集体所有制能达到的社会绩效最大化。②

程恩富教授承认，“公有制高绩效”并非是无条件的，它大体需要同时具备诸如不存在严重的社会腐败、委托代理双方权责合理、国企承担的额外社会义务需另行核算、选聘的经理具有较高素质等多种前提条件。如因缺失这些前提条件而导致过去或现实生活中公有制存在某些低效现象，并不能证明公有制不可行。③

（二）公有主体型的多种类产权制度论

程恩富教授认为，调整和完善所有制结构，必须构建公有主体型的多种类产权制度。所谓公有主体型的多种类产权制度，是指我国在公有制为主体（包含资产在质上和量上的优势）的前提下，发展中外私有制经济，多种所有制经济共同的动态发展中保持的“主体—辅体”的宏观所有制结构。④

对于为什么要坚持公有制的主体地位，他除了以“公有制高绩效论”作为理由依据外，还特别强调：其一，公有制的主体地位，不是加封的，而是必须坚持的社会主义

① 程恩富：《中国社会主义市场经济论》中国财政经济出版社2019年版，第150页。

②③ 程恩富：《改革开放以来新马克思经济学综合学派的若干理论创新》，载《政治经济学评论》2018年第6期。

④ 程恩富：《经济理论与政策创新》中国社会科学出版社2013年版，第124页。

根本原则。①他运用社会基本矛盾原理论证，作为中国共产党执政的整个社会主义性质的上层建筑的经济基础，只能是社会主义公有制经济。如果没有以国有经济为核心的公有制经济，就没有社会主义的经济基础，也就没有共产党执政的强大物质手段和整个社会主义的上层建筑。其二，坚持公有制的主体地位，根本原因在于公有制经济符合解放生产力和发展生产力要求，是调动广大劳动者的积极性、实现共同富裕的根本保证。②

对于公有制如何同市场经济兼容，他的观点是，公有制同市场经济有机兼容，不可能是传统理解的“公有制”和“市场经济”的兼容，而是在公有制和市场经济相互保持对方的基本属性和基本要求的前提下，按照对方的要求，在实践中探索自身的实现形式。公有制可以大胆利用一切反映社会化大生产规律的经营方式和组织形式，在实践中探索多样化的实现形式，在更大范围内获得发展空间。③

对于如何构建公有主体型的多种类产权制度，他建议，必须坚持公有制为主体的底线，决不能听任“国退民进”“公退私进”和动摇社会主义基本经济制度；必须重塑国有经济的质量和数量优势，不断增强国有经济对国民经济命脉的控制力，不断提高国有资产整体质量；必须壮大城乡集体经济和合作经济；必须鼓励和引导非公有经济健康发展，以调动各方面积极性、充分利用社会资源、发展生产力、扩大就业。④

（三）深化认识和正确处理两个“毫不动摇”辩证关系的非常必要论

党中央要求，坚持与完善公有制为主体、多种所有制经济共同发展的基本经济制度，必须毫不动摇地巩固和发展公有制经济，毫不动摇地鼓励、支持、引导非公有制经济发展，并将二者统一于社会主义现代化建设的进程中。然而，在落实两个“毫不动摇”的实践中，却存在淡化前一个“毫不动摇”、强调后一个“毫不动摇”的倾向。针对这一倾向，程恩富教授深刻地提出了深化认识和正确处理两个“毫不动摇”辩证关系的极端必要性。⑤

程恩富教授认为，要充分认识前一个“毫不动摇”和后一个“毫不动摇”之间的统一性或依赖性。在社会主义初级阶段，前一个“毫不动摇”是后一个“毫不动摇”的前提，如果公有制的主体地位动摇了，非公有制经济也就失去了中国特色社会主义赋予的规定性。非公有制经济必须借助于强大的国有经济，才能作为民族经济的一部分得以应对外国资本竞争，获得生存发展；才能获得国有经济已经控制的主要原材料、战略物资、基础设施等雄厚的物资支撑；才能通过汲取公有制经济遵纪守法的组织约束力、思想政治教育的凝聚力、内部管理的民主性、自觉调节和完善管理体制的主动性等优点

---

①③ 杜奋根、程恩富：《中国特色社会主义经济制度是科学社会继承性发展》，载《马克思主义研究》2017年第11期。

② 程恩富：《在科学发展和改革中巩固和加强社会主义的经济基础——〈江泽民文选〉研读有感》，载《学习论坛》2007年第1期。

④ 程恩富：《经济理论与政策创新》中国社会科学出版社2013年版，第124页。

⑤ 程恩富：《中国社会主义市场经济论》中国财政经济出版社2019年版，第152～154页。

以克服自身的局限；才能获得因公有制经济的主体作用、国有经济的主导作用的发挥所形成的稳定的外部环境；才能在公有制经济的鼓励、支持、引导下最终转向社会主义公有制经济。反过来说，前一个“毫不动摇”必须借助于后一个“毫不动摇”，而不能孤军独进。因为，非公有制经济在生产领域的存在与健康发展，有利于公有制经济充分利用社会分工，抓住核心技术，实行专业化生产；有利于公有制经济通过控股、参股、兼并非公有制经济以壮大自身；非公有制经济在流通领域的存在和发展，有助于公有制经济充分利用非公有制经济的布局灵活、大小零售点延伸广泛等特点，加快资本的循环与周转，增强自身的增殖能力。

另外，也必须充分认识前一个“毫不动摇”和后一个“毫不动摇”之间的矛盾或对立。主要表现为：公有制经济和非公有制经济两者在经济资源和市场占有上存在竞争；私营企业主的高收入会对公有制经济管理层人员形成诱惑；公私经济并存也为假公济私提供了便利条件；股份制企业内部可能出现私人资本排斥公有资本；等等。

因此，程恩富教授强调，只有正视和正确处理两个“毫不动摇”的辩证关系，才能促进公有制经济和非公有制经济相互促进、共同发展，巩固与完善公有制为主体、多种所有制经济共同发展的基本经济制度。

三、关于“以按劳分配为主体、多种分配方式并存”的若干重要思想

（一）市场型按劳分配为主体

程恩富教授强调，按劳分配是科学社会主义的一条基本经济原则，也是社会主义经济制度的分配原则。“以按劳分配为主体、多种分配方式并存”仍以按劳分配为主体，就是对这一分配原则的继承性发展。现阶段，尽管社会主义市场经济的运行要求个人收入分配必须遵循市场经济的基本规律，但是，决不能因劳动也属于生产要素范畴而混淆按劳分配原则和按生产要素分配原则，更不能以按生产要素分配替代按劳分配。况且，按劳分配能否与市场经济有效融合的问题，也已被改革发展实践所解决。他将这种实践中出现的、可以与市场经济有效融合的按劳分配称之为“市场型按劳分配”，以区别于过去的计划型按劳分配。①

通过与过去的计划型按劳分配进行比较，程恩富教授总结出市场型按劳分配在实践中所体现出的四个特点：其一，按劳分配的“劳”还不是直接的社会劳动，而只是以企业为单位的局部劳动的组成部分；其二，按劳分配还不是在全社会范围内实行，而只能在某个独立核算的企业范围内实行；其三，按劳分配还不是直接以劳动者提供的劳动

① 杜奋根、程恩富：《中国特色社会主义经济制度是科学社会继承性发展》，载《马克思主义研究》2017年第11期。

量来计量，而只是以他在劳动交换中还原的劳动量来计算；其四，按劳分配还不是用“劳动券”直接换取劳动消费品，而只是通过商品货币形式来实现。

程恩富教授指出，“以按劳分配为主体”就是要求“按劳分配”在全社会范围内、在各种方式中占的比重最大，即公有制企业劳动者获取的按劳分配收入，在其全部收入占有的比重较大；另外，公有制企业劳动者获取的按劳分配收入，也是其他所有制形式下的劳动者和非生产部门的劳动者的收入标准确定的重要参考。

（二）劳动主体型的多要素分配制度

劳动主体型的多要素分配制度，是程恩富教授提出的经济体制改革目标或社会主义和谐社会的经济体制基础——“四主型经济体制”其中之一，即按劳分配为主体，多要素所有者可凭产权参与分配。

基于分配关系由生产资料所有制决定基本原理，程恩富教授分析认为，由于社会主义初级阶段的生产力水平相对不发达，实行以公有制为主体、各种所有制共同发展的经济制度，决定了必然实行劳动主体型的多要素分配制度。这一分配制度坚持以人民为中心，要求发展成果更多地由人民共享，使全体人民在共建共享中有更多获得感；强调消灭剥削、消除两极分化，逐步实现共同富裕。①

对于如何完善社会主义市场经济条件下的分配制度和分配关系，程恩富教授强调要缩小收入差距，坚持居民收入增长和经济增长同步、劳动报酬提高和劳动生产率提高同步，健全科学的工资水平决定机制、正常增长机制、支付保障机制，完善最低工资增长机制、市场评价要素贡献并按产权贡献分配的机制。② 他还提出，应采取产权和分配上的双重措施，努力做到“提低、扩中和控高”的分配和谐；高度重视劳动关系，积极化解各类矛盾特别是非公有制企业的劳资矛盾。③

（三）公平与效率互促同向变动论

国际学术界的流行思潮将公平或平等等同于收入平均化或均等化，进而将公平与效率的关系阐发为一种此消彼长的替代关系。随着国外经济理论大量引入，这一国际流行思潮在国内也成为颇为流行、极具误导性的理论观点。程恩富教授勇于超越国外经济学现有理论，在科学评析这一国际流行思潮的代表性理论观点的严重逻辑错误的基础上，依据国内外日趋增多的正反实例，提出“公平与效率互促同向变动论”。

不同于将公平或平等等同于收入平均化或均等化观点，程恩富教授认为，公平是指经济活动制度、权利、机会、结果等方面的平等和合理，具有客观性、历史性和相对性。只有从宏观和微观整体上考虑，才能正确理解其完整含义。经济公平所体现的经济

①② 程恩富：《中国特色社会主义政治经济学八个重大原则》，载《唯实》2017 年第 1 期。

③ 程恩富：《经济理论与政策创新》中国社会科学出版社 2013 年版，第 126 ~ 127 页。

平等不仅指分配上的平等，还包括进入市场的机会平等、市场竞争中的地位平等及最后的分配结果的平等。经济公平的内涵大大超过收入平均的内涵。①

根本区别于将公平与效率之间看作是一种此消彼长的替代关系的"公平与效率高低反向变动论"，程恩富教授提出的"公平与效率互促同向变动论"，强调效率本身就意味着公平，公平本身也体现着效率，两者之间是一种此长彼长、此消彼长的正反同向的交促关系和互补关系。也就是说，经济活动制度、权利、机会、结果等方面越是公平，效率就越高；反过来越不公平，效率就越低。他认为，当代公平和效率最优结合的载体就是市场型按劳分配。市场型按劳分配是既含有差别性、又体现出"劳动的平等和产品分配的平等"的分配制度。在有效的市场竞争和政策调节下，这种经济公平能够最大限度地发挥人的潜力，从而直接和间接地促进效率的极大化。②

四、关于社会主义市场经济体制的创新性思想

程恩富教授对于社会主义市场经济体制的研究，同样可以追溯到1988年在《复旦学报（社会科学版）》发表的《关于划分社会经济形态和社会发展阶段的标志——兼论社会主义初级阶段的经济特征》一文，长期持续的深入研究形成了诸多颇有创新性的思想。

（一）"市场决定性作用"的社会历史性分析

"使市场在资源配置中起决定性作用"，是党的十八届三中全会在社会主义市场经济理论上的重大突破和实践上的重大创新。在如何理解"市场在资源配置中起决定性作用"上，针对国内外秉持新自由主义将"市场决定性作用"绝对化的"市场神话"理论解读与宣传，程恩富教授依据历史唯物主义原理对"市场决定性作用"的社会历史性进行了科学分析。

程恩富教授分析认为，市场在资源配置中起决定性作用开始于简单商品经济向资本主义商品经济转化之后，它在资本主义的不同阶段具有不同的表现。其一，在自由竞争资本主义阶段，"市场决定性作用"表现为商品价格在价值规律的自发作用下波动对资源的自发配置。由于没有政府的调节和干预，商品价格波动较大，导致商品供求失衡成为常态和生产相对过剩的经济危机周期性爆发。其主观原因在于，形成于该阶段、主导经济学界和政府管理者头脑的自由放任思想，导致价值规律的盲目自发作用还没有受到约束；其客观原因则在于，价值规律和剩余价值规律的共同作用，使"市场决定性作用"对经济运行和社会发展具有两面性，即积极的正面效应和消极的负面效应。其二，

① 程恩富：《效率与公平交互同向论》，载《经济纵横》2005年第12期。
② 程恩富：《公平、效率与经济人分析——与张五常先生商榷之二》，载《学术月刊》1996年第1期。

在国家垄断资本主义阶段，政府通过宏观调节、微观规制和直接参与生产过程等方式，对“市场决定性作用”进行了不同程度的干预和调节，然而，由于这并不能从根本上消除经济危机产生的根源——生产社会化和生产资料资本主义私人占有之间的矛盾，因而，经济危机仍不断爆发，但表现出一些新的特点。①

他强调，社会主义市场经济中的“市场决定性作用”不同于资本主义市场经济中的“市场决定性作用”。它以“公有制为主体、多种所有制经济共同发展”为经济基础，受与新自由主义政策导向不同的宏观调节和微观规制双重作用的共同矫正，能够从根本上消除经济危机产生的根源，促使国民经济又好又快地发展。②

（二）市场国家功能性双重调节论

如何处理好市场和国家（政府）的关系问题，一直是我国经济体制改革面临的核心问题。对于这一问题，程恩富教授既不赞成将两者看作是此消彼长的“对立论”，也不赞成第一次市场调节、第二次国家调节的“两次调节论”。自 1990 年代初在《财经研究》连续发表构建“以市场调节为基础、以国家调节为主导”的新型调节机制“三论”以来，他逐步形成了其系统的“市场国家功能性双重调节论”。

程教授指出，“以市场调节为基础”的基本含义是着重发挥市场调节的微观经济均衡功能、资源短期配置功能、市场信号传递功能、科学技术创新功能和局部利益驱动功能等五大功能强点。但是，市场调节也具有容易偏离宏观经济目标、某些领域调节作用有限、协调产业结构速度缓慢、现实交易成本昂贵等固有的功能弱点。这就决定了市场调节在资源配置中所起的是决定性作用，而不是起全部作用，而且，市场失灵也需要得到矫正。另外，“以国家调节为主导”的基本含义是着重发挥国家调节在整个宏观经济和少数微观经济领域的宏观经济制衡功能、经济结构协调功能、市场竞争保护功能、整体效益优化功能、公平分配维护功能，同时它又具有容易患上偏好主观、转换迟钝、政策内耗、动力匮乏则等功能性痼疾。这就决定了国家调节应处于主导地位和市场调节的基础性地位或决定性作用。③

他认为，市场国家功能性双重调节之所以具有可行性，是因为市场调节和国家调节之间存在对立统一关系。这就决定了这两种调节机制的功能具有互补性，即层次均衡上微宏观互补、资源配置上短长期互补、利益调整上个整体互补、效应变动上内外部互补、收入和财富分配上高低性互补；同时，具有机制背反性，即由于这两种调节机制在出发点、利益动因、作用方式等方面都不相同，从而存在相互矛盾甚至冲突的一面。因而，有必要根据市场调节和国家调节相结合的深浅程度、融离方式、广狭范围和强弱力

①② 程恩富、高建昆：《论市场在资源配置中的决定性作用——兼论中国特色社会主义的双重调节论》，载《中国特色社会主义研究》2014 年第 1 期。

③ 程恩富：《构建“以市场调节为基础、以国家调节为主导”的新型调节机制》，载《财经研究》1990 年第 12 期。

度，切实搞好两者各种形式的动态配组。①

尽管斯蒂格利茨、克鲁格曼等西方学者已充分阐述功能性双重调节机制，但程恩富教授强调，如果要消除西方国家因过分实施市场调节所形成的周期性多种危机及困境，处于社会主义初级阶段的我国，应在建设廉价、廉洁、民主和高效的政府的基础上，构建小而强的国家调节体系。市场调节和国家调节之间要通过建立高效和灵活的调控机制，形成强市场和强政府的“双强”格局②

（三）社会主义市场经济具有社会主义基本经济制度的规定性

在党的十九届四中全会通过的《中共中央关于坚持和完善中国特色社会主义制度推进国家治理体系和治理能力现代化若干重大问题的决定》中，社会主义市场经济上体制升为一项社会主义基本经济制度。由此引起当前学界热烈探讨的一个重要理论问题就是：为什么社会主义市场经济体制具有社会主义基本经济制度规定性？程恩富教授在此之前就已经在事实上回答了这一问题。他认为，尽管市场经济具有自身的一般特征和要求，既不姓“资”，也不姓“社”，但它一旦与公有制主体联系在一起，就被打上了社会主义烙印，就属于社会主义性质的市场经济，要为社会主义服务。譬如，它要求市场主体追求自身的直接利益同满足社会成员的需要保持一致，局部利益服从于社会整体利益，市场活动要受到国家宏观调控的制约，等等。③

① 朱奎：《程恩富的学术贡献和经济思想》，载《海派经济学》2009年第27期。

② 程恩富：《改革开放以来新马克思经济学综合学派的若干理论创新》，载《政治经济学评论》2018年第6期。

③ 杜奋根、程恩富：《中国特色社会主义经济制度是科学社会继承性发展》，载《马克思主义研究》2017年第11期。

中国特色社会主义发展理论的探索及启示*

方凤玲　王晓光**

摘要：以毛泽东、邓小平、江泽民、胡锦涛、习近平为代表的中国共产党人围绕“怎样建设社会主义”这一课题进行了一系列探索，形成了一系列逐步走向完善的发展理论和发展战略。新中国成立70年发展理论探索的历程告诉我们：任何时候都要走符合国情的中国特色之路、任何时候都要走符合事物发展规律之路、任何时候都要走符合历史时代发展要求之路、任何时候都要走符合创新协调绿色开放共享发展之路。

关键词：高质量发展　马克思主义　新发展理念　中国特色社会主义

毛泽东带领中国人民推翻三座大山建立新中国，“站起来”的中国开始走上建设社会主义的发展道路；邓小平带领中国人民进行改革开放，从贫穷落后的计划经济时代驶入了建设中国特色社会主义市场经济“富起来”时代；习近平以巨大的政治勇气和强烈的责任担当带领中国人民进入社会主义现代化国家建设“强起来”的中国特色社会主义新时代。发展理论实现了从“摸着石头过河”到进行国家发展战略顶层设计、新发展理念为首的系列发展理论的飞跃。

一、中国特色社会主义发展理论的探索历程

在探索社会主义国家经济、社会如何建设、如何发展的问题上，中国共产党始终把马克思主义原理同中国实际相结合，几十年来形成了一系列不断完善的发展理论和发展战略。

（一）社会主义革命、建设时期发展理论的探索

中华人民共和国成立之后，以毛泽东为代表的中国共产党人开始探索“怎样建设社

---

* 本文为北京市习近平中国特色社会主义研究中心、北京市社科基金重大项目：贯彻新发展理念，建设现代化经济体系研究（18ZDL26）阶段性成果。发表于《西北大学学报》（哲学社会科学版）2020年第3期。

** 方凤玲，中国石油大学（北京）马克思主义学院教授；王晓光，中国石油大学（北京）马克思主义学院博士生。

会主义”，形成了一系列系统发展的思想。

改造生产资料私有制，建立社会主义公有制基本经济制度。1953年9月，毛泽东提出要在一个相当长的历史时期内对农业、手工业、资本主义工商业进行社会主义改造。在生产资料所有制社会主义改造的同时进行社会主义建设，最终解决了所有制问题，把私有制改造成为社会主义全民所有制，建立了社会主义生产资料公有制的经济制度。

社会主义革命的目的是保护和发展生产力。在“一化三改”基本完成、社会主义制度建立后，毛泽东及时提出了“社会主义革命的目的是为了解放生产力”① “社会主义经济法则是发展生产，保障需要”②，认为革命的目的在于发展生产，在于为建设扫清道路，在于“保护和发展生产力”③，而不只是建立新政府和新的生产关系。

实行高度集中的计划经济体制。在中国如何建设社会主义，最初学习和借鉴苏联模式实行高度集中的计划经济体制。1954年我国制定和颁布第一部宪法，用法律的形式确定了计划经济对国民经济发展和改造、对生产力的不断提高、对人民物质生活和文化生活的改进、对国家独立和安全的巩固的指导地位。计划经济体制保证了新生政权和人民群众掌握国家的经济命脉，对新中国成立初期国民经济的全面恢复发挥了积极作用。

创新性地提出系统发展、协调发展思想。1956年4月，毛泽东在《论十大关系》中提出了“发展工业必须和发展农业同时并举”等系统发展、协调发展思想，强调要正确处理好地方与中央、外国与中国、内地与沿海以及重轻工业与农业等关系问题，统筹兼顾调动一切积极因素为社会主义事业服务，在对中国经济发展的实践探索中回答了中国社会主义建设应遵循的基本方针。

社会主义社会发展阶段论。1959年12月，毛泽东在初步总结社会主义建设经验教训后，认识到在中国建设社会主义的艰巨性、复杂性和长期性的基本国情，提出社会主义社会发展可能有不发达和比较发达的两个阶段。1961年9月，毛泽东进一步指出，建设强大的社会主义经济，需要几十年到一百年的时间，比如五十到一百年。这些思想是社会主义发展阶段理论的最初萌芽，具有十分有益的启示。

提出科学技术对社会生产力发展的巨大推动作用。毛泽东明确提出，“不搞科学技术，生产力无法提高”④，科学技术这一仗一定要打而且必须打好，要尽量采用世界上的先进技术，而不能跟在别人后面爬行、走别国技术发展的老路。“向科学进军”，依靠科学技术提高生产力，强调了科学技术在生产力发展诸要素中巨大的推动作用。

社会主义社会“两步走”发展战略。1964年12月，周恩来在第三届全国人大一次会议上正式宣布了我国国民经济发展的战略是两步走：第一步是建立比较完整的工业体系和独立的国民经济体系；第二步目标是实现全面农业、工业、科学技术和国防现代

① 《毛泽东邓小平江泽民论科学发展》，中央文献出版社、党建读物出版社2008年版，第6页。
② 《毛泽东邓小平江泽民论科学发展》，中央文献出版社、党建读物出版社2008年版，第4页。
③ 《毛泽东文集》（第7卷），人民出版社1999年版，第218页。
④ 《毛泽东邓小平江泽民论科学发展》，中央文献出版社、党建读物出版社2008年版，第23页。

化，使中国的工业能够走在世界的前列。这是中国共产党最早提出的经济建设发展战略远景规划部署的宏伟蓝图。

毛泽东从中国社会主义建设实践中总结经验提出，对于社会主义建设我们还有一个很大的未被认识的必然王国，我们应当努力学习，深入调查研究它，逐步在实践中加深认识，从中找出固有的规律，并在认识建设社会主义规律的过程中“逐步地克服盲目性、认识客观规律、从而获得自由，在认识上出现一个飞跃，到达自由王国”①。

（二）中国特色社会主义发展理论的初步探索

1978～1996 年，从“摸着石头过河”到“发展是硬道理”，以邓小平为代表的中国共产党人初步探索出了社会主义市场经济等理论。

以社会主义现代化建设为工作重点。在 1978 年 12 月召开的党的十一届三中全会上，确立了解放思想、实事求是的思想路线，结束了“以阶级斗争为纲”的社会工作重点，把工作重点确定为社会主义现代化建设。提出只要不发生大规模的外敌入侵，全党的中心工作就是现代化建设，其他一切工作都要围绕这个中心并为这个中心工作服务，明确了发展方向。

社会主义初级阶段理论。依据生产力水平和我国发展的实践，党的十三大系统阐述了我国社会主义还处在初级阶段理论，并据此制定党的路线、方针、政策，强调不能超越这个阶段，脱离我国社会的发展程度。第一次把社会主义初级阶段作为事关全局的基本国情加以把握，我国社会主义建设出发点的问题从根本上得到了解决，这是对社会主义和中国国情认识上的一次飞跃。

社会主义初级阶段的基本路线。党的十一届六中全会、党的十二大、党的十二届三中全会、党的十二届六中全会、党的十三大就我国如何建设现代化国家分别提出了发展商品经济、加强社会主义物质文明、精神文明建设等不同时期的发展思想，确立了我国社会主义初级阶段要以经济建设为中心，坚持四项基本原则，坚持改革开放的基本路线。强调了坚持党的基本路线不动摇的关键是坚持以经济建设为中心不动摇，大力发展社会生产力。

“三步走”发展战略。依据我国人民生活水平提高的要求和初级阶段的国情，1987 年 10 月党的十三大提出了解决人民温饱、人民生活达到小康、达到中等发达国家水平，使 1990 年国民生产总值比 1980 年翻一番；20 世纪末国民生产总值再增长一倍；21 世纪中叶基本实现现代化，人民生活比较富裕的现代化建设“三步走”的发展战略目标。

科学技术是第一生产力。怎样发展社会主义？邓小平提出了“科学技术是第一生产力”的著名论断。科学技术不仅体现为科技领域的核心生产力，而且在经济诸要素中具有特殊地位，日益成为生产力发展和经济增长的决定性要素。促进经济发展，要走以科

① 《毛泽东邓小平江泽民论科学发展》，中央文献出版社、党建读物出版社 2008 年版，第 21～22 页。

技进步为依托的内涵式扩大再生产的发展新路，在社会主义市场经济中建立起科技与经济有机结合的体制和机制，努力提高科技进步在经济增长中的含量。

发展才是硬道理。邓小平以“是否有利于发展社会主义社会的生产力、是否有利于增强社会主义国家综合国力及是否有利于人民生活水平提高”为价值判断标准，解答了社会主义发展中的一系列困惑问题。他强调，如果我们不进行改革开放、不努力发展经济、不提高人民生活水平，社会主义道路就会走到尽头。发展“是我们解决国际问题、国内问题的最主要的条件”①。1992年，邓小平在南方谈话中提出“发展才是硬道理”②，为如何建设中国特色社会主义指明了前进方向。

社会主义本质理论围绕社会主义是什么、社会主义应怎样建等问题，邓小平认为，社会主义不是人民生活低水平，不是经济长期不发展。社会主义的本质，是在解放和发展生产力、消灭剥削、消除两极分化的前提下，最终实现共同富裕的目标。这一论断，明确了发展生产力是社会主义的本质要求，是探索发展道路上的重大理论成果。

“摸着石头过河”，社会主义计划经济体制向市场经济体制转变。改革开放初期，我们缺乏对市场经济、市场运作、市场管理等新知识、新形式、新方法的深入了解，邓小平创造性地提出“摸着石头过河”，逐步摸索指导社会发展的政策制度，避免了改革中不必要的争论，减少了阻力，赢得了时间，在改革开放中渐进、稳妥、务实地促进社会主义计划经济体制向市场经济体制转变。

社会主义市场经济作为人类历史上一种全新的市场经济模式，是对经济发展前所未有的创造性的探索。从“计划经济为主、市场调节为辅”③，到“有计划的商品经济”，再到建立社会主义市场经济体制，标志着中国共产党已经逐渐形成了经济体制改革目标共识。

“两手抓、两手都要硬”的全面发展观。以邓小平为代表的中国共产党人不仅强调经济发展，同时坚持经济发展与社会全面进步相协调，提出坚持“两手抓、两手都要硬”④的辩证统一观点。邓小平多次指出，我们要一手抓物质文明，一手抓精神文明；一手抓改革开放，一手抓打击犯罪和惩治腐败；一手抓经济建设，一手抓民主法制建设。这清楚地阐明了经济发展与社会其他领域同发展的关系。

（三）中国特色社会主义发展理论日益科学

在“发展才是硬道理”的思想基础上，以江泽民、胡锦涛为代表的党的领导集体提出了“发展是党执政兴国的第一要务”的论断和科学发展观，推进我国发展道路达到了一个新阶段。

---

① 《邓小平文集》（第2卷），人民出版社1993年版，第240页。
② 《邓小平文集》（第3卷），人民出版社1993年版，第337页。
③ 《陈云文选》（第3卷），人民出版社1995年版，第305页。
④ 《邓小平文集》（第3卷），人民出版社1993年版，第306页。

发展是党执政兴国的第一要务。以江泽民为代表的党的领导集体，将发展与党的历史使命和先进性联系起来，继承并进一步提出了“发展是党执政兴国的第一要务”的论断。指出社会主义要强大，国家要强盛，人民要富裕，祖国要完全统一，关键在发展。能否解决好发展问题直接关系到人心向背、事业兴衰，实现了我们党在执政理念上的与时俱进。

“三步走”发展战略的进一步展开。在“三步走”战略第一、第二步目标实现的基础上，党的十五大、党的十六大规划了国民生产总值2010年比2000年、2020年比2010年各翻一番，2050年基本实现现代化，把我国建成富强民主文明的社会主义国家的三个阶段的发展目标。这是对我国社会进入小康社会后实现更加富裕的小康生活发展战略的具体规划。

以人为本的科学发展观。以胡锦涛为代表的中国共产党人抓住了我国发展的战略机遇，形成了科学发展观。发展始终是为了人民的根本利益，“以人为本”是科学发展观的核心立场①。“以人为本”体现在，发展是为了提高人民的物质文化生活水平，为了实现人的全面发展。它的要求包含全面发展，即全面推进经济、政治、文化、社会、生态文明建设有机统一发展，协调推进各个领域均衡发展，以不牺牲后代利益为代价来满足当代利益、以不超越资源环境承载力可持续发展，全面协调可持续是科学发展观的基本要求。统筹城乡、区域、经济社会发展、人与自然和谐发展、国内发展和对外开放，统筹各种利益关系，统筹国内国际两个大局，统筹兼顾是科学发展观的根本方法。

科学发展观在逻辑思路上继承延伸拓展了“发展就是硬道理”和“发展是党执政兴国的第一要务”的重要思想，是对中国特色社会主义发展道路探索上的新认识、新思路和新概括。

（四）习近平新时代中国特色社会主义发展理论

2013年，习近平提到“我们将继续把发展作为第一要务，把经济建设作为中心任务”②，表明以习近平同志为核心的党中央继续扛起了发展的这面大旗。2015年10月，习近平总书记提出了新发展理念，给出了对全面建成小康社会的新解读：全面建成小康社会，强调的不仅是“小康”，而且更重要的也是更难做到的是“全面”。“小康”讲的是发展水平，“全面”讲的是发展的平衡性、协调性、可持续性③。“发展必须是科学发展，必须坚定不移贯彻创新、协调、绿色、开放、共享的发展理念”。④ 新时代，新发展。在“中国进入新时代”这个新的历史方位下，新的社会主要矛盾、新的发展理念，

① 胡锦涛：《高举中国特色社会主义伟大旗帜　为夺取全面建设小康社会新胜利而奋斗》，人民出版社2007年版，第15页。

② 习近平：《携手合作共同发展》，载《人民日报》2013年3月28日。

③ 习近平：《在党的十八届五中全会第二次全体会议上的讲话（节选）》，载《求是》2016年第1期。

④ 中共中央宣传部：《习近平新时代中国特色社会主义思想学习纲要》，学习出版社、人民出版社2019年版，第109页。

在这样的时代背景下，怎样去建设中国特色社会主义，怎样实现发展总目标和总任务，是党和人民面临的艰巨挑战。

新发展理念是习近平新时代中国特色社会主义经济思想的主要内容，是一个有着统一目标、内涵丰富、辩证统一的系统集合体，在相互贯通和相互促进中各有侧重，构成了一个紧密联系、层层递进、系统科学的发展思想。它的诞生具有明确的问题针对性，为今后我国经济乃至社会的发展树立了新的衡量标准。新发展理念的五个内容“创新、协调、绿色、开放、共享”，其中，“创新”是针对目前经济发展动力不足、发展质量不高、遭遇发展瓶颈、整个国家创新能力不强的问题而提出。引领发展的第一动力是创新，更好引领新常态、实现发展高质量高效率的根本也是创新，创新为建设现代化经济体系提供战略支撑。“协调”方面，针对前期发展中暴露出来的发展不平衡不协调问题，要想使经济持续健康发展，必然要具备协调特性；统筹我国地域维度、社会维度的政、经、法、民生等各领域的发展，新型工业化、信息化、城镇化和农业现代化同步发展也是以协调作为不可或缺的要求；只有协调发展的社会才是全面发展的社会，才是健康的社会。“绿色”发展方面，是针对前期发展中暴露出的为追求经济发展速度而牺牲自然资源环境问题，长此以往会造成资源枯竭与环境不可再塑、发展不可持续的严重后果。要想实现永久性可持续发展，其必要条件是绿色，绿色发展以打造资源节约与环境友好的低碳型经济为核心，摒弃过去那种要发展经济就必然付出环境牺牲代价的做法，将低碳环保作为企业与经济体的考核标准之一，走绿色发展之路。“开放”是国家繁荣发展的必由之路，针对的是目前我国对国际经济参与程度还不够深、掌握的主动权还不够多的问题。“开放”是“引进来”和“走出去”并重，“引进来”的是资金、技术、人才等，“走出去”的是投资、产品及优势行业等，是陆海内外联动东西双向互济的开放格局形成的必然途径，只有坚持开放发展，才能赢得在世界经济发展中的积极主动权，才能与世界经济融为一体。关于共享方面，公平正义是中国特色社会主义的内在要求，面对当前社会中存在的收入差距扩大、富裕人群与贫穷人群两极分化比较严重现象，“共享”理念的提出有特别重要的意义。它的含义是，实现发展成果人人共享，“朝着共同富裕方向稳步前进”[①]。新发展理念，是直面我国当前社会主要矛盾、实现发展进阶的必然选择。

我国发展新的历史方位。中国进入新时代，是我国发展新的历史方位[②]，这是一个伟大的政治判断。它是中华民族从“站起来”走到“富起来”，离强国目标越来越近的判断。新时代体现在，改革开放和社会主义现代化建设取得了历史性成就，发展理念、发展方式及要求都发生了变化，社会主要矛盾也随之发生变化。我国“社会主要矛盾已经转化为人民日益增长的美好生活需要和不平衡不充分的发展之间的矛盾”[③]，是党的

① 《十八大以来重要文献选编》（上），中央文献出版社2014年版，第77～78页。

② 习近平：《决胜全面建成小康社会　夺取新时代中国特色社会主义伟大胜利》，人民出版社2017年版，第10页。

③ 中共中央宣传部：《习近平新时代中国特色社会主义思想学习纲要》，学习出版社、人民出版社2019年版，第17页。

十九大依据我国生产力发展状况和发展新方位作出的我国社会主要矛盾变化的又一科学判断。新的历史方位是重大的历史性变化，关系到党和国家的工作全局。我国进入新时代并未使我国所处的发展阶段发生变化，并未改变中国共产党的初心和初级阶段的基本国情，以及我国仍然是最大发展中国家的国际地位。在新的历史方位下，发展依然是“以人民为中心”的发展。以人民为中心，一切发展为了人民，一切发展依靠人民，是习近平新时代中国特色社会主义发展思想的出发点和落脚点，也是马克思主义人民性的体现。历史的创造者是人民群众，人民群众的力量是最大的力量源泉；有了这个认识就需要在任何社会发展活动中，坚持人民在发展中的主体地位，尊重人民意愿、尊重人民劳动、充分调动人民积极性、发挥人民首创精神、依靠人民创造历史伟业，也体现了生产力最活跃最根本的因素是广大劳动者这一理念；群众路线是我们党工作所依赖的路线，人民也是我们党工作成果的唯一评判者和检验者。是否这些工作能够不断提升发展质量和效益以满足人民对美好生活的向往，都要得到人民的认同。“让发展成果更多更公平惠及全体人民”①，体现了社会主义生产目的及实现全体人民共同富裕的价值目标。

新时代中国特色社会主义发展总目标和总任务是为中国人民谋幸福和为中华民族谋复兴②，这是新时代中国特色社会主义发展的总目标，建设社会主义现代化国家是我们要完成的总任务，也是当前最重要的战略安排。国家崛起，人民幸福，是所有人努力的目标。要想实现这个目标，就要面对眼前所处境地的实际情况，实事求是地部署工作安排，就要先改变贫穷落后的发展状况，实现社会主义现代化。自改革开放以来，党的每一次全国人民代表大会都对社会主义现代化建设工作作出战略部署。实践表明，我们已经实现了大部分人的小康社会标准，我们党将接下来的工作分解为两个阶段的任务，即把 2020 年到 21 世纪中叶划分为两个阶段，第一个阶段的发展任务是，在 2020 年全面建成小康社会基础上经过 15 年奋斗，2035 年基本实现社会主义现代化。到那时，国家经济实力、国际地位大幅提升，法治完善、社会文明程度及国家治理能力也有大幅升跃、生态环境好转、人民生活水平更上一层楼，将会展现出现代化国家的风貌。第二个阶段的发展任务是，在 2035 年基本实现现代化基础上再经过 15 年奋斗，2050 年把我国建成富强民主文明和谐美丽的社会主义现代化强国。那时，国家的综合实力和国际影响力将领先于世界，基本实现全体人民共同富裕。

新时代中国特色社会主义经济制度、体制理论。关于新时代中国特色社会主义经济制度，要坚持和完善我国社会主义基本经济制度和分配制度，即以公有制经济为基础，毫不动摇鼓励、支持和引导非公有制的经济发展③。公有制经济不但是社会主义制度的基本特征，是全体人民经济政治上主人翁地位的体现，而且多年的事实证明，它在建设

---

① 中共中央宣传部：《习近平新时代中国特色社会主义思想学习纲要》，学习出版社、人民出版社 2019 年版，第 45 页。

② 习近平：《决胜全面建成小康社会　夺取新时代中国特色社会主义伟大胜利》，人民出版社 2017 年版，第 1 页。

③ 习近平：《决胜全面建成小康社会　夺取新时代中国特色社会主义伟大胜利》，人民出版社 2017 年版，第 21 页。

中国特色社会主义事业中起到了举足轻重、不可替代的作用，国家利用其主体地位能够顺利实现对其他经济类型的引导，朝着有利于经济大局的方向去发展。同时，公有制经济在市场经济体制下也展示出其具备强大的竞争力。在新时代，人们对公有制经济所包含内容的认知有所扩展，它不但包括国有和集体经济，还包括了混合所有制改革工作中所涉及的国有成分和集体成分。与经济制度相关的分配制度方面，在坚持按劳分配原则和完善按要素分配的体制机制基础上，牢牢把握“人民共享”这一收入分配理论的核心，加强公共服务，关注地区均衡，既重视全体人民在社会生产中的合作和分配的社会公平公正，亦注重和谐、效率和贡献。

我国的经济运行体制是社会主义市场经济体制，市场经济体制以供求关系来配置市场资源，是具备活力与效率的经济运行载体。我国社会主义市场经济建设的改革方向就是要处理好市场和政府的关系。一方面，党全面领导我国社会主义市场经济建设，只有坚持党的领导，才能保证社会主义市场经济的不断完善和改革开放前进方向不会偏离。另一方面，党的十八届三中全会将市场在资源配置中的“基础性作用”修改为“决定性作用的基础”，随后党的十九大进一步强调市场在资源配置中的“决定性”作用。在发展社会主义市场经济的同时，要更好地发挥政府的作用，使“看不见的手”（市场）和“看得见的手”（政府）在社会主义市场经济中共同发力，“两手合力”推进社会主义市场经济体制机制完善。

新时代中国特色社会主义发展布局理论、中国特色社会主义事业的发展，不能没有总体布局，一个完善的布局应该包含社会关系的方方面面。中国特色社会主义的总体布局是，经济建设、政治建设、文化建设、社会建设和生态文明建设“五位一体”，即社会主义事业以经济、政治、文化、社会和生态文明板块的建设为重点，五个方面融合成整个国家的健康运行支柱，缺一不可；一个现代化的强国也应该包含经济、政治、文化、社会与生态等的全面协调发展。为支持这个总体布局，形成了中国特色社会主义发展战略布局，即全面建成小康社会、全面深化改革、全面依法治国和全面从严治党的“四个全面”①。这一战略布局是致力于推动解决当前“五位一体”建设中人民群众期待解决的突出矛盾的布局。“四个全面”的内容既包含目标也包含举措，“全面”二字强调了四项布局的实施广度和重要性。没有小康社会的建成、改革的持续深化、法治社会的实现、从严治党，“五位一体”的建设就无从谈起。党的十九大报告指出，中国特色社会主义事业发展的基本方略是以“坚持党对一切工作的领导”为首的“十四个坚持”和以“坚持和发展中国特色社会主义的总任务”为首的“八个明确”。“十四个坚持”阐述了怎样去建设社会主义事业，“八个明确”阐明了建设什么样的社会主义，充分反映的是“五位一体”总布局和“四个全面”战略布局的内涵和外延关系，是新时代的行动纲领。

新时代中国特色社会主义现代化经济体系，是以整个社会的各种经济活动、各个经济层面构成的有机体。它既包含经济的基本制度、运行主体、运行方式、空间格局等各

---

① 彭清华：《“四个全面”：统领经济社会发展的总要求（深入学习贯彻习近平同志系列重要讲话精神）》，载《人民日报》2015年1月22日。

方面的内容要求，也对经济建设路径、展示出的特征和衡量标准有更具体、更全面的要求和描述，是一个庞大的体系。建设现代化经济体系，是跨越关口的迫切要求和我国发展的战略目标[①]。新时代中国特色社会主义宏观经济的运行，以新发展理念为指导、以供给侧结构性改革为主线、以稳中求进为工作总基调，现代化经济体系的核心是经济的高质量发展。习近平指出，我国现阶段经济发展的基本特征是由高速增长阶段转向高质量发展阶段。高质量发展是2017年党的十九大首次提出的新表述，是中国共产党对我国经济已由高速增长阶段转向高质量发展阶段的重大判断。随后在2018年的政府工作报告中提出了供给侧改革等九个方面的部署，按照高质量发展的要求，统筹推进“五位一体”总体布局和协调推进“四个全面”战略布局，坚持以供给侧结构性改革为主线，统筹推进稳增长、促改革、调结构、惠民生、防风险等各项工作，都围绕着高质量发展实施。在我国经济发展进入新常态[②]，经济的增长速度和发展方式都发生了变化，尤其是需要经济结构调整，从注重增量到关注存量、做优质量，发展方式从依靠资源要素消耗到创新驱动；坚持质量第一、效益优先，从而推动经济建设中的质量变革、效率变革和动力变革，整体提升我国经济的创新能力和竞争能力。一个现代化的强国，必然匹配现代化的经济运行体系。建设现代化经济体系，是新时代经济建设的重大战略决策部署，是建设社会主义现代化强国的必要条件。达成这个目标，要以供给侧结构性改革的深化为举措，以创新型国家的建设为支撑，以经济高质量发展为核心，以区域协调发展战略为要求，以社会主义市场经济体制的完善为保障，以全面开放新格局的形成为条件，调整宏观经济结构，建设现代化经济体系。

新时代中国特色社会主义国际发展战略理论。围绕“建设一个什么样的世界、如何建设这个世界”等重大课题，以习近平同志为核心的党中央提出，建设新型国际关系的基础是相互尊重，保障是公平正义，目标是合作共赢，即建设一个持久和平、共同繁荣的世界。对目前世界上存在的冷战思维、强权政治、霸权主义，我们坚决不赞同，和平发展、和平外交始终是中国一以贯之坚持的对外原则，和平也是实现中华民族伟大复兴、各个国家民族兴旺繁荣不可或缺的环境因素。我国的国际发展战略以平等为基础、以开放为导向、以合作为动力、以共享为目标，改革和完善全球治理体系，倡导以共商、共建、共享作为基本原则，促进“一带一路”国际合作，建设开放型世界经济；以开放包容、共同繁荣、绿色低碳、普遍安全、拥有持久和平的世界构建人类命运共同体[③]，这既是人类社会共有的追求，也符合全世界人民的利益。

综上所述，中国共产党几代领导集体既一脉相承又不断创新的发展思想，在探索中国特色社会主义发展道路上实现了以阶级斗争为纲到以经济建设为中心的工作重心转变，由不均衡的重点发展向经济、政治、文化、社会、生态全面系统协调发展的转变，

① 习近平：《决胜全面建成小康社会　夺取新时代中国特色社会主义伟大胜利》，人民出版社2017年版，第30页。

② 习近平：《谋求持久发展共筑亚太梦想》，载《人民日报》2014年11月9日。

③ 习近平：《论坚持推动构建人类命运共同体》，中央文献出版社2019年版。

由过度开发向可持续的绿色发展转变，由超越阶段“大跃进”跳跃式发展到尊重经济社会发展规律的台阶式、渐进式科学发展的转变。

二、中国特色社会主义发展理论探索历程的启示

中国共产党领导中国人民进行社会主义道路的伟大建设，不断探索中国特色的社会主义发展道路，形成了具有强烈时代气息和浓厚中国特色的发展理论，指导中国社会的各个方面往更高的阶段发展。

启示一：任何时候都要走符合国情的中国特色之路。

中国共产党人对社会主义发展道路的探索，是马克思主义发展观与中国发展实践相结合不断完善和升华的过程。从实现农业、工业、科学技术和国防四个现代化、到“三步走”、新“三步走”，基本实现现代化，把我国建成富强民主文明的社会主义国家，再到把我国建成富强民主文明和谐美丽的社会主义现代化强国，每一步战略目标的确定，都是实事求是、从我国国情出发，依据中国经济发展状况、生产力发展水平和广大人民的利益制定的；从过渡时期总路线、初级阶段“一个中心、两个基本点”的基本路线、科学发展观到新发展理念的确立，都是以我国社会主要矛盾发生变化的客观现实为依据调整的发展思路；从“不搞科学技术，生产力无法提高”[①]，到科学技术是第一生产力，再到创新是引领发展的第一动力，对科学技术在生产力发展中的巨大作用的认识也是源自我国经济建设伟大实践的经验总结；从借鉴苏联模式实行计划经济，到“摸着石头过河”探索社会主义市场经济，再到新时代进行顶层设计，在新发展理念指导下建设现代化经济体系，经济体制机制的改革都是在不断适应我国不同阶段生产力发展状况要求下发展完善社会主义生产关系的主动选择。“我们照搬过本本，也模仿过别人”[②]，最终我们经过实践，实现突破，走出了一条中国特色社会主义的成功之路。

上述发展历程告诉我们，“道路走得怎么样，最终要用事实来说话、由人民来评判”[③]，什么时候从中国国情出发，中国社会主义建设事业就能发展；什么时候脱离中国实际背离中国国情，社会主义发展就会出问题。“坚持独立自主走自己的路……从根本上改变了中国人民和中华民族的前途命运”[④]。因此，中国特色社会主义建设必须立足社会主义初级阶段的实际，走一条适合中国国情的发展道路才能成功。

启示二：任何时候都要走符合事物发展规律之路。

中国共产党人对社会主义发展道路的探索，历经赶美超英“大跃进”、改革开放奔

---

① 《毛泽东文集》（第 8 卷），人民出版社 1999 年版，第 351 页。

② 中共中央宣传部：《习近平新时代中国特色社会主义思想学习纲要》，学习出版社、人民出版社 2019 年版，第 27 ~ 28 页。

③ 中共中央宣传部：《习近平新时代中国特色社会主义思想学习纲要》，学习出版社、人民出版社 2019 年版，第 26 页。

④ 中共中央宣传部：《习近平新时代中国特色社会主义思想学习纲要》，学习出版社、人民出版社 2019 年版，第 21 页。

小康、实现中华民族伟大复兴中国梦等不同时期。从以阶级斗争为纲到经济建设为中心，我们摸着石头过河，逐步明确发展是硬道理、发展是党执政兴国的第一要务，并坚持科学发展观，坚持“五位一体”总体布局和“四个全面”战略布局，坚持新发展理念，我们逐步摸索发展规律提升发展认识，按经济规律办事取得了举世瞩目的成就。从毛泽东提出社会主义发展阶段论和完成时间应“设想得长一点”的思想，到党的十六大指出“我国正处于并长期处于社会主义初级阶段”，以及党的十九大提出要牢牢把握社会主义初级阶段这个基本国情和最大实际，说明了我们党对社会主义和中国国情认识上的飞跃都源于对社会发展规律的正确认识。从物质文明和精神文明“两个文明”一起抓，到以经济、政治和文化“三个文明”为社会主义现代化建设战略布局；从经济、政治、文化与社会建设的“四位一体”发展为经济、政治、文化、社会和生态文明建设“五位一体”总体布局，每一次发展理念、发展思路的创新和发展目标、发展布局等方面的完善，都是对社会基本矛盾的深刻洞悉，是对社会主义本质要求和发展方向的科学把握，是对社会发展规律、自然规律和经济发展规律认识的不断创造的新高度，是中国特色社会主义发展理论在探索中国发展道路过程中的重大创新，推动着中国特色社会主义发展不断实现新的跨越。

这些发展历程也告诉我们：符合社会和自然发展规律、符合中国发展阶段要求、尊重经济发展规律，中国特色社会主义就能健康、可持续发展；任何违背客观规律按照主观愿望采取的行动，不仅难以取得成功而且必然招致规律的惩罚带来严重的损失。“中国特色社会主义，是科学社会主义理论逻辑和中国社会发展历史逻辑的辩证统一。”① 因此，中国特色社会主义建设必须尊重社会与经济发展内部蕴含着的客观的发展规律、经济社会与自然环境变化相互作用规律，走科学发展之路。

启示三：任何时候都要走符合创新协调绿色开放共享发展之路。

中国共产党人对社会主义发展道路的探索，从《论十大关系》到“两手抓、两手都要硬”，到全面协调可持续科学发展，再到创新、协调、绿色、开放、共享新发展理念，是对马克思主义发展观的丰富和发展，它们回答着实现什么样的发展以及怎样实现设想中的发展的问题。其中，新发展理念是管全局、管根本、管长远的“具有很强的战略性、纲领性、引领性”② 的经济发展理论。创新发展促使生产力要素转化为现实生产力，“创新是引领发展的第一动力”③，“人才是第一资源”，由人才引领创新。协调发展体现地理地域与社会各领域统筹兼顾、今天与未来持续健康、整个社会全面平衡发展要求，超越了以往包容性增长的理念，提升了发展的境界。绿色发展是自然生产力的必然要求，“保护生态环境就是保护生产力，改善生态环境就是发展生产力”，凸显了生态

① 中共中央宣传部：《习近平新时代中国特色社会主义思想学习纲要》，学习出版社、人民出版社2019年版，第25页。

② 中共中央宣传部：《习近平新时代中国特色社会主义思想学习纲要》，学习出版社、人民出版社2019年版，第111页。

③ 中共中央宣传部：《习近平新时代中国特色社会主义思想学习纲要》，学习出版社、人民出版社2019年版，第110页。

环境与生产力各要素的密切关系，升华了可持续发展理念。开放发展是拓展发展时空，提升发展层次，提高我国开放型经济水平的必然选择，揭示了中国与世界息息相关、同属一个命运共同体的内在共赢逻辑。共享发展是社会主义发展的目的，是对人民利益至上原则和人民群众是社会历史发展根本动力唯物史观的坚持。

这些发展历程告诉我们：走健康、可持续、高质量的中国特色社会主义发展道路，创新发展是核心，是引领发展的最重要的动力；协调发展是重点，是我国经济社会强健发展的内在要求；绿色发展是基础，是实现永续发展的基本方向和必要条件；开放发展是战略，是保证国家繁荣昌盛的必由之路；共享发展是目的归宿，是我国社会主义制度性质的根本要求。

启示四：任何时候都要走符合历史时代发展要求之路。

中国共产党人对社会主义发展道路的探索，都是在特定的历史时期、特定的历史内容和历史要求下进行的探索。在革命与战争为时代主题的历史条件下，以毛泽东为核心的党的中央领导集体在中国一穷二白、生产力水平极其落后、又长期处于西方封锁的发展条件下，不懈探索和追求建设社会主义国家的发展目标；在和平与发展成为时代主题的历史条件下，邓小平提出中国必须坚持改革实行对外开放的基本政策；着眼于知识经济时代的新特点，党的十五大提出要把加速科技进步放在经济社会发展的关键地位，使经济建设转变到依靠科技进步和提高劳动者素质的轨道上来；在经济全球化迅猛发展条件下，我国进入了全面建设小康社会的科学发展历史阶段；在全球性问题加剧、世界经济格局发生根本性变化的外部环境和我国经济发展由高速增长阶段转向高质量发展阶段进入新常态的背景下，我们坚持稳中求进工作总基调，以新发展理念引领新时代发展实践，不断推动高质量发展取得新进展，不断推动我国经济强起来。这些发展历程告诉我们：无论是战争与革命年代还是和平与发展时期，中国共产党领导集体确定的发展思路必须站在时代发展的高度、反映时代主题、符合时代发展要求，实现历史性与时代性的统一、继承性与创新性的统一，中国特色社会主义发展理论才能不断丰富发展和完善。任何时候逆历史潮流脱离时代主题，终将被历史所摒弃。“全面用好我国发展的重要战略机遇期，避免发展陷阱，克服路径依赖，实现弯道超车，高质量发展之路就一定会越走越宽广。”①

① 中共中央宣传部：《习近平新时代中国特色社会主义思想学习纲要》，学习出版社、人民出版社2019年版，第114页。

马克思主义政治经济学与当代资本主义研究

我国国有企业在现代化经济体系建设中的作用*

朱安东　孙洁民　王天翼**

摘要：我国现代化经济体系本质上是社会主义的现代化物质生活生产方式。企业是现代化经济体系的微观基础。国有企业既是支撑和确保现代化经济体系社会主义性质和方向的基础，也是建设现代化经济体系的战略性主导力量：国有企业的体量、规模和使命决定了国有企业在现代化经济体系中的战略地位；国有企业是经济独立自主与经济安全的支柱，是建设现代化基础设施体系的中坚，是实现高质量发展的依托，是走共同富裕道路的保障。建设现代化经济体系必须坚持深化国有企业改革，强化顶层设计，加强党对国有企业的领导，改善国企党建工作，优化国有企业治理，在进一步深化改革中更加突出国有企业的公有制性质。

关键词：现代化经济体系　公有制　国有企业　社会主义现代化

一、引　言

党的十九大将建设现代化经济体系确立为我国发展的战略目标。现代化经济体系是

---

* 本文发表在《经济纵横》2020 年第 10 期。

** 朱安东，清华大学马克思主义学院副院长、副教授；孙洁民，清华大学马克思主义学院博士研究生；王天翼，石油化工管理干部学院讲师。

中国特色社会主义政治经济学范畴，其本质应被理解为社会主义的现代化物质生活生产方式。“物质生活的生产方式制约着整个社会生活、政治生活和精神生活的过程”，因此，现代化经济体系关乎“两个一百年”奋斗目标实现和社会主义现代化强国建设。立足社会主要矛盾变化，解决发展不平衡不充分问题，转变发展方式，优化经济结构，释放经济发展新动能，实现经济高质量发展，主动适应国际政治经济新形势，推动形成全面开放新格局，是现代化经济体系所处的历史经纬。不论是资本主义生产还是社会主义生产所形成的经济体系，都有其不以人的意志为转移的自然规律，当然，这种自然规律也是在无数人的有意识的经济活动中形成的。相比一般意义的或自发形成的经济体系，现代化经济体系是中国共产党在科学认识社会主义经济建设规律的基础上确立的经济社会发展目标。这一目标以物质生活生产的各个环节、各个层面和各个领域有机结合形成的整体为内容，是系统性、整体性、协同性改革方法论的体现。建设现代化经济体系是一个系统工程，需要在产业体系、市场体系、收入分配体系、城乡区域发展体系、绿色发展体系、全面开放体系和经济体制等方面形成“组合拳”。

企业是现代化经济体系的微观基础，社会生活的生产与再生产需要以企业为中介，党对经济工作的领导、经济战略和政策法规的落实都需要有效传导至企业。作为“推进国家现代化、保障人民共同利益的重要力量”，国有企业既是支撑和确保现代化经济体系的社会主义性质和方向的基础，也是联系和打通物质生活生产各环节、各层面、各领域的渠道，对建设现代化经济体系的意义不言而喻。然而，改革开放以来，受新自由主义思潮等影响，“污名化国有企业”、炮制国企民企“效率之争”“进退之争”的声音时常在学术界和舆论界掀起风浪，甚至干扰改革。有因在全球强力推销“私有化、市场化、自由化”等新自由主义政策的国际组织，曾建言我国将国有企业在工业部门的比重降到10%以下。不论私有化理论听起来多么“科学”，经过新自由主义在全球范围内长达40余年的泛滥，私有化究竟是经济发展的良方还是毒药早已在实践中得到回答：凡是在新自由主义指导下进行大规模私有化的国家，都遭遇了严重的经济和社会灾难。建设现代化经济体系，特别是在国际政治经济新形势下建设社会主义现代化强国，必须充分认识并充分发挥国有经济在现代化经济体系中的重要作用，理直气壮做强做优做大国有企业，不断增强国有企业竞争力、创新力、控制力、影响力和抗风险能力，实现国有资产保值增值。

二、国有企业是确保现代化经济体系社会主义性质和方向的经济基础

经济体系的结构、性质和发展方向在根本上决定了上层建筑的性质，并决定了社会制度的发展方向，同时也受上层建筑的制约和影响。在今天的中国，现代化经济体系是社会主义性质的经济体系，而不是其他性质的经济体系；是中国共产党领导下的经济体系，而不是被其他力量领导的经济体系；是巩固和发展社会主义的经济体系，而不是削

弱社会主义的经济体系。作为“共和国的长子”，国有企业“是中国特色社会主义的重要物质基础和政治基础，是我们党执政兴国的重要支柱和依靠力量”。国有企业夯实社会主义制度根基的作用，是资本主义国家国有企业所不具备的，也反映了二者的根本区别。用一些发达国家近几十年来的私有化进程编织出的私有化“神话”，不仅无视甚至刻意抹杀了社会制度的根本差异，而且在抗击新冠肺炎疫情的国际比较中被事实轻易戳穿。

（一）做强做优做大国有企业是巩固发展社会主义制度的必然要求

建设现代化经济体系是社会主义现代化的必由之路。社会主义现代化是经济文化相对落后国家在社会主义制度下发展而实现经济基础和上层建筑现代化的过程。经济基础决定上层建筑，生产资料所有制是经济基础的核心，经济基础的结构决定了不同阶级、阶层在国家的政治、法律、文化等领域的影响力、控制力和话语权。

对于英美等资本主义国家来说，新自由主义时期以私有化为主要形式的国有企业改革，本质上是在既有体制走到末路时资本和国家对危机的回应，是垄断资本解除来自上层建筑对自身增殖的限制的表现。东欧剧变后对国有企业的全盘私有化“改革”，则是寡头、政客和国际垄断资本联合收割苏东国家财富的“盛宴”，是既有社会主义上层建筑崩溃的结果。尽管理论界中以一些发达国家国企改革为国际借鉴的声音不绝于耳，甚至间或涌现主张全盘私有化的论调，但中国的国有企业改革只能以做强做优做大国有企业为方向，这是社会主义的制度规定性。

我国是社会主义国家，以国有企业为主要形式和中坚力量的公有制经济是社会主义制度的经济基础，并受到政治上层建筑的承认和保护。《中华人民共和国宪法》第六条规定：“中华人民共和国的社会主义经济制度的基础是生产资料的社会主义公有制，即全民所有制和劳动群众集体所有制。”第七条规定：“国有经济，即社会主义全民所有制经济，是国民经济中的主导力量。国家保障国有经济的巩固和发展。”如果国有企业丧失了对国民经济的控制力和主导作用，甚至出现全盘私有化，垄断资本必然取而代之，现代化经济体系的社会主义性质就无从谈起。作为社会主义制度的重要经济基础，国有企业支撑着社会主义制度的政治上层建筑和意识形态上层建筑。习近平总书记多次强调，中国特色社会主义最本质的特征是中国共产党领导，中国特色社会主义制度的最大优势是中国共产党领导。要坚持中国共产党的领导，要保证中国共产党的无产阶级、中国人民和中华民族先锋队的性质，就必须坚持和巩固我国基本经济制度，毫不动摇地做强做优做大国有企业。国有企业是否搞好，直接关系到中国共产党的执政地位和执政能力。一旦国有经济失去主导地位，生产资料的公有制丧失主体地位，社会主义经济基础就会变质，建立于其上的社会主义意识形态必然也会出现性质变化。

（二）做强做优做大国有企业是加强党对经济工作领导的必然要求

新中国成立以来，我国经济发展取得了巨大成就，而这种成就的取得与我们一直坚持党对经济工作的领导密不可分。可以说，党对经济工作的领导是中国特色社会主义经济制度的最大优势。建设现代化经济体系是新时代我国经济发展最为紧迫的战略任务，要完成这个任务必须加强和巩固党对经济工作的领导。

党领导经济工作的最重要抓手之一就是国有企业，国有企业的兴衰直接关系到我们党的执政能力，关系到党对于经济工作的领导能力，做强做优做大国有企业是巩固和加强党对经济工作领导的必然要求。一方面，国有经济在我国经济中居于主导地位，在许多关系国家安全、国家经济命脉和国计民生的行业中居于骨干地位，是理解党的思路和政策精神最透彻、执行党的政策最积极的经济组织。因此，为了保证党关于经济发展的思想理论和政策能够得到有效贯彻，我们需要做强做优做大国有企业。另一方面，国有企业领导人员是党在经济领域的执政骨干，国有企业的干部职工是我国工人阶级的骨干力量，党对于经济工作的领导要依靠这支骨干力量。

建设现代化经济体系，本质上是在中国共产党领导下发展社会主义现代化的经济基础。因此，所有制结构问题尤为重要。国有企业是党对经济工作的领导方式，强大而富有活力的国有企业是中国共产党代表先进生产力发展要求的直接体现，是保证中国共产党永葆无产阶级政党本色而不变质的必要条件。党对经济工作的领导是建立和巩固党的政治领导的物质前提。因此，不论是在数量上，还是在比重或结构上，国有企业都理应具备对国民经济命脉的控制力。

做强做优做大国有企业有利于加强党对经济工作的领导。建设现代化经济体系需要坚持“两个毫不动摇”，需要国企民企竞合发展；但国有企业的公有制性质使其在壮大综合国力、促进经济社会发展、保障和改善民生等方面具有非公有制企业无从替代的独特优势。

首先，国有企业是党在经济领域的顶梁柱和压舱石。国有经济分布在各类重要产业领域，是对党的路线方针政策领会最透彻、执行最积极的经济组织。从各国国有企业发展实践看，由于盈利并非其唯一目的，甚至不是其最主要的目的，国有企业往往因在科技创新、劳资关系、产业关系及承担社会责任等方面具有更长远、更全面、更富战略性的考虑，从而更少有机会主义行为。具体到我国，国有企业作为社会主义的公有制企业，能主动响应与推动党和国家关于国民经济全局和长远发展的战略。“顶梁”“压舱”最终都要靠人来实现，国有企业不仅有组织和技术优势，也有人才优势：国有企业的党员领导干部是党在经济工作中的业务骨干力量，国有企业的劳动者是社会主义建设者中的基干力量，越是重要关口、重大战略和突发事件，国有企业党员领导干部和劳动者的先进性就越是凸显。

其次，国有企业有着更大的潜力，用以满足现代科技和经济社会条件下社会化大生产的要求。现代生产力越发展，生产的社会化程度越增进，人与人之间、组织与组织之间的相互依赖程度越高，按照社会整体利益和要求来协调和处理人与人、人与自然之间关系的需求就越迫切。国有企业虽然作为独立的市场主体融合于社会主义市场经济，但基于其所有制属性，可以无条件地服从党关于经济工作的决策部署，并服务于国民经济和社会发展的长期需要和重大战略需要，从而在市场经济条件下超越资本逻辑。

三、国有企业是建设现代化经济体系的战略性主导力量

习近平总书记指出，“要通过加强和完善党对国有企业的领导、加强和改进国有企业党的建设，使国有企业成为党和国家最可信赖的依靠力量，成为坚决贯彻执行党中央决策部署的重要力量，成为贯彻新发展理念、全面深化改革的重要力量，成为实施‘走出去’战略、‘一带一路’建设等重大战略的重要力量，成为壮大综合国力、促进经济社会发展、保障和改善民生的重要力量，成为我们党赢得具有许多新的历史特点的伟大斗争胜利的重要力量”。无论是从规模和体量看，还是从地位和作用看，国有企业都是建设现代化经济体系的战略性主导力量。

（一）体量、规模和使命决定国有企业的战略地位

国有企业在体量和规模上在我国国民经济中举足轻重。资产是衡量公有制经济主体地位的主要指标。根据2019年10月发布的《国务院关于2018年度国有资产管理情况的综合报告》，2018年，我国非金融企业国有资产总额为210.4万亿元，金融企业国有资产总额为264.3万亿元，合计为474.7万亿元。[①] 有关部门没有公布国有企业或国有资产在所有企业资产中的比重。根据专家估计，在2012年中国第二、第三次产业经营性总资产中，公有制经济（主要是国有企业）占比为50.44%。[②] 根据国家统计局公布的数据，2018年，在我国规模以上工业企业中，国有控股企业的资产总额为44万亿元，比重为38.8%。[③] 更为重要的是，国有企业是贯彻执行党中央决策部署的重要力量，其战略地位远不限于“量的优势”。在“质”的方面，大型企业是国民经济的骨干。目前，在境内运营的大型企业以国有企业为主，国有企业支撑着中国经济社会的发展。在2019年《财富》杂志评选的世界500强企业中，中国大陆共有116家企业上榜，其中88家为国有企业；在中国企业联合会、中国企业家协会发布的2019年中国企业500强中，有265家国有企业上榜，排名前50位的绝大部分为国有企业。从结构方面

① 扣除负债后，非金融企业国有资本权益总额为58.7万亿元，金融企业国有资产为17.2万亿元，合计为5.9万亿元。资料来源：《国务院关于2018年度国有资产管理情况的综合报告》，www.mof.gov.cn/zhengwuxinxi/caizhengxinwen/201910/t20191024_3408398.htm。

② 裴长洪：《中国公有制主体地位的量化估算及其发展趋势》，载《中国社会科学》2014年第1期。

③ 资料来源：国家统计局网站，www.stats.gov.cn。

看，国有企业主要分为商业类国有企业和公益类国有企业①，前者不仅在充分竞争行业和领域发挥重要作用，更在关系国家安全、国民经济命脉的重要行业和关键领域，以及重大专项任务的承担上发挥主导作用和控制作用，在服务国家战略、保障国家安全和国民经济运行、发展前瞻性战略性产业及完成特殊任务等使命上扮演不可替代的主要角色；后者承担重要的社会责任，以保障民生、服务社会、提供公共产品和服务为主要目标，是保障现代化经济体系稳定持续的依托。

国有企业有利于建设市场与政府相协调的社会主义市场经济体制，实现市场机制有效、微观主体有活力、宏观调控有度。无论是利用市场手段还是政府手段，都是为了解放和发展社会主义生产力，实现社会主义现代化。从世界经济史来看，一方面，市场机制在资源配置方面确实有其优势，应该充分发挥其作用；另一方面，市场经济的形成、维护和发展都离不开政府作用。要更好地发挥政府作用，既需要政府掌握关于市场的更加准确和全面的信息，也需要有抓手。国有企业因其公有制性质，会更积极地响应政府的号召或者直接执行政府的规划和政策。例如，在经济周期中，非公有制企业往往因采取顺周期的经营策略而加剧经济波动，而国有企业则会按政府要求执行反周期的投资策略，使政府的调控政策更加有效有度。此外，身处市场竞争环境中的商业类国有企业不仅能较高效地感知市场信息，而且往往会比非公有制企业更乐于与政府分享信息。因此，做强做优做大国有企业有利于以更小的力度实现更有效质量的宏观调控，从而使市场作用得到更充分的发挥。

（二）国有企业是经济独立自主与经济安全的支柱

全球化是世界经济发展的必然趋势。建设现代化经济体系，离不开多元平衡、安全高效的全面开放体系的支撑。在市场经济条件下，全球生产网络可以使深度参与经济全球化的企业在全球范围内配置资源、组织生产、开拓市场，实现效率的最大化，但也伴随着经济体系更高的风险。例如，通过离岸服务外包固然可以高效整合发达国家的先进技术，但同时也可能抑制我国企业的自主创新；制造外包固然可以降低成本，但也可能给经济体系带来去工业化问题。对于中国来说，推进“走出去”战略和“一带一路”建设，在深度融入全球化的同时，保持国家经济体系的独立自主与经济安全尤为重要。国有企业不仅拥有庞大的规模和强大的实力，而且直接服务于经济社会发展需要和国家重大战略，在应对经济体系内部或外部的冲击时，可以发挥缓冲和对冲作用。国有企业总体上代表了我国企业的最高水平，是许多行业的骨干，只有国有企业做强做优做大，经济体系才能强大从而更加开放。此外，“走出去”战略实施以来，真正走出去的企业，包括到“一带一路”沿线国家投资和建设的企业大部分是国有企业，这些企业往往以较高的技术和管理水平，给当地政府和社会留下深刻印象，既促进了当地发展，又

① 《中共中央　国务院印发关于深化国有企业改革的指导意见》中央政府门户网站，2015年09月13日，http：//www.gov.cn/zhengce/2015－09/13/content_2930440.htm。

增强了企业自身实力，更为全面开放体系建设作出贡献。

（三）国有企业是建设现代化基础设施体系的中坚

交通、通信和能源等基础设施是一个经济体系的基础，其发展水平决定了经济体系的上限。全球经济中，中国在市场环境和产业链上的巨大优势，离不开全世界里程最长的（高速）公路网络和高铁网络、最多的手机基站和规模最大的电网。规模巨大的现代化基础设施体系正是仰赖国有企业的长期投资和建设才得以建立。基础设施项目往往投资大而收益微薄，特别是在经济不发达地区和老少边穷地区，许多基础设施建设项目财务上长期亏损甚至可能永远无法盈利。如果不是因为拥有一批实力强大且勇于承担社会责任的国有企业，如此规模和水平的基础设施体系建设是难以想象的。正是因为现代化基础设施体系的存在，国内统一的大市场才成为可能，彰显优势、协调联动的城乡区域发展体系的完善才成为可能。高速公路和高速铁路网络的建设将中国西部与中东部紧密联系起来，极大地促进了西部的人员流动和商贸往来；南水北调、西气东输等国家工程改善了自然资源分布不均状况，为我国东部、北部地区的经济和民生提供了保障；高质量通信网络的覆盖使全国的土地及海域实时互联，让高山峡谷、森林沙漠不再成为通信禁区；全国邮政网络保证了最偏僻、最遥远的角落也能与外界保留一个信件与包裹的沟通渠道。在这些建筑、铁路、能源、水利、通信、邮政等关系国计民生的重要领域，国有企业往往是最重要的骨干力量。无论是在乡村振兴、城乡融合发展的进程中，还是在区域互动、陆海统筹整体优化和优势互补的过程中，国有企业都走在最前列。

（四）国有企业是实现高质量发展的依托

在现代化经济体系中，国有企业是实现从高速发展转向高质量发展，也就是转变发展方式、优化经济结构、转换增长动力的重要依托。

第一，做强做优做大国有企业有利于“使科技创新在实体经济发展中的贡献份额不断提高，现代金融服务实体经济的能力不断增强，人力资源支撑实体经济发展的作用不断优化”。其一，国有企业是解决实体经济与虚拟经济结构失衡的有力依托。由于实体经济利润率下降且资本周转相对较慢，大量资本不仅涌入金融领域，而且在金融体系内部自我循环，威胁金融安全；房地产在资本的炒作之下，作为金融资本循环的媒介，也凸显其虚拟经济属性，吸引大量资源，挤压实体经济。实体经济与虚拟经济的结构失衡是市场经济条件下资本追逐增值的必然结果，利润率、资本周转速度、股东价值等目标必然在微观上驱使企业“脱实向虚”，进而导致经济的“脱实向虚”。国有企业作为社会主义市场经济中独立的市场主体，在实际运行中也不可避免地存在按资本逻辑行事的情况，但国有企业的公有制性质决定了国家和政府可以更直接地调节其企业行为。其二，国有企业是维护金融安全和金融稳定的有力依托。国有企业由于总体素质高、信用好，更容易与金融体系协同发展[①]。虽然金融开放程度日益提高，但国有金融机构仍然主导着中国金融体系的发展，中国的金融现代化首先是国有金融机构的现代化。从发展中国家特别是经济转型国家的经济发展历史看，要想维护金融市场的自主发展、保障金融安全，保留相当数量的国有银行以确保对金融体系的控制力，即便不是唯一的至少也是最重要的手段。我国国有银行是执行国家相关政策的最重要主体，为实体经济的发展提供了金融保障，为金融体系的稳定和安全提供了支持。更进一步讲，国有企业在国有金融机构特别是国有银行支持下的快速发展，是社会主义市场经济的特色和重要优势，因此也是遭到一些国家忌惮甚至忌恨从而欲除之而后快的“制高点”。

第二，国有企业可以更主动地响应创新驱动发展战略，建设现代化经济体系应使国有企业的创新优势得到更充分释放。其一，就技术创新而言，资本的投机性与顺周期性较强，因而未必积极主动推进技术创新，而是会在一轮轮尽可能加速的投资中“赚快钱”——这也是虽然我国高新技术、高端装备制造等领域供给不足，但又有大量投机性资本以高新技术等名义“圈钱”的原因。在我国技术创新领域，除了大量的国有科研机构承担科学研究、基础技术创新等重要任务外，许多投资大、风险大而又具有战略意义的技术创新往往是由国有企业承担的。尤其是在与国际领先水平差距较大的高科技产业，特别是重大攻关的原始创新，打破国外垄断和封锁，需要的资金和人员投入大，对已有的技术能力、技术平台和技术人才队伍要求较高，同时往往面临巨大的风险和漫长的投资回报期。大多数非公有制企业要么缺乏技术创新的意愿，要么缺乏这种能力。[②]往往只有担负国家使命和社会责任的国有企业才有足够的意志力和执行力来实现。例如，经过长期艰苦奋斗，国有企业在载人航天探月工程、深海探测、高速铁路、特高压输变电、移动通信等领域取得了一批具有世界先进水平的重大科技创新成果，掌握了一大批关键核心技术。正因如此，许多国家都把带动经济和产业升级的厚望寄予国有企业。[③] 其二，在技术创新的基础上，生产组织形式创新也很重要，而这需要在集体性、累积性的组织学习过程中实现。这种学习过程不仅需要企业家的有力领导，更需要企业组织的不断学习和积累。在这方面，国有企业已经形成总体行之有效的管理和技术人才培养体系，不仅乐于而且善于培养人才。新中国成立以来，国有企业培养了几代优秀的管理和技术干部及产业工人，为我国的经济发展作出重要贡献。在改革开放后的一段时期，非公有制企业的大量管理和技术人才都来自国有企业。相当一部分非公有制企业反而在人才培养上面临更多困难。由于许多民营企业都带有家族企业的特点，随着第一代民营企业家逐渐到了退休年纪，能否产生真正能赋予企业以创新这个核心竞争力的人选是这些企业将面临的重大考验。此外，无论是对于技术创新还是生产组织创新，管理民

---

① 近年来，民营企业贷款难是一个热点话题，但其主要原因恐怕主要并不是所谓的所有制歧视，而是因为它们都往往是中小企业。而由于规模小、风险大，中小企业贷款难是一个在全球都普遍存在的问题。

② 当然，现在有许多民营企业也进入了高科技行业，但它们所从事的往往是集成已有的技术以开发和满足市场需求。也有部分实力强的企业开始进行一些更为基础和重要的技术创新，但这并不能否认国有企业的相关优势。

③ 具体参见：Dirk Meissner，David Sarpongb and Nicholas S. Vonortas，Introductiontothe SpecialIssueon “Innovation State Owned Enterprises：Implications for Technology Management and Industrialdevelopment”，Industry and Innovation，2019，Vol. 26，No. 2，121 - 126.

主和技术民主都是非常重要的，这在国有企业中往往更容易实现。与此相应，国有企业的职工往往更具主人翁意识，对企业更加认同，使企业文化更积极向上。国有企业的这些软环境往往也更加有利于创新。①

第三，现代化经济体系要求资源节约、环境友好的绿色发展体系，实现绿色循环低碳发展、人与自然和谐共生。在这方面，国有企业也有其独特优势。首先，一些企业绿色发展积极性不高，是因为环境污染和生态破坏是所谓的“外部性”，不体现在其财务报表上，利润由股东获得，成本却由社会承担。而绿色发展要求把污染治理和生态修复等“外部性”成本内化，会增加成本、减少利润。国有企业则少有这方面的考虑。特别是在中央已经高度重视绿色发展的背景下，长期积极响应中央号召的国有企业会有很强的动力和意愿主动践行绿色发展。其次，许多国有企业是行业中市场份额、盈利能力和技术水平都处在领先地位的龙头企业，具有落实绿色发展理念的实力，并能通过对绿色、循环、低碳技术的创新和率先应用，发挥示范效应，带动整个行业向着绿色产业体系转变。

（五）国有企业是走共同富裕道路的保障

建设现代化经济体系要求形成体现效率、促进公平的收入分配体系，实现收入分配合理、社会公平正义、全体人民共同富裕，推进基本公共服务均等化，逐步缩小收入分配差距。国有企业在这方面具有天生的优势。所有制是生产关系中起决定性作用的因素。决定了生产过程由谁支配及产品如何分配。因此，所有制格局决定了分配格局，决定了经济发展是走向共同富裕还是两极分化。正如习近平总书记指出的，“公有制主体地位不能动摇，国有经济主导作用不能动摇，这是保证我国各族人民共享发展成果的制度性保证。”要扎实保障广大民众尤其是处于弱势地位和社会边缘群体的利益，让建设现代化经济体系的红利惠及所有社会成员，离不开国有企业在调节收入分配方面的重要作用。要建设体现效率、促进公平的收入分配体系，逐步缩小收入分配差距，需要在初次分配和二次分配环节下足功夫。从最基础的初次分配环节看，国有企业往往更加重视劳动者创造的价值，给予劳动者应得的报酬，基层员工与企业高管都主要获取工资性收入，薪酬差异远小于私营或外资企业，既促进了公平，也体现了效率。需要指出的是，有媒体曾炒作国有企业员工收入是全社会收入差距扩大的原因，并以此论证国有企业加剧贫富分化，这是完全不符合事实的。虽然工资性收入也会导致收入差距，但财产性或者说资本性收入才是拉大收入差距的主要原因。理论和现实都表明，一个社会的公有制经济比重越高，贫富分化程度往往越低。从二次分配环节看，长期以来，我国国有企业在税收中的比重都远超其在国内生产总值中的比重。国有企业巨额的税收贡献极大地增加了国家财政收入，提高了国家进行二次分配的能力，特别是对于中西部地区和农村地

① 在这方面，也有非公有制企业做得不错的典型案例，例如华为公司。但华为可能更具有劳动者集体所有的特点，而不是典型的私营企业的特点。

区的各种转移支付，直接缩小了地区和城乡收入差距。事实上，西方资本主义国家因为国有企业比较少，因而初次分配后贫富差距都很大，主要靠二次分配来缩小收入差距，而这需要政府拥有很强的财政汲取能力，特别是税收能力。但高税收会打击富人和企业的积极性，某种意义上反而是为了公平牺牲了“效率”，更不用说在经济全球化条件下众多大型企业会通过在避税港注册等方式避税。从这个角度看，国有企业恰恰是兼顾效率和公平的上佳选择。此外，国有企业还积极参与扶贫和救灾工作，如以国家开发银行为代表的国有金融机构，多年来一直坚决落实党和政府打赢脱贫攻坚战的部署，推进开发性金融服务，在经济欠发达地区大力开展造血式扶贫，为全面建设小康社会提供了关键的金融保障。在抗震、抗洪及防控新冠肺炎疫情等应急救灾中，往往也是国有企业勇挑重担，积极主动提供资金、物资和人员，承担社会责任。因此，无论从何种意义上说，国有企业都是建设现代化经济体系中实现共同富裕的关键力量。

四、坚持深化国有企业改革，助力建设现代化经济体系

我国能够在70余年的时间里迎来从站起来、富起来到强起来的飞跃，离不开国有企业的贡献。毋庸讳言，我国国有企业还存在许多问题，需进一步深化改革，以更好地助力建设现代化经济体系。

（一）强化顶层设计，为深化国有企业改革保驾护航

中国特色社会主义进入新时代以来，国有企业改革已由改革开放初期的自下而上“摸着石头过河”，演变为自上而下并以顶层设计推动的改革。国有企业特别是商业类国有企业作为独立主体参与市场竞争，必然受到资本逻辑的影响，但上层建筑对经济基础也会有反作用，因此，建设现代化经济体系，进一步深化国有企业改革，应当强化顶层设计，通过科学的改革方法论和建立健全相关法律制度，确保国有企业改革的正确方向。特别是要将国有企业改革置于中国特色社会主义制度体系的框架下，通过强化国有企业法律体系、改革国有资产监督管理体制和国有企业投资融资体制等规范国有企业改革，优化国有企业治理，深度融入社会主义市场经济体制。

（二）加强党建和党的领导，强化国有企业独特优势

“坚持党的领导、加强党的建设，是我国国有企业的光荣传统，是国有企业的‘根’和‘魂’，是我国国有企业的独特优势。”加强党对国有企业的领导，关键是在制度上使党的领导融入企业治理结构中，发挥好党对国有企业的政治领导、思想领导和组织领导，在制度上明确党建工作、基层党组织与企业发展的关系，并注重通过党建培养

企业治理人才，进而带动国有企业治理现代化。

（三）更加突出国有企业公有制性质，克服资本逻辑的弊端

国有企业作为社会主义市场经济中的经济主体和社会主义的制度安排，天然具有社会责任的目标和要求。近年来，国有企业改革取得了很大成绩，国有经济活力、控制力、影响力、抗风险能力大为加强，但也在一定程度和一定范围内伴随着公有制特点弱化的迹象。随着混合所有制改革的推进，盈利指标的重要性越来越突出，国有资本的"资本"特性变得明显，资本逻辑在相当程度上作用越来越大。在社会主义市场经济中，国有企业特别是商业类国有企业当然也要盈利，但必须在制度设计上规范商业类和公益类国有企业的企业治理，在考核经营业绩指标和国有资产保值增值情况时，须将国有企业的社会责任及相应的社会评价纳入标准。总之，基于现代化经济体系的社会主义性质，只有做强做优做大国有企业，才能建成现代化经济体系。国有企业的规模、性质、使命和功能，决定了其在现代化经济体系建设中不可替代的战略性主导地位。应当坚持科学的国有企业改革方法论，加强顶层设计及党对国有企业的领导和党的建设，突出国有企业的公有制性质，才能更好地实现建设现代化经济体系的目标。

参考文献

[1]《马克思恩格斯文集》（第2卷），人民出版社2009年版。

[2]《习近平谈治国理政》（第1卷），外文出版社2014年版。

[3]《习近平谈治国理政》（第2卷），外文出版社2017年版。

[4]《习近平关于全面建成小康社会论述摘编》，中央文献出版社2016年版。

[5]《深刻认识建设现代化经济体系重要性　推动我国经济发展焕发新活力迈上新台阶》，载《人民日报》2018年2月1日。

[6]裴长洪：《中国公有制主体地位的量化估算及其发展趋势》，载《中国社会科学》2014年第1期。

[7]王朝科、谢富胜：《建设现代化经济体系——基于政治经济学视角的研究》，载《内蒙古社会科学》（汉文版）2019年第5期。

资本逻辑主导的城市空间生产研究*

邰丽华　李　梦**

摘要：随着资本主义城市化进程的深入，城市空间本身逐渐成为生产要素的重要组成部分，不得不接受资本逻辑的操纵与控制；以追求利润最大化为目标的城市空间生产是缓解周期性经济危机的冲击，实现资本主义制度合法化并谋求其永恒发展的一种新形式，具有历史的必然性和现实的可能性；西方资本主义国家的城市化进程，伴随着旧城市空间的升级改造与新城市空间的不断拓展，必然出现资本逻辑与自然逻辑以及资本逻辑与劳动逻辑的双重对抗；资本逻辑主导下的城市空间生产，在资本主义的起源与发展过程中曾发挥了非常重要的积极作用。但是，城市空间生产无法从根本上清除资本主义的痼疾，无法成为摆脱资本主义灭亡宿命的有效手段。

关键词：资本逻辑　城市空间生产　资本主义　不可持续

一、引　言

关于资本主义的产生、发展、演化及其未来走向的研究包含时间和空间两个维度。时间维度的研究主要包括对资本主义从产生和发展到衰落和消亡的纵向历时性研究，空间维度的研究主要指对资本主义在全球范围内进行地理扩张的横向共时性研究。马克思和恩格斯在《资本论》《共产党宣言》等文献中对有关人类社会发展规律的探索及“两个必然”的理论论述，是关于通过时间推移消灭资本空间限制的经典表达，也是当下研究资本主义制度和资本主义生产方式的重要方向。但是，当代资本主义的发展过程中，投资过剩、消费不足、就业压力、社会冲突等问题日益严峻，频繁发生的经济危机已经成为资本主义社会长期挥之不去的梦魇。因此，除了从时间维度探寻资本主义经济和社会危机的解决办法之外，还必须关注资本的空间维度。通过资本的空间生产和扩张，不仅可以寻找或创造新的投资空间来缓解资本积累和资本主义扩大再生产的压力，还可以利用新的消费空间消减商品和劳动力人口过剩的现象。在资本主义不断扩张的背景下，全球范围内的空间生产服从和服务于资本追求无限度增殖的根本目标，资本的空间生产

* 本文是北京市习近平新时代中国特色社会主义思想研究中心及北京高校中国特色社会主义理论研究协同创新中心（中国政法大学）的阶段性成果。

** 邰丽华，中国政法大学教授；李梦，中国政法大学国外马克思主义研究专业硕士生。

越来越成为资本主义制度实现自身合法化并谋求持续发展的重要手段。城市作为空间生产的基本领域，集中体现了资本逻辑在空间生产中的主导性和排他性。本文聚焦资本逻辑与城市空间生产，分析了资本逻辑主导城市空间生产的可能性和必然性，以及城市空间生产受资本逻辑驱动的现实表现和危害性后果；强调在资本主义的城市空间生产过程中，存在着资本逻辑与自然逻辑以及资本逻辑与劳动逻辑的双重对抗；说明通过城市空间生产摆脱资本主义的经济和社会危机，并谋求资本主义制度永恒化的企图注定落空。

二、资本逻辑主导城市空间生产的缘由

资本逻辑是资本运动必然趋势和内在规律的具体表现，反映了资本逐利性的基本特质。在资本逻辑的主导下，资本成为“支配社会资源的流动，分配社会财富，组织社会的扩大再生产”① 并不断实现价值增殖的主要驱动力量。资本向空间化发展道路的迈进，是资本逻辑主导的必然结果。其中城市空间是资本要素最为集中和最为活跃的领域，一方面作为资本主义生产活动的重要载体，使资本的空间化生产成为可能；另一方面城市空间本身作为资本主义生产活动的重要内容，使资本的空间化发展成为必然。

1. 资本逻辑主导城市空间生产的历史必然性

在工业革命的推动下，现代意义上的城市逐步产生并发展壮大，它肩负着资本追求价值增殖的根本任务。城市的空间生产既能够通过资本扩张实现利润最大化的根本目标，又能够成为摆脱已有经济危机的重要工具，“资本已经将空间转化为一种根本的增值手段，资本通过占有空间以及将空间整合进资本主义的逻辑而得以维持与延续，换言之，空间是资本自身发展逻辑的必然结果”。②

首先，资本的空间属性决定了城市空间生产的扩张性。

资本只有通过不断运动才能实现保值和增殖的根本目的。资本运动包含时间和空间两个维度。从时间的维度考察资本运动，必须分析资本在各种不同职能形态之间的循环，包括货币资本、生产资本和商品资本的循环；从空间的维度考察资本运动，就要研究资本在不同部门和不同地域之间以扩大的社会分工为前提的横向空间转移。③ 纵观资本主义商品经济发展的漫长历史，无论是单一的商品生产还是商品的分配、交换和消费，无论是商品价值的创造还是价值的实现，空间的生产构成资本追求利润最大化的客观基础和重要前提，空间属性成为资本与生俱来的内在品质。“资本的伟大本能就是要

① 鲁品越：《资本逻辑与当代现实——经济发展观的哲学沉思》，上海财经大学出版社 2006 年版，第 13 页。
② 宋宪萍、孙茂竹：《资本逻辑视阈中的全球性空间生产研究》，载《马克思主义研究》2012 年第 6 期。
③ 李春敏：《资本积累的全球化与空间的生产》，载《教学与研究》2010 年第 6 期。

穿透各种空间障碍……不断地寻找新的地盘，不断地将非资本领域资本化。空间就是在这样的资本和贸易的力量下得以重新铸造和组织。空间自身的固有屏障在资本的流动本能之下崩溃了。”① 资本通过连续运动进行空间生产的本能，不仅表现为全球范围内的地理扩张，同时也表现为现有城市空间的横向扩张、纵向重构以及新的城市空间的生产。资本的空间属性决定了城市空间生产的扩张性。

其次，资本的增殖属性决定了城市空间生产的资本化。

资本主义生产方式的确立推动了生产力的快速发展，加剧了城乡分离的趋势，客观上促进了资本主义国家的城市化。在工业革命的推动下，现代意义的城市逐渐产生并发展壮大，成为资本主义庞大运转机器中的重要环节，负载着追求价值和价值增殖的重任。作为资本榨取剩余价值的重要领域，城市空间本身与劳动者、劳动资料和劳动对象等生产要素一样，同时构成资本的重要组成部分，早已被纳入资本主义的生产体系中。城市空间生产的资本化，通过对旧城市空间的更新升级和新城市空间的拓展再造，以及对家庭住宅、办公用房、铁路公路、城市公交和地铁等基础设施的大规模投资，能够有效吸收过剩的资本和劳动力，创造出更多的生产和消费需求。城市空间生产资本化的程度越高，对生产资料和生活资料的需求越大，创造新的投资领域和就业机会越多，满足资本的增殖属性和缓解资本主义经济危机的能力就越强。另一方面，城市空间生产资本化的过程，也是资本主义生产方式不断扩张的过程。随着资本逻辑主导的全球城市化进程的快速推进，资本主义生产关系的触角也延伸到世界各个角落，减弱或转移资本主义经济和社会危机的城市空间将进一步增大。此外，大量工人聚居在资本主义城市中，罢工和游行示威等社会运动频发，严重影响了资本主义制度的稳定。因此，为了保证资本增殖逻辑的连续性，保障资本家阶级的优势地位，有效和及时地应对资本主义的危机，谋求资本主义持续和永恒的发展，城市空间生产必然要置于资本逻辑的主导和支配之下。

2. 资本逻辑主导城市空间生产的现实可能性

根据上文的分析我们不难发现，资本的增殖属性、资本的空间属性以及出于摆脱资本主义经济社会危机的需要，使资本逻辑主导城市空间生产具有历史必然性。但与此同时，资本主义的土地私有制度和资本主义城市空间使用权的竞争，则为资本逻辑主导城市空间生产提供了现实可能性。

首先，资本主义土地私有制是资本逻辑主导城市空间生产的重要前提。

资本增殖的逻辑植根于资本主义生产资料私有制的土壤之中，其中土地私有制度为资本逻辑进入和主导城市空间生产创造了前提条件。在资本主义城市化进程的早期，工业资本主义击垮了自给自足的乡村农业经济，消解了乡村原有的土地所有制结构，确立了资本主义土地私有制在乡村的垄断地位。资本主义土地私有制一方面造成了乡村地区

① 汪民安：《空间生产的政治经济学》，载《国外理论动态》2006年第1期。

的人地分离，农业劳动者失去了世世代代赖以谋生的土地等基本生产资料的所有权，成为劳动力市场中任凭资本宰割的对象。另外，资本占有和支配了乡村地区广阔的土地和空间，成为资本主义开展大规模城市化的空间基础。

在资本主义城市化的过程中，资本首先利用其对土地私有权和经营权的垄断，对原有的乡村进行大规模的空间生产和城市化改造。在乡村基础上发展而来的城市空间，同样受制于资本逻辑的操纵。具体而言，在资本主义土地私有制的条件下，由于少数资本家或土地所有者阶级占有、使用、处分和收益城市的土地或空间，劳动者阶级只是以创造剩余价值为前提享有对城市空间有限的使用权或经营权。一旦土地所有者发现更有利的牟利途径，就会立刻回收土地和空间的使用权。相较于劳动者，资本拥有巨大的购买力，资本家可以通过重金购买或租赁等方式将城市核心地域收归己有，实现城市空间的规模化生产。可见，资本主义土地私有制保证了资本在城市空间生产中的绝对优势地位，为资本逻辑主导城市空间生产奠定了前提。

其次，城市空间使用权的竞争为资本逻辑主导城市空间生产创造了条件。

随着资本主义城市化进程的不断深入，一方面由于空间资源的稀缺性导致城市空间供给的不断减少，另一方面由于资本的逐利性导致对城市空间的需求越来越多。城市空间供给与需求之间的矛盾日渐突出，资本家和普通民众对城市空间使用权的竞争急剧激化。在资本主义私有制的条件下，土地所有者按照利益最大化原则出售出租土地和空间的所有权或使用权，资本家由于能够承担较高的地价或租金，往往在竞争中处于有利地位，逐渐成为城市中心土地和空间的所有者或实际占有者。与此同时，“生产资料越是大量集中，工人就相应地越要聚集在同一个空间，因此，资本主义的积累越迅速，工人的居住状况就越悲惨。”早在150多年前，马克思曾经描绘过资本主义城市空间生产的具体途径及其严重后果：“随着财富的增长而实行的城市‘改良’是通过下列方法进行的：拆除建筑低劣地区的房屋，建造供银行和百货商店等等用的高楼大厦，为交易往来和豪华马车而加宽的街道，修建铁轨马车路”等。马克思一针见血地指出，资本主义的城市空间生产实质上就是“明目张胆地把贫民赶到越来越坏、越来越挤的角落里去。”①

在当今资本主义的城市空间生产过程中，排挤普通民众的剧目仍然在日复一日地上演。社会大众的居住面积狭小，生存环境拥挤，或者迫于高房价或高租金的压力而不得不搬迁至城市的外围或郊区的现象，已经司空见惯。此外，资本主义城市空间使用权的竞争不仅仅局限于资本家和普通民众之间，资本内部关于城市空间使用权的竞争同样激烈。而城市“空间体系内的竞争往往是一种垄断竞争……土地私有制从根本上带来了某种垄断权力”。② 其中商业资本、工业资本、金融资本等各类资本对城市优质空间使用权的相互竞争，加剧了城市空间的垄断，强化了城市空间生产的资本化，巩固了资本逻辑对城市空间生产的主导地位。

---

① 《马克思恩格斯文集》（第5卷），人民出版社2009年版，第757～758页。
② ［英］大卫·哈维：《新帝国主义》，初立忠等译，社会科学文献出版社2009年版，第79页。

三、资本逻辑对城市空间的改造与重塑

城市空间生产是资本积累的重要途径，是资本主义生产正常开展的空间基础。在资本追求价值和价值增殖的内在动力与资本家之间相互竞争的外在压力之下，资本主义只有不断地创造出新的城市空间，才能满足资本扩张的需要。资本逻辑主导的城市空间改造与重塑，主要表现为以下三个方面：

1. 由“空间中物的生产”转化为“空间本身的生产”

所谓“空间中物的生产”，是指资本主义的生产活动必须依赖一定的地理空间，包括住房、厂房、道路交通等基础设施。而且，随着资本主义的发展，铁路工程、工厂、矿山等部门的大规模扩展，它们所占据的地理空间就越大，城市的空间规模必然随之扩大。城市空间的横向拓展引起城市规模的不断扩张，是资本主义城市化早期的突出特点。“资本的逻辑通过借助空间从而使自身转变为现实的社会存在”，[①] 利用一定的城市空间大量生产商品，创造更多的价值和剩余价值，是资本主义基本经济规律的本质要求。

随着城市化进程的不断深入，资本主义城市空间生产的重点逐渐由“空间中物的生产”转向“空间本身的生产”，即不再满足于基于一定的物理空间开展生产活动，而是把物理空间本身当作生产的对象，将“土地、地底、空中，甚至光线，都纳入了生产力与产物之中。都市结构挟其沟通与交换的多重网络，成为生产工具的一部分。城市及其各种设施（港口、火车站等）乃是资本的一部分”。[②] 城市空间本身作为一种新型的特殊商品被生产和再生产，并参与到分配、交换和消费的全过程。资本主义的空间生产本身，除了包括海陆空领域以外，还包括对地下空间资源的争夺。另外，在资本逻辑的主导下，城市的空间生产不仅仅局限于实体经济领域，其外延早已经拓展到非实体经济部门，城市空间生产的金融化势头猛增。总之，资本主义城市空间生产由横向扩张演变为纵深发展，呈现出全方位、立体化和虚拟化的特点，是资本主义制度得以延续的重要保证。

2. 多核心城市空间布局和区域城市群的兴起

资本主义城市化的早期阶段，生产活动是城市的一项重要功能。为了缩短时间成本，加快资本的周转速度，创造更多的价值和剩余价值，生产资料和劳动力等生产要素高度聚集在城市中。“城市发展的核心动力是建立在工业文明基础上的资本主义生产方

---

① 张梧：《资本空间化与空间资本化》，载《中国人民大学学报》2017年第1期。

② ［法］亨利·列斐伏尔：《空间：社会产物与使用价值》，王志弘译，《西方都市文化研究读本》（第3卷），广西师范大学出版社2008年版，第26页。

式，资产阶级成为城市化的主导和主体力量，它造就的正是一个资本主义城市体系……城市的规划是工业无政府主义的，城市空间在私人资本的支配下随心所欲地瓜分。”① 城市作为新生事物兴起之初，通常以生产活动为中心进行空间布局，劳动者往往居住和生活在工厂的周围。当时的城市结构单一，城市功能不健全，不同城市之间的界线较为清晰。

城市空间生产的高度集聚是资本主义城市化早期的突出特征。随着城市化进展到中后期，在去工业化、信息化和郊区化浪潮的影响下，城市作为生产中心的作用逐渐减弱，城市空间布局日趋分散。在城市内部，由于空间规模的不断扩张和人口的急剧膨胀，空间布局呈现出总体分散与小规模聚集并存的趋势，多核心城市布局逐渐兴起。另外，由于人才和资本的流动、产业转移以及空间扩张等因素的共同作用，城市周边的村落和农田空间不断被吞噬，不同城市之间的联系越来越紧密，彼此的边界越来越模糊。区域城市群的发展，使得不同城市的功能得到互补，为过剩资本提供了更有利的投资领域和投资场所，资本逻辑得以在更大的空间和更广的范围内占据主导地位。

3. 旧城市空间不断改造与新城市空间日渐拓展同时并存

随着资本主义城市空间生产的不断深入，固定在城市中的老旧建筑以及城市历史传承下来的空间布局阻碍了资本的逐利性目标。因此，改造旧城市空间以适应资本的增殖逻辑成为必然选择。资本主义国家通过改造旧的城市空间，将原有的生产生活模式逐步纳入资本主义体系中。由资本逻辑主导下的旧城市空间改造，加速了资本主义生产方式的空间扩张，成为巩固资本主义制度的有力手段。

在改造旧城市空间的同时，资本主义国家利用围海造陆、填湖建城、农业用地转商业用地等方式不断生产出新的城市空间，为资本主义生产的顺利进行创造更大的空间范围。新的城市空间生产，既有助于资本借助时间推移消灭空间距离，扩大市场，还可以通过增加固定资本投资等手段，吸收过剩资本，解决就业压力，缓解经济危机的影响和冲击。旧城市空间的持续改造与新城市空间的日渐拓展同时进行，二者相互影响、彼此渗透，成为当代资本主义城市空间生产的典型特征。

四、资本逻辑主导城市空间生产的现实危害

纵观资本主义城市化的整个历史，资本逻辑对城市空间生产表现出“顺应”与“僭越”的双重面孔：一方面，资本逻辑顺应并促进了城市空间的生产和重构，在资本主义城市化进程中发挥了积极的促进作用；另一方面，资本增殖的本性导致资本对城市空间生产的僭越，资本逻辑凌驾于自然逻辑和劳动逻辑之上，资本主导和控制城市空间

① 孙江：《“空间生产”——从马克思到当代》，人民出版社 2008 年版，第 20 页。

生产的趋势日渐明显，资本逻辑在空间生产中的排他性不断增强，与自然逻辑和劳动逻辑形成激烈对抗。城市空间“成为创新和维护不平等、不公正的一部分，成为经济剥削、文化统治以及个人压迫的一部分”。[①] 资本主义的各种矛盾在城市空间中不断突显和激化，给资本主义体系带来严峻挑战。

1. 资本逻辑与自然逻辑的对抗导致城市生态问题日益严重

资本主义生产的发展和财富的积累，一直是以土地、矿产、森林、湖泊等自然资源的消耗和浪费为代价。资本逻辑主导的城市空间生产，自然资源始终受到资本的奴役与控制。自然逻辑的被动性和资本逻辑的主动性，导致城市生态环境的恶化，城市的同质化发展也给城市生态带来负面影响。

首先，城市生态环境恶化是资本逻辑与自然逻辑对抗的突出表现。

马克思在《资本论》中指出，生产力的决定因素除了工人的劳动熟练程度、科学技术的发展水平及其应用以外，还包括生产资料的规模、效能和自然条件。他认为，同劳动生产力密切相关的这些自然条件“可以归结为人本身的自然（如人种等）和人的周围的自然”两部分，其中后者主要是指肥沃程度不同的土地、能够通航的河流以及瀑布、森林、金属和煤矿等。古埃及和印度等地产业发展的历史充分说明，“社会地控制自然力，从而节约地利用自然力，用人力兴建大规模的工程占有或驯服自然力”在历史上发挥着非常重要的作用。马克思强调，“资本主义生产方式以人对自然的支配为前提”，[②] 但是，人对自然的支配不是无节制的。人类社会进入到资本主义时代，以追求价值和剩余价值为目标的生产活动，同样离不开对土地、河流、山川、森林、矿藏等自然资源的大量消耗，浪费、滥用、掠夺甚至破坏自然环境的现象屡见不鲜，其中城市的空间资源、自然资源和生态环境亦不能幸免。“资本主义生产使它汇集在各大中心的城市人口越来越占优势，这样一来，它一方面聚集着社会的历史动力，另一方面又破坏着人和土地之间的物质变化，也就是使人以衣食形式消费掉的土地的组成部分不能回归土地，从而破坏土地持久肥力的永恒的自然条件。”[③]

以追求利润最大化为目标开展的资本主义生产，既忽视城市环境的承载能力，又过度消耗或破坏城市的生态资源，同时不断破坏城市生态的多样性。资本主义工业化以来的人类世界，钢筋、混凝土结构的道路和房屋林立，水资源和土地资源被纳入资本主义的框架之中，城市绿化植被和市民休憩空间被挤压用于盈利活动，大量生产和生活污水横流，垃圾和有害气体无节制排放，空气、水资源和光污染等现象的频繁爆发，敲响了以牺牲自然资源、生态环境以及人的生存空间为代价的资本主义发展模式的警钟。近些年来，发达资本主义国家逐渐认识到杀鸡取卵、竭泽而渔发展模式的不可持续性，他们

---

① ［美］爱德华·索亚：《后大都市：城市和区域的批判性研究》，李钧译，上海教育出版社2006年版，第371页。

② 《马克思恩格斯文集》（第5卷），人民出版社2009年版，第586、587～588、587页。

③ 《马克思恩格斯文集》（第5卷），人民出版社2009年版，第579页。

有意识地通过推进产业升级改造、制定法律法规等手段保护自然环境，节约自然资源，改善生存空间，取得了一定的成效。但是，发达国家城市生态环境的好转与发展中国家城市生态环境的恶化是同一的，无法截然分开。一方面，由于人口众多，经济发展水平低下，城市化进展落后，在资本逻辑的主导和支配下，许多落后国家和地区纷纷效仿发达国家也走上了先污染后治理的老路；另一方面，随着发达国家将高污染和高能耗的产业转移到发展中国家和落后地区，客观上也造成了生态环境问题的全球化扩张。一旦资本突破自然和生态的底线，资本增殖的逻辑就走进了死胡同，资本的循环也必然被打断，资本主义的持续发展将面临巨大挑战。

其次，城市的同质化发展是资本逻辑与自然逻辑对抗的又一表现。

随着资本主义生产方式在全球范围内的扩张，不同地区和城市被纳入资本主义的发展轨道，资本主义的城市形态也被不断复制，城市同质化发展的状况愈加明显。“工业时代的时间和空间，在过去和现在，都在追求着均质性、同一性和强制的连续性”。① 在空间资本化的过程中，城市空间转化为商品，成为资本的一部分，城市空间交换价值的重要性远远超过城市空间的使用价值，以城市生态和历史多样性为基础的自然逻辑被资本逻辑取代，城市和城市空间成为资本主义生产流水线的批量产品。不同城市间的历史差异被抹除，一座座外观相似、功能相近、作用相仿的城市拔地而起。“通过冲破一个社会与另一个社会之间的边界，资本主义生产统一了空间。这一统一同时也是庸俗化的扩展和集中的过程。”②

不同城市的同质化发展消除了城市空间的差异性和多样性，有助于打破不同地域的空间壁垒，为资本、劳动力和商品的流动提供更为便捷的条件，最大限度地满足资本不断扩大的空间需求。但是，由于这些城市长期以来的同质化发展，它们为争夺有限的人力、物力、财力和稀缺的城市空间资源，必将展开持续而激烈的竞争。从短期来看，同质化城市之间的竞争有利于资本选择最佳的投资地点和投资领域，实现资本收益的最大化。但是，从长期来看，同质化的城市竞争将制约资本投资的选择范围。而且，同质化城市之间的恶性竞争加剧了资源浪费和生产过剩，有可能在全球范围内引发城市的生态危机和经济危机，进一步限制了资本的增殖逻辑，给资本主义的未来发展带来致命冲击。

2. 资本逻辑与劳动逻辑的对抗导致城市经济社会危机四伏

资本的逻辑在于如何压缩劳动力成本，最大限度地榨取剩余价值；劳动的逻辑在于如何获得更多的劳动力价值以保证劳动力的生存和发展。资本逻辑与劳动逻辑的冲突与对抗，在城市空间生产中表现得更为集中和激烈。

首先，城市公共消费品的供求矛盾是资本逻辑对抗劳动逻辑的真实写照。

马克思指出，资本主义生产的唯一目的和动机是为了获得商品的价值和价值增殖，

① ［法］亨利·列斐伏尔：《空间与政治》，李春译，上海人民出版社 2008 年版，第 71 页。
② ［法］居伊·德波：《景观社会》，王昭凤译，南京大学出版社 2006 年版，第 77 页。

而消费者需求的对象则是商品的使用价值。资本主义的生产与消费或者供给与需求之间一直存在着尖锐的矛盾，一方面，现有商品在数量或结构上由于无法满足消费者的实际需求而可能面临滞销的局面；另一方面，消费者真正需求的商品由于不能满足剩余价值规律无法生产而出现短缺的问题。闲置的高档住宅区与拥挤的普通住宅区、空旷的高尔夫场地与逼仄的贫民区、占地巨大的购物中心与不断缩水的城市绿地等现象，是城市公共消费品供求矛盾的典型例证。总之，当代资本主义的条件下，生产与消费的冲突或者供给与需求脱节的冲突愈演愈烈，满足劳动力生产和再生产所需消费品的供给危机越来越严重。

随着资本主义的发展，个人消费日益转变为社会化的集体消费，城市劳动者对公共消费品的依赖程度越来越高，公共消费品的供给则越来越影响到资本主义城市的发展与稳定。由于投资大、周期长、利润少或者负收益的事实，私人资本缺乏经营公共消费品的主动性和积极性，城市公共消费品的生产主要依靠政府的财政支出。当公共消费品的供给数量增加，维持劳动力生产与再生产的生活资料价值就会降低，劳动力的价值随之相应减少。这种情况有利于私人资本削减劳动力成本和增加利润。另外，政府从满足城市需求的角度对公共消费品采取的社会购买行为，又可以为私人资本创造出新的投资机会。因此，在公共消费品的供给领域，私人资本往往获利最大。但是，一旦政府由于财政危机不得不削减公共消费品开支，公共消费品的供给数量与质量将难以满足城市快速增长的人口对生产资料和生活资料的需求之际，如城市普通住宅紧缺，交通拥堵，教育、医疗和卫生资源短缺等问题，对普通消费者带来的冲击远远大于资本所有者。资本逻辑主导下的城市空间生产，公共消费品的供给与需求的矛盾难以调和，突出地体现了资本逻辑与劳动逻辑的激烈对抗。

其次，对劳动者空间剥夺的加剧是资本逻辑对抗劳动逻辑的现实反映。

马克思认为，资本主义生产方式的前提是劳动者与劳动条件的分离，而对“农业生产者即农民的土地的剥夺，形成全部过程的基础”。[①] 把农民从土地上强行赶走、摧毁他们的住房和生产设施、盗窃教会地产以及公有土地或国有地等作法，在英国的资本主义发展初期只是表现为个人的暴行，与当时的法律规定相违背。但是，从15世纪初直到16世纪，经过150余年的立法斗争仍然未能成功阻止对农村土地的剥夺，到了18世纪，国家法律和政策措施却演变成掠夺人民土地的重要工具。资本主义的城市化以及资本逻辑主导下的城市空间生产，一方面表现为暴力剥夺农民的生产和生活空间，其间既非自愿也没有任何经济补偿，还通过血腥立法限制乞讨流浪，从而为“城市工业造成了不受法律保护的无产阶级的必要供给。”另一方面则为“资本主义农业夺得了地盘，使土地与资本合并”。对于土地所有者、房主和实业家们来说，当他们的财产由于修建铁路、翻新街道、扩充厂房而被征用时，不仅可以得到足额赔偿，还能够获得大笔利润。因此，正视“地租和利润的过多同人民的过于贫困有某种联系”，[②] 实际上就是承认资

① 《马克思恩格斯文集》（第5卷），人民出版社2009年版，第832页。
② 《马克思恩格斯文集》（第5卷），人民出版社2009年版，第823、842、817页。

本逻辑与劳动逻辑的冲突与对抗。

资本逻辑与劳动逻辑的对抗在城市中表现得更为激烈。相较于农村劳动者，城市居民在资本主义城市空间生产中遭受着双重剥削：在直接生产领域，资本家以延长劳动时间、提高劳动强度等方式榨取剩余价值；在劳动力再生产领域，劳动者购买或租赁房屋时还会受到来自土地或房屋所有者的剥削。由于无力负担超过自身承受能力的价格，劳动者不得不缩小住房面积或者迁往偏僻地区，他们的生存空间不断被挤压和蚕食。城市空间的资本化程度越高，对劳动者生存空间的剥夺就越强烈。而“那些有权利支配和制造空间的人就拥有了再生产和提高他们自身力量的关键工具”,[①] 他们利用商业开发、城市规划、提高租金等手段，逐渐将富人或上层阶级聚集在城市的核心区域，将贫困人口和底层劳动者集中到城市边缘或环境恶劣的低租金地区，在城市中人为地形成富人区与贫民区的相互隔离。在贫困人口聚集区，不仅劳动者本人的生活境遇和工作环境不能尽如人意，他们的子女由于缺少平等的教育机会，没有良好的成长环境，往往造成贫困的代际传递。资本逻辑主导下的城市空间生产是对城市空间的重新调整与再分配，同时也是资本对劳动者进行空间剥夺的过程。对于富人或上层阶级来说，城市空间生产是他们通过占有空间获得社会财富的重要途径与形式；对于广大劳动者来说，城市空间生产成为社会财富被剥夺、空间被侵占的渠道与手段。因此，资本城市化必然导致穷人更穷、富人更富，最终贫穷不断地集中，城市走向空间和财富的双重两极分化。

五、主要结论

在资本逻辑的驱使下，资本主义不断寻找或创造新的投资场所、消费领域和就业机会，城市空间生产一度成为减少生产过剩、缓解经济危机、巩固资本主义制度、维持资本主义持续发展的最佳途径。但是，由于城市空间的有限性与资本主义扩张的无限性之间的矛盾日益突出，资本逻辑与自然逻辑以及资本逻辑与劳动逻辑出现双重对抗的矛盾愈演愈烈，资本主义城市的经济、社会和生态危机越来越严重。在资本主义国家的内部，由资本逻辑主导的城市空间生产，不仅不能彻底消除资本主义危机的制度性根源，资本主义生产资料私有制与生产社会化之间的矛盾反而呈现日益加剧之势；在全世界的范围内，资本逻辑主导的城市空间生产不断向广度和深度进军，一旦本国的空间资源开发和消耗殆尽，发达资本主义国家为了抢占有限的空间资源，将大量过剩资本输出到经济欠发达国家和落后地区，它们之间的竞争日趋激烈，贸易战、货币战、地缘政治斗争以致军事对抗的风险越积越多，整个资本主义世界长期笼罩于危机和冲突的阴影之下。随着危机影响范围的扩大、作用后果的加深、持续性的加剧，资本终于迎来了自然和历史的双重限制。“当这些限制在资本发展到一定阶段时，会使人们认识到资本本身就是

① ［英］大卫·哈维：《贯穿于城市化过程中的弹性积累：对美国城市中“后现代主义”的反思》，胡大平译，《西方都市文化研究读本》（第3卷），广西师范大学出版社2008年版，第308页。

这种趋势的最大限制，因而驱使人们利用资本本身来消灭资本。”① 可见，在资本逻辑的主导下，资本主义的城市空间生产仍然无法成为彻底摆脱资本主义经济危机，实现资本主义永续发展的有效手段。

参考文献

[1]《马克思恩格斯文集》（第 5、第 8 卷），人民出版社 2009 年版。

[2] [美] 爱德华·索亚：《后大都市：城市和区域的批判性研究》，李钧译，上海教育出版社 2006 年版。

[3] [英] 大卫·哈维：《贯穿于城市化过程中的弹性积累：对美国城市中“后现代主义”的反思》，胡大平译，《西方都市文化研究读本》（第三卷），广西师范大学出版社 2008 年版。

[4] [英] 大卫·哈维：《新帝国主义》，初立忠等译，社会科学文献出版社 2009 年版。

[5] [法] 亨利·列斐伏尔：《空间：社会产物与使用价值》，王志弘译，《西方都市文化研究读本》（第三卷），广西师范大学出版社 2008 年版。

[6] [法] 亨利·列斐伏尔：《空间与政治》，李春译，上海人民出版社 2008 年版。

[7] [法] 居伊·德波：《景观社会》，王昭凤译，南京大学出版社 2006 年版。

[8] 鲁品越：《资本逻辑与当代现实——经济发展观的哲学沉思》，上海财经大学出版社 2006 年版。

[9] 孙江：《“空间生产”——从马克思到当代》，人民出版社 2008 年版。

[10] 李春敏：《资本积累的全球化与空间的生产》，载《教学与研究》2010 年第 6 期。

[11] 宋宪萍、孙茂竹：《资本逻辑视阈中的全球性空间生产研究》，载《马克思主义研究》2012 年第 6 期。

[12] 汪民安：《空间生产的政治经济学》，载《国外理论动态》2006 年第 1 期。

[13] 张梧：《资本空间化与空间资本化》，载《中国人民大学学报》2017 年第 1 期。

---

① 《马克思恩格斯文集》（第 8 卷），人民出版社 2009 年版，第 91 页。

什么是等价补偿

——兼论公平和时间成本

贺大兴*

摘要： 本文借助现代经济学中的生产与资本积累模型，从劳动价值论的角度研究了资本的公平回报问题。通过对劳动过程逆向递归的方式，发现所有产品都是过去物化劳动和当期活劳动共同作用的结果，证明了马克思“劳动产品是商品体唯一共同属性”的论断。进一步发现，在社会必要劳动时间是衡量价值唯一标准的前提下，如果以等量劳动偿还等量劳动、等量劳动获得等量工资为“等价补偿”的实现形式，能够较好地解决资本的公平回报问题。即如果社会生产率不断进步，预付不变资本可能获得大于其初始投入的货币补偿，即资本获得正的利息回报。反之，如果社会生产率遇到较大的负向冲击，资本的实际回报率可能为负。

关键词： 劳动价值论　时间价值　利息理论　收入分配

一、引　　言

如何在资本和劳动之间公平分配，一直是经济学关注的重大问题。经典马克思主义认为，活劳动是创造价值的唯一因素，资本或物化劳动只是价值转移的载体①，因此，生产出新的商品后，只需“等价”补偿预付资本投入即可，余下的价值应该完全归工人所有。否则，便会出现“资本剥削劳动”。

毫无疑问，在承认商品的共同属性是劳动产品的前提下，等价补偿预付资本是保证公平分配的唯一选择。但这种分配要求在现实中似乎比较“苛刻”。在生活中，把资本借给其他人使用时，我们会关注偿还时间。如果时间较长，我们一般会要求借款者支付一定的利息，以弥补让渡资本使用权的时间成本。补偿时间成本是当代利息理论的重要基础。

劳动价值论和利息理论似乎存在不可调和的矛盾。若承认劳动价值论，必须“等价”补偿预付资本，才能消灭剥削。而一旦否认利息，则意味着任何时间点上的等量资本具有等量的价值，那么借款人必然会将还款期限拖延。一旦如此，借贷便不存在，经济运转缺乏效率。两者的冲突使得研究者处于非常尴尬的位置：要么放弃劳动价值论，

* 贺大兴，北京大学马克思主义学院副教授。

① 严格意义上，资本的价值被活劳动转移。资本只是价值转移的载体，本身不具备价值转移功能。

忍受剥削；要么放弃利息理论，损失效率。

本文认为，两者的冲突来自对“等价补偿”理解的差异。对“等价补偿”最通俗的理解便是以“等量货币”补偿①。马克思在《资本论》中，用数字展示了棉纱生产和产品价值转型中各要素的功能②。为了形象地揭示出不变资本在价值形成和转移中的作用，马克思以“等量”货币的形式“衡量”了不变资本在生产中价值的变化。但马克思的上述做法，仅仅是为了让他的论证通俗易懂，不能将其理解为货币是价值的一般衡量方式。事实上，按照《资本论》的经典论述，衡量价值的唯一尺度是社会必要劳动时间。本文认为，一旦以社会必要劳动时间作为衡量和补偿预付资本的标准，那么，利息理论便可建立在劳动价值论的基础之上，两者便可共处。理由如下：预付资本名义上是以物质资料的形式加入生产过程，但本质上它是物化劳动，或者，凝结在商品中的无差异的人类一般劳动。因此，物化劳动和活劳动在生产过程中应受到同等待遇，即等量劳动获得等量工资，或者等量工资偿还等量劳动。社会生产需要一定的时间，在生产的初期投入一定量的物化劳动，它的工资可能随着生产率的提高而不断提高，因此，在生产期末，按照期末的工资水平补偿物化劳动，让物化劳动获得比其投入更多的货币补偿，既符合劳动价值论的公平要求，也符合现代利息理论的效率要求。本文用一个例子辅助说明上述观点（见图 1）。假设社会只有一种产品。企业家在第 0 期投入 100 单位的生产资料，那么，在生产结束的第 1 期，偿还 100 单位产品是否合适？不一定，取决于生产率变化。假设在第 0 期，生产 100 单位的商品需要 10 天的时间，这意味着第 0 期的预付资本蕴含 10 天的劳动。假设在第 1 期，劳动生产率大幅提高，生产 100 单位的产品只需 5 天时间。假设劳动者的素质、劳动的强度都不变，即第 0 期和第 1 期的劳动完全同质。这种情况下，根据马克思社会必要劳动时间是衡量价值的唯一标准和等量（同质）劳动获取等量报酬的原理，此时应补偿物化劳动 10 单位的劳动时间，等价于偿还预付资本 200 单位的产品，其中额外的 100 单位产品在形式上则表现为利息。

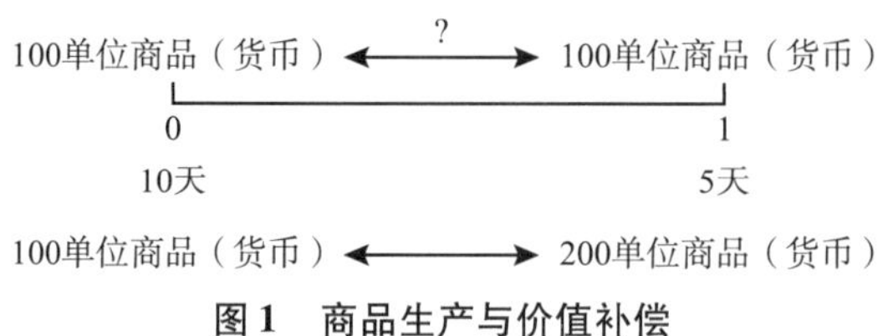

图 1　商品生产与价值补偿

本文的主要工作，便是利用当代经济学中对生产的标准设定③，对时间成本和利率给出一个劳动价值论的解释。假设生产要素为上期留存的资本和本期投入劳动。通过逆向递归的方式发现，所有商品都是过去物化劳动和当期活劳动的共同结果，这证明了

① 为叙述方便，本文假设货币总量与产出等比增长，不考虑通货膨胀的影响。

② 《资本论》（第 1 卷，第五章），中央编译局译，人民出版社 2004 年版，第 207 ~ 231 页。

③ Barro R. J., 2004, Economic Growth, the MIT Press, pp. 23 – 81.

马克思商品体共同属性只能是“抽象的人类劳动”的论断。同时也发现，如果按照等量劳动补偿等量劳动方式进行分配，在生产率提高的情况下，偿还给预付资本的货币报酬可能大于其货币投入，即利率大于0。

目前有大量的文献探讨相关主题。刘解龙①认为，物化劳动是递延的活劳动，具有转移和释放“间接活劳动”的功能。“间接活劳动”通过物化劳动“创造”价值，因此，物化劳动不仅要实现价值转移，也应参与价值分配。许成安②认为资本等非劳动因素参与价值创造，必须参与价值分配。蔡继明③认为，各种投入要素都对价值形成作出贡献，产生所谓“广义价值”，需要按贡献分配。本文与上述文献的区别是，上述文献虽然从不同角度解释了利率存在的合理性，但或多或少偏离了马克思“活劳动是创造价值唯一源泉”的论断；本文则在彻底坚持马克思劳动价值论的前提下，构建了资本利息的劳动价值论基础。这是本文与上述文献的最大区别，也是最大贡献。

本文余下部分结构如下：（1）简单的模型；（2）模型拓展；（3）简单的小结。

二、基准模型

按照《资本论》和当代经济学的主流做法，本文假设社会中只有一种产品，则产品的价格不变。不失一般性，令产品价格为1。生产需要两种要素投入：资本和劳动④。假设商品资本循环的周期为1年，即当期的生产资本为上一期期末投入的预付不变资本，因此，生产函数可表示为：

$$Y_t = F(K_{t-1}, L_t) \quad F'_K > 0, F'_L > 0 \tag{1}$$

其中，K_{t-1}为第t期投入的不变资本，L_t为劳动时间，函数$F(\cdot,\cdot)$表示技术水平。需要说明的是，本文将劳动抽象为L，资本抽象为K，技术抽象为函数$F(\cdot,\cdot)$，这意味着本文认为历史上的所有劳动，也许在形式上有差异，但本质上是一样的，都可以用同样的尺度——劳动时间——来衡量，资本的含义类似；而技术的形式不变，意味着本文暂不考虑技术变迁、外生冲击等的影响。$F'_K > 0$、$F'_L > 0$意味着要素投入越多，产出越大。不失一般性，假设社会的储蓄率为s_t，资本的折旧率为δ，则第“t+1”期的预付不变资本为：

$$K_t = s_t Y_t + (1-\delta) K_{t-1} \tag{2}$$

为简化符号，令：

$$V(s_t, L_t, K_{t-1}) = s_t F(K_{t-1}, L_t) + (1-\delta) K_{t-1} \tag{3}$$

则第t-1期和第t期的预付不变资本可表示为：

---

① 刘解龙：《按生产要素分配的劳动价值论基础》，载《社会科学战线》1995年第6期。

② 许成安：《生产要素收入合法化与价值创造》，载《学术月刊》1999年第4期。

③ 蔡继明：《论非劳动生产要素参与分配的价值基础》，载《经济研究》2001年第12期。

④ Barro R. J.，2004，Economic Growth，the MIT Press，pp. 23-81.

$$K_{t-2}=V(s_{t-2}, L_{t-2}, K_{t-3}) \tag{4}$$

$$K_{t-1}=V(s_{t-1}, L_{t-1}, K_{t-2}) \tag{5}$$

一般地，对于任何一期 v，其预付不变资本均可等价表示为：

$$K_{v-1}=V(s_{v-1}, L_{v-1}, K_{v-2}) \tag{6}$$

结合式（4）和式（5），我们可得：

$$K_{t-1}=V(s_{t-1}, L_{t-1}, V(s_{t-1}, L_{t-2}, K_{t-3})) \tag{7}$$

式（7）意味着，第 t 期的预付不变资本为第 t-1 期的储蓄率、劳动时间和第 t-2 期的储蓄率、劳动时间及预付不变资本共同决定。类似于萨缪尔森[①]，本文采用逆向递归还原劳动过程，将第 t-3 至 1 期的预付资本表达式代入式（7），可得：

$$K_{t-1}=V(s_{t-1}, L_{t-1}, V(s_{t-2}, L_{t-2}, V(s_{t-3}, L_{t-3}, V(\cdot, \cdot, V(s_1, L_1, K_0)))))) \tag{8}$$

其中，K_0 为初始的自然禀赋。若将视野扩大至人类商品的整个生产过程，则初始禀赋由商品诞生之初人类所居住的自然环境决定。显然，初始禀赋为常数。式（8）的含义是，本质上讲，任意一期的预付资本，都是由其前面所有各期的劳动投入和初始的自然禀赋共同决定。进一步，如果将式（8）代入式（1），则可得：

$$Y_t=F(V(s_{t-1}, L_{t-1}, V(s_{t-2}, L_{t-2}, V(s_{t-3}, L_{t-3} \\ V(\cdot, \cdot, V(s_1, L_1, K_0)))))), L_t) \tag{9}$$

式（9）的含义是，任何一期的商品本质上都是有当期及以前各期的劳动投入共同决定的。换句话说，所有商品本质上都是劳动产品，劳动产品是所有商品的唯一共同属性。式（9）有两层重要的意义。首先，证实了马克思“劳动属性是商品体唯一属性”的思想。马克思以小麦和铁为例，证明商品体的共同属性是劳动产品。马克思断定，铁和小麦的等价交换背后，必然是因为两者具有“一种等量的共同的东西”，而“这种共同的东西不可能是商品的几何的、物理的、化学的或其他的天然属性”。抛开商品使用价值的千差万别之后，商品体剩下的属性只能是“抽象的人类劳动”[②]。和马克思类似，本文采用还原劳动过程的方法，再次证实了马克思的判断。其次，式（9）的论证过程具有一般性。在式（9）中，技术形式、劳动投入、储蓄率等变量都是可以变化的，不需要任何特定的预设，这说明式（9）的结论也具有一般性。最后，为简化符号，式（8）可改写为：

$$K_{t-1}=\Psi_t(K_0, L_{t-1}, L_{t-2}, \cdots, L_1; s_t, \cdots, s_1) \tag{10}$$

式（10）的含义是，社会总预付资本取决于过去生产资本的劳动投入。函数 $\Psi_t(\cdot)$的角标 t 意味着，随着时间的变化，函数的形式可能也会发生变化。这是式（8）自然的结果。

由于劳动在本质上是一样的，因此，我们可以将不同时期内凝结在预付资本中的时

① Samuelson P. A., 1971, Understanding the Marxian Notion of Exploitation, Journal of Economic Literature, 9 (2): 399-431.

② 《资本论》（第1卷），中央编译局译，人民出版社2004年版，第49~51页。

间进行加总。假设凝结在 K_{t-1} 内的劳动总时间为 L_{t-1}^{Δ}，则式（10）可改写为：

$$K_{t-1} = \phi_t(L_{t-1}^{\Delta}) \tag{11}$$

其中 ϕ_t 的具体形式由 Ψ_t 决定，显然，$\phi_t(0) = 0$，即没有劳动，就不可能形成资本；$\phi'_t \geqslant 0$，即蕴含劳动越多，资本总量越大。式（11）的含义是，任意量的预付资本，本质上是由一定量劳动创造的结果。将式（11）代入式（1），则生产函数变为：

$$Y_t = F(\phi(L_{t-1}^{\Delta}),\ L_t) \tag{12}$$

根据马克思的论述，不变资本在生产过程中实现价值转移，可变资本或劳动创造剩余价值。预付不变资本的价值转移，是“活劳动的自然恩惠”，工人只需“以价值偿还价值”即可①。这意味着，在“偿还”预付资本后，所有工人创造的产品（包括价值）都应为工人所有，否则，必然出现“资本剥削劳动”。

马克思指出了价值的唯一创造主体是劳动，同时也指出了“等价”偿还预付资本的重要性。但问题是，如何“等价”偿还？一种简单的方式是，以产品的形式进行“等价补偿”。在第 t 期期末，在补偿资本折旧后，直接偿还资本投入者 K_{t-1} 的资本，然后将剩余产品平分给劳动者，此时劳动者工资为：

$$w_{1t} = \frac{Y_t - \delta K_{t-1}}{L_t} \tag{13}$$

本文认为，这种“等价补偿”方式可能存在一定的问题。在这种方式下，对应于蕴含在预付不变资本中的抽象劳动 L_t^{Δ}，它的工资水平为$\frac{w_t^{\Delta} = K_{t-1}}{L_{t-1}^{\Delta}}$。所有劳动本质上毫无差异，那么，等量劳动应该获得等量的价值补偿。因此，无论 w_t^{Δ} 大于还是小于 w_{1t}，都违背了上述原则。如果给予蕴含在预付不变资本中的劳动以同样的工资水平，那么，用劳动时间来衡量，这种方式实际上补偿的劳动时间为$\frac{K_{t-1}}{w_{1t}}$，换句话说，预付资本投入了 L_t^{Δ} 的物化劳动，实际获得$\frac{K_{t-1}}{w_{1t}}$的劳动补偿。两者之间并不一定相等，即如果用劳动时间作为衡量价值的唯一尺度，则预付资本的投入与回报可能并不等价。

本文认为，按照等量劳动获得等量工资，以劳动时间作为补偿标准来“等价补偿”预付不变资本，可能更为合适。在这种新的方式下，物化劳动和活劳动都处于同等的地位，此时劳动的工资为：

$$w_{2t} = \frac{Y_t + (1-\delta)K_{t-1}}{L_{t-1}^{\Delta} + L_t} \tag{14}$$

预付不变资本中的“物化劳动”的报酬为 $w_{2t}L_t^{\Delta}$。如果以劳动时间作为价值的唯一尺度，此时刚好补偿预付资本等量的劳动。此时预付不变资本获得利率为：

$$r_t = \frac{w_{2t}L_{t-1}^{\Delta}}{K_{t-1}} - 1 = \left(\frac{F(K_{t-1},\ L_t)}{K_{t-1}} + (1-\delta)\right)\frac{L_{t-1}^{\Delta}}{L_{t-1}^{\Delta} + L_t} - 1 \tag{15}$$

① 《资本论》（第 1 卷，第 5、第 6 章），中央编译局译，人民出版社 2004 年版，第 207 ~ 244 页。

假设生产函数满足零次齐次性，即 $\lambda F(K_{t-1},L_t)=F(\lambda K_{t-1},\lambda L_t)$，$\lambda>0$，则式（15）变为：

$$r_t=\left(F\left(1,\frac{L_t}{K_{t-1}}\right)+(1-\delta)\right)\frac{L_{t-1}^{\Delta}}{L_{t-1}^{\Delta}+L_t}-1 \tag{16}$$

其中，$\frac{K_{t-1}}{L_t}$为资本的技术构成，$\frac{L_{t-1}^{\Delta}}{(L_{t-1}^{\Delta}+L_t)}$为物化劳动和总劳动投入之比。式（16）意味着，预付不变资本的利息率受到资本的技术构成、物化劳动和总劳动之比及资本的折旧率的共同影响：资本技术构成越低、物化劳动比例越高、折旧率越小，资本的利息率就越高；反之，利息率越低，极端情况下，利息率甚至为负。此处需要说明的是，资本技术构成低和物化劳动比例高并不冲突：如果式（11）中函数的边际生产率 ϕ_t'较小，两者便可和谐共存。

命题：如果按照等量劳动偿还等量劳动的方式“补偿”预付资本，那么，劳动价值论和利率理论（或时间成本）便可有机融合：商品价值由社会必要劳动时间唯一决定，等量（同质）劳动获得等量报酬。如果以等量劳动补偿等量劳动的方式偿还预付不变资本，则预付不变资本所获得的产品数量可能大于其投入量，剩余部分为其利息所得。利率由资本技术构成、物化劳动比例和折旧率三者共同决定。资本技术构成越低、物化劳动比例越高、折旧率越低，利率越高；反之，利率越低。

命题的结论具有较强的现实意义。它指出资本利息率随着资本有机构成增加而递减，这符合马克思关于资本积累导致利润率下降的判断，同时也意味着，利息率并不天然是正数，而是受到资本有机构成或密集度的影响。资本越密集，资本回报率越低，极端情况下甚至会出现负利润。后者和中国部分行业的现象相吻合。中国的部分行业，如水泥、多晶硅等，由于盲目投资，出现产能过剩和大面积亏损，完全符合理论的预测。

资本的回报率为负，即 $r_t<0$，这在现实中是可能的。比如在古代社会，商人把钱存在钱庄，需要支付一定的保管费用。再比如中国在 1994 年左右，通货膨胀率大于名义利率，银行的实际贷款利率也小于零（通过国家统计局名义利率和通货膨胀率数据即可得出该结论）。实际利率小于零，这种现象在西方经济学中并不容易解释。西方经济学中假设资本的边际生产率大于零，天然要求资本的实际回报率大于零。本文命题的结论则显示，如果用等量劳动补偿等量劳动、等量劳动获得等量工资的方式进行“等价补偿”，理论上实际利率可以小于零。这是本文的一个创新。

三、模型拓展

在上节的模型中，本文证明，在历史上所有劳动都是同一劳动、生产技术不变的情况下，如果用等量劳动补偿等量劳动的方式偿还预付资本，则劳动价值论和利息理论可以和谐共存。但问题是，现实中，随着生产力的发展，技术可能升级、劳动可能更加复杂化，这是否会影响上节的结论呢？本节将逐一解答这个问题。

1. 劳动复杂化

假设随着历史的发展，劳动的复杂程度越来越高。劳动变得更为复杂，并不意味着劳动的本质发生变化。劳动的本质仍然是“人类一般的抽象劳动”。因此，我们可以通过赋予不同时期劳动不同权重的方式，体现不同时期劳动复杂程度相异、但劳动本质相同的特点。假设第 v 期的劳动量为 L_v，复杂度为 θ_v，则第 v 期的有效劳动为 $\theta_v L_v$。相应地，假设第 t 期不变资本 K_{t-1} 中蕴含的各期物化劳动为 L_v^{Δ}，则其蕴含的有效物化劳动为 $L_{t-1}^{\Delta *} = \sum_{v=1}^{t-1} \theta_v L_v^{\Delta}$。用 $L_{t-1}^{\Delta *}$ 替换式（14）至式（16）中的 L_{t-1}^{Δ}，显然，各式的数值会发生变化，但基本结论不变。

2. 技术升级

假设生产技术随着时间不断升级，即在给定要素投入量的情况下，当期产出总大于上一期产出，$F_t(K, L) > F_{t-1}(K, L)$。此时若令：

$$V_t(s_t, L_t, K_{t-1}) = s_t F_t(K_{t-1}, L_t) + (1-\delta) K_{t-1} \quad (17)$$

并用式（17）替换式（4）至式（6），显然，我们仍然可以得到式（8）和式（9）的结果。进一步，我们也可得到式（16）的结果。

四、结　　论

本文借助现代经济学的生产和资本积累模型，尝试从劳动价值论的角度解释资本利息的产生机制。通过逆向递归方式还原劳动过程，本文发现，所有商品都是过去物化劳动和当期活劳动共同作用的结果，证明了马克思“劳动产品是商品体唯一共同属性”的论断。本文进一步发现，如果按照等量劳动偿还等量劳动、等量劳动获得等量工资的方式等价补偿预付不变资本，则预付不变资本可能获得比初期投入更多的货币回报，利息因而产生。这样，利息理论便有了坚实的劳动价值论基础。

本文的政策建议如下：

（1）坚持劳动价值论在公平分配中的指导地位。什么是公平分配，学术界一直争论不断。有的强调结果公平，有的强调机会公平，有的强调起点公平。各种论断都有一定道理，但共同的缺陷是它们都有明显的主观价值判断的色彩，容易受到个人喜好的影响。而劳动价值论通过发掘商品背后存在同一性的方式，证明劳动产品是商品的唯一共同属性、社会必要劳动时间是商品价值的唯一衡量标准。一个自然的结论就是，只有价格等于价值时，分配才公平。这样便摆脱了主观因素的影响，将分配建立在价值的客观属性上。劳动价值论的这一重要结论对于当前社会的发展尤其重要。改革开放后，我国的基尼系数不断上升，2012 年为 0.474，高于世界平均水平①。收入差距的扩大，容易造成社会不和谐和不稳定，影响社会健康发展。控制收入差距，刻不容缓，而劳动价值论因分配标准的客观性理应成为首要选择。

（2）正确理解等价补偿，促进公平和效率的统一。不应将等价补偿简单理解为以“等量货币”进行补偿。根据劳动价值论，等价补偿的正确含义应当是，以社会必要劳动时间为价值唯一衡量标准，等量劳动补偿等量劳动，等量劳动获得等量工资。按照这种方式补偿，既可以实现公平分配，又可以促进要素投入和经济增长。

① 国家统计局：www. stats. gov. cn。

对中国特色社会主义经济思想理论基本特征的一点认识

——兼说社会主义市场经济的新质性

侯廷智*

摘要：中国特色社会主义经济思想理论的特征从根本上说就是社会主义市场经济的本质特征，社会主义市场经济就是一种新型模式的市场经济。这种新型模式的市场经济与传统的市场经济模式有根本的区别。对待马克思主义理论要注意不应该用他们早期还在认识过程中不成熟的思想来否定他们后来已成熟并形成科学认识的理论。

关键词：价值　市场经济　计划经济

在《西南师范大学学报》2003 年第 1 期，笔者曾发表过一篇《对市场经济与计划经济历史的理论反思》的论文，其基本认识今天看来仍有现实性。现将其中的主要观点再次进行阐述，以便交流。

中国特色社会主义经济思想理论的特征从根本上说就是社会主义市场经济的本质特征，如果说资本主义制度下的市场经济是一种传统模式的市场经济，那么，社会主义市场经济就是一种新型模式的市场经济。这种新型模式的市场经济与传统的市场经济模式至少有两点根本区别：

其一，社会主义市场经济运行的目的是满足人民日益增长的对美好生活的需要和对发展平衡与充分的渴求，即以使用价值为目的。

这一点我们可以从《资本论》第一卷第一章中的相关论述中得以说明。我们从马克思对商品二重性的分析中可以看出，马克思实际上对商品经济形式是肯定的，他批判的只是资本主义制度下的商品（市场）经济，如果克服了资本主义商品（市场）经济的弊端，那么商品（市场）经济就会更好地发展，造福人类。这源于对商品二重性矛盾的主导方面的不同而导致的根本特质不同。也就是说，在商品二因素中确立以哪个因素为发展商品经济目的性，决定了其本质规定。在资本主义商品（市场）经济中，价值及其增殖占主导地位，以满足人们需要的使用价值则处于从属地位。正如马克思揭示的："在这里，所以要生产使用价值，是因为而且只是因为使用价值是交换价值的物质基础，是交换价值的承担者。"① 因此，"在资本主义生产过程中，劳动过程只表现为手

* 侯廷智，中国政法大学教授。

① 《马克思恩格斯文集》（第 5 卷），人民出版社 2009 年版，第 216 页。

段，价值增殖过程或剩余价值的生产才表现为目的”。① 这就是资本主义商品经济（市场）的本质。

与此相反，社会主义商品（市场）经济，矛盾的主导方面是满足社会丰富多彩需要的使用价值，而价值则是为使用价值的生产服务。当然，这也不等于否认社会主义商品（市场）经济还需要价值计算和价值增殖。因为凡商品生产就离不开价值问题，只是这种价值计算和价值增殖是为创造更多更好的物质文化财富以满足人们对生活水平不断提高的需要而服务的，因此在社会主义商品（市场）经济中，以创造出更多的使用价值为直接目的，而价值形式和价值增殖过程则表现为手段。这就是社会主义商品经济（市场）的本质。

可见，生产目的性是区分两种商品生产本质的重要标志之一。这就犹如一把菜刀，在厨师的手中是炊具，在罪犯手中是凶器的道理一样，两者的性质有着根本的区别（见图 1）。

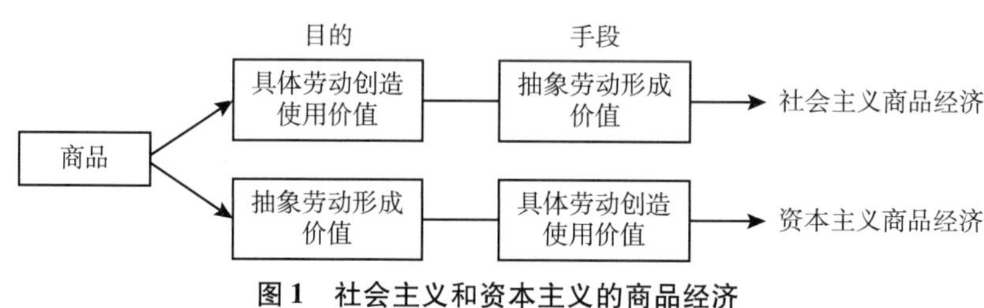

图 1　社会主义和资本主义的商品经济

其二，社会主义市场经济就是主张“看不见的手”和“看得见的手”相结合，即市场经济和计划经济相结合的运行模式。这里有一个如何认识和看待“计划经济”和“宏观调控”以及它们之间的关系问题。

列宁对“计划经济”曾作过深入思考和研究，第一次明确提出：“经常的、自觉保持的比例性也许确实是计划性。”② 这被认为是对“计划经济”经典性的表述，它表明“计划经济”的内涵在本质上就是要经常的、自觉的保持社会各个生产部门发展的比例性。在如何才能做好计划经济工作问题上，列宁更是强调对计划“应该根据实际经验和更详细的研究来修正它”，否则“我们就会盲目行动”③。他坚决反对用主观计划来代替实际工作，并且明确地告诫说：“完整的、完善的、真正的计划，目前对我们来说 = ‘官僚主义的空想’。不要追求这种空想”，并且指出，如果把国家经济计划工作官僚主义化了，“这是莫大的危险”④。列宁的论述再清楚不过地表明，计划经济具有与市场经济灵活性相对应的“可调节性”的属性与特点。这对我们重新认识和正确理解“计划经济”，为“计划经济”正名，具有深刻的指导意义。

① 《马克思恩格斯文集》（第 8 卷），人民出版社 2009 年版，第 481 页。
② 《列宁选集》（第 1 卷），人民出版社 1995 年版，第 246 页。
③ 《列宁选集》（第 4 卷），人民出版社 1995 年版，第 435 ~ 441 页。
④ 《列宁全集》（第 50 卷），人民出版社中文第 2 版，第 130 页。

我们从马克思主义经典作家对计划经济的论述中可以看出，计划经济应该建立在客观经济规律的基础上，并且反映经济规律的要求。因此“计划经济”是指，根据国民经济发展客观规律的要求，社会（国家）从具体情况出发，预先拟定经济的发展方案，并在实施过程中不断地进行修正，从而对社会经济活动实行“自觉”的组织管理和调节，它是自觉运用经济规律的主观表达形式。它除了具有事先性、自觉性和宏观性外，还应该具有可调节性。不难看出，“计划经济”实际上就是依靠“社会的理智”对经济活动进行宏观调控的一种经济运行方式，从这个意义上说“计划经济” = 宏观调控，宏观调控就是“计划经济”的表现形式，这应该是计划经济的本来含义。它与“市场经济”一样，既是一种经济制度，又表现为一种经济运行机制。作为经济制度，它是自觉按照经济规律组织和管理社会经济活动；作为一种经济运行机制，它表现为一只“看得见的手”对社会经济活动进行自觉调节和控制，以实现资源的合理有效的开发和利用。

由此可见，科学意义上的计划经济应该是“主观见之于客观”的一种经济模式。传统的计划经济模式是脱离和凌驾于客观实际的“主观意志”经济，这在本质上已不再是马克思主义的“计划经济”，而是“空想经济”或“官僚主义经济”（见图2）。

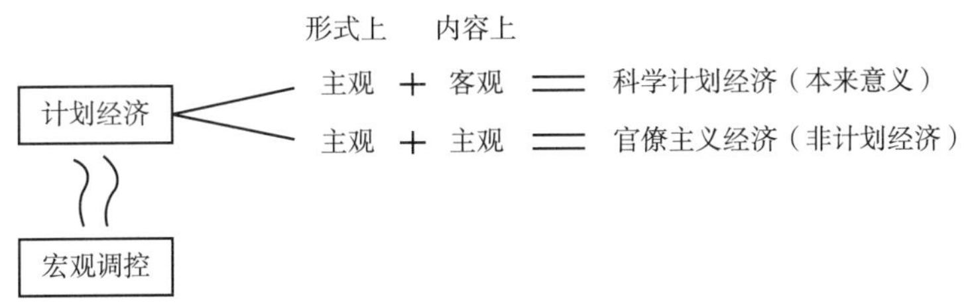

图2　计划经济的经济模式

实际上对“计划经济”的研究并非马克思主义的专利，一些非马克思主义的西方经济学家很早就开始了研究和探讨，例如，福利经济学派的理论，在对市场经济配置资源的效率与合理性进行论证的同时，也指出了它的缺陷，并且对运用计划配置资源的效率性做了较为细致的分析等。但是，为了划清两种不同社会经济制度的界限，故而不使用“计划经济”概念，而是采用“国家干预”和“宏观调控”的表述方式。这种思维方式，至今还影响着西方经济学家把它们联系起来认识和研究。

这里还有一个问题：即无论是“计划经济”还是“宏观调控”，都存在一个谁来“计划”和“调控”、依据什么进行“计划”和“调控”的问题（图2中“计划经济”也可列入“宏观调控”）。

因此，计划经济、宏观调控、国家干预三者在根本上说具有同质性，马克思在1868年给恩格斯的一封信中就已经认识到：“没有一种社会形式能够阻止社会所支配的劳动时间以这种或那种方式调节生产”，区别仅在于“通过社会对自己的劳动时间所进行的直接的自觉的控制”的程度①。然而我们过去总是将计划经济看作是社会主义国家使用的概念，国家干预是资本主义国家使用的概念，而宏观调控则是更容易被共同接受的范畴。正因为如此，我们在改革开放后摈弃了“计划经济”范畴，而使用“宏观调控”这一范畴。其实，如果我们问一下：“宏观调控”由谁来调控，即调控的主体是谁？答案是“国家”。那么，国家应该怎样来调控，是否可以随意调控？当然不是，回答应该是国家要按社会经济规律运行的要求自觉进行调控。这难道与上述的“计划经济”规定性不具有同质性吗？

在这里还应该提到另一个重新认识“计划经济”的问题，即拓宽计划经济观念的问题。现代市场经济除需要宏观调控外，还需要制定各种规章制度和政策、法律来保证经济秩序的正常运行。这些法律法规实际上就是把社会经济活动规律和原则确立为国家的自觉意志，例如主体平等、地位平等、自愿、公平、等价有偿、诚实信用等民法上的基本观念，反映的就是市场经济的基本规则和要求。在这个意义上讲，市场经济也就是法制经济。而法制经济从某种程度上说也是“计划经济”或“宏观调控”，因为国家不再是“守夜人”，而是自觉运用反映社会经济规律要求的规章、政策和法律法规来调控经济活动的“总管家”。只不过这种“计划经济”并不是告诉我们生产什么和生产多少，而是要求我们按什么规则去生产，就像体育比赛要按照竞赛规律的要求制定比赛规则一样。按规则办事难道不就是按“计划”办事吗？因此，笔者认为：以为凡是反映社会经济活动规律要求的规则（包括政策、法律法规和各种规章制度），及其按这些规则对社会经济活动所进行的管理和调控，都应被视为计划经济和宏观调控的一种方式。尽管这些规则建立的未必完善或科学，但它毕竟反映了人们想自觉从事社会经济活动的主观愿望。

综上所述，笔者认为社会主义市场经济是开创了一种新型的市场经济模式，由于这种市场经济模式是我国改革开放以来逐渐摸索建立的，或许从这个意义上讲，也可称为中国模式的市场经济。

这里笔者还想说说另外三个问题：

（1）关于“人治”和“法治”问题。这是个伪命题，因为法是人制定，从这个意义上说法治也是人治。正确的表述因该是“权治”还是“法治”。

（2）在对待马克思主义理论时，要注意不应该用他们早期还在认识过程中不成熟的思想来否定他们后来已成熟并形成科学认识的理论。

例如，有人引用马克思1842年3～4月间在《莱茵报》工作时期写的《第六届莱茵省议会的辩论》（第一篇论文）里的论述，认为马克思不主张阶级和阶级斗争，从而否定法律的阶级性。而殊不知这一时期马克思还是一个黑格尔主义者，阶级并没进入他的视野。马克思1843年到了巴黎，法国这时的工人运动才开始引起他关注，“阶级”才进入他的视野。所以，不能把马克思早期的思想视为马克思主义。

① 《马克思恩格斯文集》（第10卷），人民出版社2009年版，第276页。

另一个例子，恩格斯在《论住宅问题》第三篇里有这样一句话："在社会发展的某个很早的阶段，产生了这样一种需要：把每天重复着的产品生产、分配、交换用一个共同规则约束起来，借以使个人服从生产和交换的共同条件。这个规则首先表现为习惯，不久便成了法律。随着法律的产生，就必然产生出以维护法律为职责的机关——公共权力，即国家。"① 有人引用这句话来说证明马克思主义创始人主张"先有法律后有国家"，因此法律不是阶级斗争的产物，而是包括原始社会在内的永恒存在，从而否定法律的阶级性。

不过，恩格斯写这个《论住宅问题》时是1872年，他对于原始社会知识了解得很少，因为摩尔根的《古代社会》一书是在1877年才发表。所以，恩格斯在《论住宅问题》对于法律起源的论说是不准确的。只是在他1884年写作《家庭、私有制和国家的起源》时，才解决了理论上的这些问题，对法律的起源才有了明确看法。因此，不能拿恩格斯在《论住宅问题》中的话来论证法律也存在于非阶级社会中这一观点。

恩格斯在晚年曾批评过对马克思基本理论和主要原则做了歪曲理解的现象时指出"可惜人们往往以为，只要掌握了主要原理——而且还并不总是掌握得正确，那就算已经充分地理解了新理论并且立刻就能够应用它了。在这方面，我不能不责备许多最新的'马克思主义者'；他们也的确造成过惊人的混乱……"②

（3）最后一点是，我们在引用经典著作原文时要注意，如果有了新版本，一般情况下就不再用旧版本。这是一个研究的惯例，因为新版本在新时代的语言环境和翻译水平上都会有更高的准确性。

① 《马克思恩格斯文集》（第3卷），人民出版社2009年版，第322页。
② 《马克思恩格斯文集》（第10卷），人民出版社2009年版，第594页。

守正创新：社会资本再生产理论拓展研究

朱鹏华*

摘要：从1857年底《政治经济学批判》的撰写开始，到1870年《资本论》第二册的第Ⅱ稿结束，这一阶段可视为社会资本再生产理论的形成时期。1877～1881年间创作的第Ⅷ稿较完整地论述了社会资本扩大再生产理论，调换了两大部类的顺序，阐明了固定资本的补偿难题，这标志着社会资本再生产理论的基本完成。国内外理论界对社会资本再生产理论进行了大量的研究和评述，使之成为马克思主义政治经济学研究中最活跃的理论问题之一。

关键词：社会资本　再生产　模型

"一个社会不能停止消费，同样，它也不能停止生产。"人类社会的生产和再生产构成了历史的本体，是经济社会永续发展的必然过程。社会总资本（简称社会资本）再生产理论是马克思主义政治经济学的基础理论，也是历史唯物主义的重要支撑。面对经济发展现实和理论发展局限，如何坚持和发展马克思的社会资本再生产理论是我们无法回避的问题。同时，社会资本再生产理论的拓展研究，也将为中国特色社会主义政治经济学奠定理论基础。

一、马克思创立社会资本再生产理论的历程

1843年马克思开始转向从政治经济学中寻求社会变革的原因，1844年在恩格斯的影响下开始研读古典政治经济学著作，并陆续完成了《巴黎笔记》《布鲁塞尔笔记》《曼彻斯特笔记》，为理论的研究做好了知识的储备和积淀。1847年马克思在《哲学的贫困》中高度评价了魁奈的《经济表》，这为社会资本再生产理论埋下了种子。马克思流亡伦敦后于1850～1853年间写下了《伦敦笔记》，这是为创立自己的政治经济学所做的直接准备。马克思在第Ⅶ笔记本中撰写了一篇短文《反思》（1851年3月），其中已经涉及社会资本再生产的理论问题，比如社会资本再生产的矛盾、两大部类、再生产中货币作用等，这些思想的火花就是日后创立社会资本再生产理论的萌芽。

* 朱鹏华，山东大学经济学院副教授。

从1857年底《政治经济学批判》的撰写开始，到1870年《资本论》第二册的第Ⅱ稿结束，这一阶段可视为社会资本再生产理论的形成时期。《1857—1858年经济学手稿》中马克思通过数例（5个资本家），对简单再生产下的社会总产品实现问题进行了初步分析；《1861—1863年经济学手稿》中马克思已经基本完成对资产阶级政治经济学再生产理论的批判，创作了“简单再生产总过程的经济表”，明确写出简单再生产实现平衡的公式，总体上完成简单再生产理论的初步创立；《1863—1865年经济学手稿》中《资本论》第二册第Ⅰ稿第三章“流通和再生产”（并没有写完）是马克思系统论述社会资本再生产理论的第一次尝试，其中明确了研究对象，论述了货币在再生产中的作用，单独简要论述了扩大再生产，考察了固定资本在再生产中的作用，并探究了再生产过程的平行性和相继性；1867年《资本论》第一册从“艺术的整体”中抽离出来，作为“一个完整的部分”以第一卷出版后，1867～1870年马克思加快了创作，包括社会资本再生产理论在内的《资本论》第二卷（第二册和第三册）。其中，第二册第Ⅱ稿的第三章“流通过程和再生产过程中的现实条件”，虽然并没有写完，但在社会资本再生产理论方面取得了重大突破，至此已基本完成对简单再生产理论的研究。

由于疾病的侵扰和其他政治事件的干扰，1871～1876年马克思基本中断了《资本论》的创作。1876年秋马克思参与到批判杜林的活动中，以此为契机，1877年初59岁的马克思再一次开始了《资本论》第二册的创作。其中，1877～1881年间创作的第Ⅷ稿较完整地论述了社会资本扩大再生产理论，调换了两大部类的顺序，阐明了固定资本的补偿难题，这标志着社会资本再生产理论的基本完成。

从《伦敦笔记》的理论萌芽（约1851年），到《1861—1863年经济学手稿》形成理论（约1863年），到《资本论》第二册第Ⅰ稿的集中论述（约1865年），再到第Ⅷ稿的基本完成（约1881年），在30余年里，马克思一直在坚持思考和研究社会资本再生产理论，最终使其基本形成了相对完整的理论体系。马克思探索社会资本再生产理论的历程，“就可以证明，马克思在公布他的经济学方面的伟大发现以前，是以多么无比认真的态度，以多么严格的自我批评精神，力求使这些伟大发现达到最完善的程度”。通过对研究历程的考察，我们不仅掌握了马克思的社会资本再生产理论的原貌，学到了马克思研究问题的方法，更重要的是体会到了马克思对待科学研究的精神力量。

二、社会资本再生产理论的研究现状

马克思创立了社会资本再生产理论，但生前并未发表，1885年恩格斯编辑出版了《资本论》第二卷，使得社会资本再生产理论以相对完整的形态公布于世。在随后的100多年中，国内外理论界对社会资本再生产理论进行了大量的研究和评述，使之成为马克思主义政治经济学研究中最活跃的理论问题之一。

在国外，列宁（1893）最早对社会资本再生产理论进行具体化研究，提出扩大再生产下生产资料生产优先增长的原理。20世纪初，罗莎·卢森堡和杜岗-巴拉诺夫斯基、奥托·鲍威尔、尼古拉·布哈林等针对社会资本再生产理论展开了激烈的争论，“破”开了这一理论创新发展的局面。20世纪20年代，苏联的官方和学术界对国民经济综合平衡问题的研究开启了社会资本再生产理论的实践应用之路。在社会资本再生产理论的基础上或启发下，费里德曼建立了第一个经济增长模型，瓦西里·里昂惕夫创立了投入产出分析模型，保罗·斯威齐构建了社会生产总体动态模型。50年代之后，国外对社会资本再生产的研究呈现“均衡化”和“增长论”的趋势。其中，霍华德和金、哈里斯、罗斯多尔斯基、森岛通夫、梅赫纳德·德赛等先后建立了动态均衡化模型，卡莱斯基、谢尔曼、莱伯曼、约翰·罗默等分别建立了经济增长模型，大西广等构建了马克思最优经济增长模型。在部类拓展研究方面，卢森堡、信小岛、曼德尔等曾将奢侈品、货币材料和军需品拓展为第Ⅲ部类，维克托·佩洛、雅科韦茨等则提出建立四部类和五部类模型的设想。

在国内，社会资本再生产理论的研究可分为三个阶段：一是模仿性研究阶段（20世纪50年代至60年代中期）。受苏联的影响，这一时期理论的探索比较“拘谨”，主要对生产资料生产优先增长原理、扩大再生产公式等问题进行了研究和争论。二是探索性研究阶段（20世纪70年代末至90年代初）。改革开放以后，随着解放思想热潮的兴起，国内学术界涌现了大量的相关研究成果。其中既有对经典问题的反思和争论，又有对社会资本再生产理论的数理分析、动态化研究、经济增长模型研究。三是衰落性研究阶段（20世纪90年代中期以来）。随着西方主流经济理论在国内学术界的传播与盛行，研究社会资本再生产理论的文献明显减少，随着社会主义市场经济体制改革的深入推进，对社会资本再生产理论的研究更趋向应用性。整体来看，国内在社会资本再生产理论研究的多个方面都有许多亮点，但是缺少系统化的创新研究成果。

综观国内外的研究现状，对社会资本再生产理论的研究可分为基础理论、理论的具体化和理论的应用三个层面。基础理论的创新研究不足和弱化，致使理论的具体化呈现“均衡化”和“增长论”趋势，理论的应用也在不断被“西方经济学化”，马克思主义政治经济学话语体系正在萎缩，理论说服力正在下降，已成为不争的事实。

三、社会资本再生产理论拓展研究的理论方位

马克思的社会资本再生产理论是一个开放的理论体系，对其的拓展研究应坚持守正创新、确保正确的理论方位。一是以劳动价值论和剩余价值论为根本的学理依循。在坚守社会资本再生产理论的理论特质的基础上，借鉴西方经济学的有益成分，不断拓宽马克思主义政治经济学的话语体系。二是准确定位创新研究的层级。正确对待社会资本再生产理论存在的理论局限，按照基础理论、具体化、应用三个层面逐级开展创新研究。马克思的社会资本再生产理论是一个建立在物质商品生产领域的两部类模型，将服

务商品和服务劳动排斥在理论体系之外是其最大的理论局限，构建包括服务商品在内的社会资本四部类再生产模型是基础理论层面研究的首要任务。三是科学设计基础理论拓展研究的逻辑顺序。通过商品概念的拓展、生产劳动范围的拓展、社会生产部类的拓展、四部类简单再生产模型的构建、四部类扩大再生产模型的构建和四部类缩减再生产模型的构建六个层次的拓展，最终实现社会资本两部类再生产理论拓展至四部类再生产理论。在此基础上，在将信用和金融、对外贸易、公共产品等因素纳入社会资本四部类再生产理论体系，逐步实现该理论的具体化，为社会主义市场经济体制中的宏观调控、经济增长、供给侧结构性改革等提供理论支撑。

《1857—1858 年经济学手稿》与劳动过程理论构建

王　蔚[*]

摘要： 格林曾指出，马克思的劳动过程理论可以算是马克思主义经济学三大部分之一。然而在马克思去世后近百年，马克思主义者对劳动过程理论未能给予足够重视。直至 20 世纪 70 年代，随着马格林、斯通，尤其是布雷弗曼、布若威等学者对劳动过程的关注，这一理论才开始复兴并呈现多元化趋势。马克思对劳动过程的分析在《1857—1858 年经济学手稿》中已经形成一个较为清晰的理论系统并确立了基本的研究视域与方法。因此，回到《1857—1858 年经济学手稿》重审马克思劳动过程理论的构建，对全面理解马克思劳动过程理论尤为必要。

关键词：《1857—1858 年经济学手稿》　马克思劳动过程理论　生产过程

马克思去世后近百年，马克思主义者对劳动过程理论未能给予足够重视。直至 20 世纪 70 年代，随着马格林、斯通，尤其是布雷弗曼、布若威等学者对劳动过程的关注，这一理论才开始复兴并呈现多元化趋势。保罗 · 斯威奇在布雷弗曼《劳动与垄断资本》一书的前言中提到，他与保罗 · 巴兰合著的《垄断资本》一书“几乎完全忽视了在马克思关于资本主义的研究中占有主要地位的问题——劳动过程”。而布雷弗曼为弥补这一缺憾进行了成功的努力。布雷弗曼分析了垄断资本主义时期劳动过程的发展对技能退化和工人阶级产生的深远影响。此后，马克思劳动过程理论才真正走向复兴。戴维 · 麦克莱伦认为布雷弗曼“关于二十世纪劳动退化的论述称得上是马克思的继续。”

但自 20 世纪 90 年代以后，劳动过程理论的研究日渐分散在不同学科，出现了偏离马克思本人思想的情境。因此，回到《1857—1858 年经济学手稿》（以下简称《手稿》）重审马克思劳动过程理论的构建尤为必要。

就《手稿》劳动过程理论研究的现状来看，话题主要围绕《手稿》整体的研究方法以及对劳动过程理论思想史层面的比较研究。马克思《手稿》中所采用的研究方法以及分析方法同时适用于劳动过程理论的建构，至于其理论的思想史根源，主要是马克思与古典经济学家以及黑格尔、亚里士多德关系问题。就前一个问题来说，马塞罗 · 默斯托

* 王蔚，北京大学马克思主义学院博士后。

通过分析马克思历史的、具体的研究方法，看到劳动过程中生产的决定地位。维戈茨基等学者认为从抽象到具体的研究方法才是科学的研究方法，法翁比克则认为从抽象到具体以及从具体到抽象都在研究中、叙述中起着重要作用，并且总是交织使用。安东诺娃则主要分析了《手稿》中具体的历史主义。针对劳动过程分析的方法而言，内田弘进一步讨论了马克思所采用的一般、特殊与个别的分析范式与黑格尔逻辑学之间的关系。内田弘认为，“‘导言’是把黑格尔概念论作为写作的方法论，活用于经济学批判中”。同时，内田弘还看到了马克思与黑格尔的差异，指出“黑格尔把对立关系的解决停留在思维的范围内。而马克思则与黑格尔不同，他抓住现实的对立关系产生现实的解决形态的过程”。内田弘所指“资本在形成自身发展的形态过程”实际就是资本主义生产过程，即劳动过程。

就后一个问题而言，比较有影响力的是内田弘关于马克思劳动过程理论与亚里士多德和黑格尔关系的分析。内田弘认为，“人类使用手段改变对象、实现目的，这是马克思对劳动过程的把握，不是将斯密等古典经济学，而是从合目的性活动、手段等语法与逻辑关联出发，将古典哲学尤其是黑格尔的目的论作为基础”。内田弘指出，“黑格尔的目的论也被认为是亚里士多德由四因论构成的人类生产活动把握的改编”，“马克思从年轻时期就怀有的人类认识，现在又被渗入了重写了亚里士多德四原因论的黑格尔的现实性”，并以此看待劳动过程。

一、马克思《手稿》的研究方法要义

在《1857—1858 年经济学手稿》中，马克思已经明确将“生产”作为分析劳动过程的核心，通过对所有社会形态中共有的简单劳动过程的一般分析上升到对资本主义社会所特有的劳动过程的把握，系统建立了劳动过程理论的分析方法。

1. 劳动过程分析的基本方法

在《手稿》中，马克思对劳动过程采取了从“一般”到“特殊”的分析方法。在马克思看来，“生产一般”是一个抽象，这一抽象的合理性在于把不同时代生产的共同点所提出来，因此，“生产一般”本身就有许多组成部分，成为不同的规定。在《手稿》中，马克思强调这种抽象之所以要进行，是为了避免因为统一而忘记本质差别的情况。庸俗的政治经济学所存在的最大问题就是忘记了这种差别。马克思指出，“一切生产阶段所共有的、被思维当作一般规定而确定下来的规定，是存在的，但是所谓一切生产的一般条件，不过是这些抽象要素，用这些要素不可能理解任何一个现实的历史的生产阶段”。在《手稿》中，马克思批判了巴师夏和凯里把原子的个人这一思想引入经济学的做法，指出，“一切生产都是个人在一定社会形式中并借这种社会形式而进行的对自然的占有”。马克思所强调的生产过程首先是具有一定的形式规定性的，因此在讨论生产时总是指“在一定社会发展阶段上的生产——社会个人的生产”。马克思在对“生产一般”进行具体的、特定历史阶段、特定社会形式下的分析下，进一步探讨了资本主义生产过程（即劳动过程）的“特殊”。

2. 确立劳动过程中生产的决定地位

强调生产过程即劳动过程，是马克思主义经济学区别于其他学派的最重要特征。《手稿》中马克思指出，“摆在面前的对象，首先是物质生产”，明确指出了“生产”在整个经济过程中的决定地位。马克思指出，生产的决定地位不是抽象的，而是具体体现在四者辩证统一的过程中。通过分析生产过程中生产、分配、交换、消费四者的辩证关系，马克思指出，“通过生产过程本身，它们就从自然发生的东西变成历史的东西，并且对于这一个时期表现为生产的自然前提，对于前一个时期就是生产的历史结果”。马克思认为，“我们得到的结论并不是说，生产、分配、交换、消费是同一的东西，而是说，它们构成一个总体的各个环节，一个统一体内部的差别……因此，一定的生产决定一定的消费、分配、交换和这些不同要素相互间的一定关系。当然，生产就其单方面形式来说也决定于其他要素”。由此可见，在《手稿》中马克思明确了劳动过程中生产的决定性作用。

3. 从抽象到具体的分析

在《手稿》中，马克思指出研究从抽象到具体以及从具体到抽象的两条道路，并认为，前者是经济学在它产生时期在历史上走过的道路，后者则是科学上正确的方法。马克思认为对于劳动这一抽象概念的分析打开了研究经济学的大门，并指出“‘劳动’‘劳动一般’、直截了当的劳动这个范畴的抽象，这个现代经济学的起点，才成为实际上真实的东西”。因此，在研究生产时，总是应当在具体的历史阶段中进行。马克思通过将从抽象到具体的研究方法运用于劳动过程的分析，关注到劳动过程中的“一般”与“特殊”。马克思劳动过程理论的逻辑起点始于马克思对抽象劳动这一概念的把握。但是抽象的劳动不是马克思劳动过程理论所关注的重点，具体的资本主义生产方式中的特殊劳动才是理论的核心。资产阶级政治经济学所进行的尝试就是在抽象讨论生产一般，把属于资本主义生产方式所特有的规定看作非历史性的因素，因而无法完成对资本主义生产过程的客观把握。

二、劳动过程与价值增殖过程

从劳动过程理论的发展过程来看，劳动价值论的创立以及剩余价值理论核心范畴的确立是马克思分析资本主义劳动过程的理论前提。在《手稿》中，马克思已经运用历史唯物方法对生产过程中的基础性问题进行了分析，并基本确立了劳动价值论和剩余价值论的基本观点。学界基本已达成共识，马克思在《手稿》中实现了劳动价值论的科学革命，全面叙述了劳动价值论，并首次提出了剩余价值范畴，揭示了剩余价值的本质，然后分别考察了剩余价值的两种生产形式。当然马克思在此论述的只是剩余价值量的绝对和相对增加的问题，还没有阐述两种剩余价值生产方式的历史的和逻辑的转化关系。在此基础上，马克思在《手稿》中进一步讨论了剩余价值的两种形式，即绝对剩余价值与相对剩余价值。只是，《手稿》中马克思虽然看到了剩余价值的产生与其存在的两种形式，但并未分析两种剩余价值产生过程中劳动对资本从属关系，也未具体对应资本主义生产方式发展的历史阶段。因此，马克思还未完成对资本主义劳动过程分析的历史与逻辑的统一。

在劳动价值论和剩余价值理论基本观点已经确立的前提下，马克思在《手稿》“资本章”中分析了“劳动过程和价值增殖过程”。在这一部分，马克思看到了资本主义劳动过程的特殊性，给出了劳动过程理论研究的基本视域与具体范畴。马克思指出，“凡在过程开始时不是作为过程的前提和条件出现的东西，在过程结束时也不可能出现……一切（作为前提和条件的东西）在过程结束时必然会出现。因此，如果说在以资本为前提而开始的生产过程结束时，资本最后作为形式关系看起来消失了，那么只能是由于资本贯穿整个过程的那些看不见的线索被忽略了”。由此可见，马克思对劳动过程，抑或说是生产过程的分析，是从具体的形式上的规定展开的。马克思以最抽象的、纯粹物质性的、所有生产形式所共有的劳动过程为参照，分析了特殊的，被马克思称为“在资本内部表现为在资本的物质内部进行的过程、构成资本内容的过程”，这一过程以资本为前提而存在。

马克思指出，“由于劳动并入资本，资本便成为生产过程；但它首先是物质生产过程；是一般生产过程，因此，资本的生产过程同一般物质生产过程没有区别。它的形式规定完全消失了。由于资本把它的对象存在的一部分同劳动相交换，它的对象存在本身就在自身内部分为对象和劳动；两者的关系构成生产过程，或者说得更确切一些，构成劳动过程”。在这里，马克思明确了劳动过程研究的两层基本含义：第一层，劳动过程是所有社会形式所共有的物质劳动过程；第二层，是在资本成为生产过程之后，由资本及其对象关系构成的资本主义生产过程。在第二层含义中，马克思同时明确了劳动过程分析的主要视域，这就是资本主义生产方式中劳动及其对象的关系。在此基础上，马克思进一步探讨了劳动过程中的形式上的规定，即劳动与资本的关系问题。马克思指出，劳动转化为资本只有在生产过程本身中才能得以实现。马克思通过对资本主义具体劳动过程分析认识到，生产过程实际上就是资本的生产过程。在《手稿》中马克思已经看到，资本主义生产过程表现为劳动过程与价值增殖过程的统一，特点表现为工人在资本家的监督下进行劳动，工人的劳动服从资本家的安排，工人的劳动产品归资本家所有。在《手稿》中，马克思通过对劳动过程异化的分析，阐述了劳动过程的上述特点。

三、劳动过程与异化

在《手稿》中，马克思对资本主义劳动过程的“特殊性”所进行的最直接的分析主要在于对劳动过程中的异化问题进行了探讨。马克思指出，在资产阶级社会中货币“直接是现实的共同体”，在这种“共同体”中，任何生产都是个人的对象化①，并且这一对象化不是个人在自然规定性上的对象化，而是在一种社会规定（关系）上的对象化，这种规定对个人来说又是外在的。马克思指出，货币拥有社会属性正是由于社会中各个人的社会关系作为对象同自身相异化。在认识到普遍的资产阶级社会关系异化的基础上，马克思具体分析了资本主义劳动过程中的异化。在《资本论》中马克思并未再对异化问题进行更多分析，因而《手稿》为我们全面理解劳动过程理论提供了补充。

1. 劳动过程中劳动的异化

在《手稿》中，马克思通过分析劳动过程与价值增殖的过程，指出雇佣劳动实际就是异化劳动。首先，马克思认为雇佣劳动的交换价值是预先存在的，并且是“由已经过去的过程决定的”，因此这种劳动本身就是对象化劳动。其次，在资本与劳动交换的过程中，资本换进的劳动是活劳动，是生产财富的力量也是增加财富的活动，是劳动的创造力，而劳动的主体工人却丧失了劳动的创造力，劳动被抽象成丧失了客观条件的纯粹的主体。马克思指出，“劳动能力不仅把必要劳动的条件作为属于资本的条件创造出来，而且潜藏在劳动能力身上的增殖价值的可能性，创造价值的可能性，现在也作为剩余价值，作为剩余产品而存在”。这就说明，工人把劳动生产财富的力量转让出去，而资本将这种力量占为己有，导致工人变得贫穷，但资本却得以增殖。最后，获得了活劳动创造力的资本同丧失了客观条件的、纯粹主体的贫穷的劳动相对立，并使得劳动从属于资本。这种情况下，一方面资本对活劳动完全获得统治权，资本成为“富有自己权力和意志的价值”；另一方面工人“他的劳动的创造力作为资本的力量，作为他人的权力同他相对立”。因此，在生产过程结束时资本所获得的剩余价值，在马克思看来“无非是对象化了的活劳动的一定数额”且“作为独立的、与活劳动相交换的价值，作为资本而同活劳动相对立”。在这一过程中，异化的劳动“不仅生产了他人的财富和自身的贫穷，而且还生产了这种作为自我发生关系的财富的财富同作为贫穷的劳动能力之间的关系”。由此可见，在资本主义劳动过程中，工人劳动的创造性以及剩余价值都归资本

① 本文中“对象化”“异化”的使用，主要根据中央编译局出版的第2版《马克思恩格斯全集》（第30卷）与（第31卷）中论述“异化”“外化”“对象化”这三个概念的原文进行选择。一些学者认为，“异化”与“对象化”所指内容相近却不同，并就此问题进行了广泛讨论。马克思在对《货币章》和《资本章》的增补中指出，“关键不在于对象化，而在于异化，外化、外在化，在于不归工人所有，而归人格化的生产条件即资本所有，归巨大的对象［化］的权力所有，这种对象［化］的权力把社会劳动本身当作自身的一个要素而至于同自己相对立的位置”（《马克思恩格斯全集》（第31卷），人民出版社1995年版，第244页）。

家所有。

2. 劳动工具的异化

在《手稿》中，马克思在分析雇佣劳动是异化劳动的基础上，进一步分析了劳动工具的异化。马克思指出，剩余价值为了重新增殖而转化为两种形态，一方面作为原料和工具，另一方面作为劳动的生活资料。在这一转化过程中，原料和工具按照一定的比例由剩余劳动生产出来。这一比例首先要允许一定量的活劳动可以在剩余劳动的结果中不断对象化并重新分裂为活劳动的自我保存和自我再生产的客观条件和主观条件；其次这一比例还要允许在满足上述需要的前提下，使活劳动能够作为剩余劳动实现在这些原料和工具中，并将其变为新的价值创造的材料。因此剩余劳动的客观条件受到原料和工具的一定比例限制，但是当工具和生活资料具有的规模不仅能够使活劳动作为必要劳动存在，而且还能够作为剩余劳动得以实现的情况下，工具与生活资料就表现为同活劳动本身无关的资本方面的行为。

具体到机器大工业时代的资本主义生产过程中，工具与原料表现为大范围应用的机器与机器体系。马克思指出，“关于机器也可以说，它节约劳动，不过正如罗德戴尔正确地指出的，单纯节约劳动并不是使用机器的特征；因为人类劳动借助于机器，可以制造和创造出没有机器就绝对创造不出来的东西。后一点同机器的使用价值有关。节约必要劳动和创造剩余劳动才是特征”。在《手稿》中，马克思详细分析了机器的发展如何从工人手中夺走了对工作进度的控制权，从而使这种控制产生质变。马克思指出，“随着劳动生产力的发展，劳动的物的条件即对象化劳动，同活劳动相比必然增长……劳动的客观条件对活劳动具有越来越巨大的独立性（这种独立性就通过这些客观条件的规模而表现出来），而社会财富越来越巨大的部分作为异己的和统治的权力同劳动相对立”。由此可见，在资本主义劳动过程中，机器这一劳动工具作为与活劳动相异化的财产和与它敌对的力量产生出来，同劳动相对立。

3. 劳动过程的异化

存在异化劳动和劳动工具异化的资本主义劳动过程本身就是异化的过程。首先，劳动过程中的分工导致了劳动的分解并引发资本与劳动的对立。机器体系对活劳动的占有具有直接的现实性，这体现在两方面：一方面，机器能够完成以前工人完成的同样的劳动；另一方面，现有的机器体系本身提供了大量的手段，因而发明成为一种职业，科技在直接生产上的应用对科学的发展具有决定性推动作用。但是这既不是机器在整体上所经过的道路，也不是机器在细节上不断演进经过的道路。实际上，机器体系的道路是通过分工实现分解。在具体的生产过程中，分工把工人的劳动不断细化并分解为简单机械的操作，当这种分解达到一定地步，机器就会替代工人。因而，这里直接表现为“一定的劳动方式从工人身上转移到机器形式的资本上，由于这种转移，工人自己的劳动能力就贬值了。由此产生了工人反对机器体系的斗争”。

其次，这种对立产生的情况下，劳动过程的主体不断丧失对过程的作用，劳动过程逐渐抽象化。在机器大范围替代工人的情形下，“过去活的工人的活动，现在成了机器的活动”，工人的具体的劳动被抽象掉了，表现为“人以生产过程的监督者和调节者的身份同生产过程本身发生关系”。工人同对象之间的中介物不再是改变了形态的自然物，而是“由他改变为工业过程的自然过程”，这样，“工人不再是生产过程的主要作用者，而是站在生产过程的旁边”。这时劳动过程的主要作用者成了机器体系（即固定资本的物质载体）。工人丧失所有权，而对象化劳动拥有对活劳动的所有权。

最后，作为异化的劳动过程，表现为强制劳动的过程。马克思指出，固定资本的价值只有在生产过程中被消费才能再生产出来。因此，“固定资本发展的程度越高，生产过程的连续性或再生产过程的不断进行，就越成为以资本为基础的生产方式的外在的强制性条件”。在资本主义社会，劳动工具的异化表现为机器体系的异化，表现为对象化的劳动产品同活劳动相对立。机器体系作为固定资本的物质载体，其发展程度越高，对劳动过程的把握就越彻底，工人就越丧失对劳动过程的掌控。在马克思看来，过去旧的共同体中存在的独立的财富是靠直接的强制劳动，即奴隶制维系，而在资本主义社会中，财富则是依赖间接的强制劳动，即雇佣劳动制度，才能存在。这种间接的强制劳动赋予劳动者形式上的自由，却在实际上强迫劳动者为了满足劳动力价值而为资本不断追求剩余价值的生产过程进行劳动。因此，在资本主义劳动过程中，工人的劳动始终在资本家的监控下进行。

四、劳动过程正义论初探

对正义的界定一直是政治哲学领域不同话语下存在较大争议的问题。马克思将正义问题刺入了更为基础的生产领域，从劳动过程（抑或说是生产过程）中对正义进行了把握。平等与自由是正义的两个维度，过去尖锐的争锋在于形式平等与实质平等究竟何为正义，以及建立在启蒙运动基础上的自由主义理解的自由是否是真正的自由等问题。在《手稿》中，马克思通过对劳动过程的分析，给出了马克思主义正义观的基本规定。

在《手稿》的“货币章”中，马克思看到“货币存在的前提是社会联系的物化”。马克思分析指出，劳动同商品的交换是最大的交换，同时马克思看到一切产品和活动转化为交换价值必须以人在生产中固定的依赖关系的解题为前提，同时还不得不以生产者互相间的全面的依赖为前提。马克思指出，“交换手段同直接的劳动产品的性质之间以及同交换者的直接需要之间的联系越是密切，把个人互相联结起来的共同体的力量就必定越大”。就资本主义生产方式来看，生产者的直接需要就是获取交换价值，获取货币，交换手段成为直接需要，因此资本主义生产方式占支配地位的共同体获得了空前强大的控制力。这种控制成为对劳动者自由与全面发展的限制。随着资本主义生产方式的进步，分工进一步发展，并由此产生密集、结合、协作以及私人利益的对立。这种对立引发的失业、歧视以及劳动力市场分割等结果成为讨论劳动正义不可回避的问题。

通过分析劳动过程中劳动工具的异化，马克思指出，资本家采用机器的动力一定不是机器的价值等于及其所替代的劳动能力的价值，因为在这种情况下，采用机器毫无意义。机器对工人的替代导致了工人阶级的一部分直接被转化为相对过剩人口，产生了不可避免的失业问题与就业难题。马克思指出，“劳动本身的生产力的一切增长，如科学、发明、劳动的分工和结合、交通工具的改善、世界市场的开辟、机器等所产生的结果，都不会使工人致富，而只会使支配劳动的权力更加增大；只会使资本的生产力增长。因为资本是公认的对立面，所以文明的进步只会增大支配劳动的客体的权力”。在这里我们可以看到，“平等”概念下的两个问题，即财富的积累与权力的表现在资本主义生产方式中，将面临随生产力水平提高而呈现出不平等增长的现象。

参考文献

[1]［美］哈里·布雷弗曼：《劳动与垄断资本》，商务印书馆1978年版。
[2]［英］戴维·麦克莱兰：《马克思以后的马克思主义》，东方出版社1986年版。
[3]《马克思恩格斯全集》（第30卷），人民出版社1995年版。
[4]《马克思恩格斯全集》（第31卷），人民出版社1995年版。

新时代中国经济发展中的问题研究

“十四五”时期我国健康老龄化优化路径思考*

黄石松　伍小兰**

摘要：“十四五”时期，我国处于人口老龄化加速发展、多重健康风险凸显的时期，有效推进健康老龄化，降低健康的风险因素，增加保护性因素，降低老年人口对昂贵的医疗和照护服务的需求，并为老年人的参与和贡献创造条件具有重大意义。本文对健康和健康老龄化的概念内涵和本质价值的演变进行了探讨分析，在“健康中国”战略框架下梳理了相关老龄健康的政策和实践，并在此基础上提出了在全社会普及树立主体性健康观，引领健康老龄化发展；优化长期照护服务，做实医养康养结合型服务；扩充健康服务人力资源，推进健康管理全覆盖；以就近就便为导向，加大老年健康服务设施供给，强化健康老龄化技术支撑等具体措施建议。作为世界上老年人口最多的发展中大国，中国推进健康老龄化的经验和探索也将对全球健康老龄化产生积极影响。

关键词：健康　健康老龄化　认知演变　优化路径

* 本文系科技部国家重点研发计划“我国人群增龄过程中健康状态变化特点与规律的研究”子课题“健康状态影响因素的分析研究”（项目号：2018YFC2000303）的阶段性成果。

** 黄石松，中国人民大学国家发展与战略研究院首席研究员；伍小兰，中国老龄科研中心研究员。

一、研究背景

21世纪的中国是不可逆转的老龄社会。截至2019年末，我国60周岁及以上人口达2.54亿，占总人口的18.1%①。根据《国家应对人口老龄化战略研究》课题预测②，到2025年，我国老年人口将突破3亿（3.08亿人），2033年突破4亿人，2050年达到峰值4.83亿人，届时三个人当中就将有一个老年人。"十四五"时期我国老年人口规模增速将明显超过"十三五"时期，而且面临着重大传染病疫情频发和重大慢性非传染病双重健康风险挑战，亟待加快推进健康老龄化发展进程，提升老年人健康水平。

老年人的健康和照护问题是人口老龄化过程中最为突出的问题。目前我国居民人均预期寿命已经达到77.3岁，然而由于各种疾病、伤残和功能障碍的累积，我国老年群体总体上长寿不健康。因此，提高全体公民老年期的健康水平、实施健康老龄化战略是一项实现"长寿红利"的投资。推进健康老龄化、改善老年群体的健康状况能显著降低社会负担，最大限度地减少人口老龄化带来的负面效应，在提升老年人生活质量的同时保持经济社会发展的活力。新冠肺炎疫情更是凸显出老年人健康保障问题的重要性。从全球范围来看，老年人是此次疫情中受冲击最大的群体。联合国发布的《新冠疫情对老年人影响》政策简报指出，疫情正给全球的老年群体带来无法估量的恐惧和折磨。老年人感染新冠病毒的死亡率更高，其中80岁以上老年人的死亡率更是高达平均值的5倍。可见，无论是慢性病的流行，还是突发的传染病疫情，老年人都是健康弱势群体，因此后疫情时代需要进一步树立新的健康观，优化老年健康服务保障路径，有效推进健康老龄化。

二、健康和健康老龄化的认知演变

对健康和健康老龄化内涵的理解直接影响着为维护健康而采取的行动。党的十九大将实施"健康中国"战略纳入国家发展的基本方略，这表明"健康中国"建设进入了全面实施阶段，那么如何进行政策和资源布局，"为人民群众提供全方位全周期健康服务"，实现由"以疾病为中心"向"以健康为中心"的转变，必然要求树立新的健康观，因为任何现实的健康治理过程都是治理观念的具体体现。从生命个体健康维护到健康社会性问题的解决，需要新的健康观的建构，而这又在很大程度上依赖于对传统健康观念的反思。

① 国家统计局：《2019年国民经济和社会发展统计公报》，2020年2月28日。

② 人口老龄化态势与发展战略研究课题组：《国家应对人口老龄化战略研究：人口老龄化态势与发展战略研究》，华龄出版社2014年版。

（一）健康

1948年世界卫生组织将“健康”界定为：健康不仅为疾病或羸弱之消除，而系体格、精神与社会之完全状态，这一综合性概念在全球产生了广泛和深远的影响。这一“健康”定义体现了对社会群体健康而非单纯个人健康的关注。在现实生活中，认为“健康等于不生病”、要保持健康就必须“以治病为中心”的传统健康观念，已被历时性地建构为一种具有特定逻辑的价值理念、话语体系和实践活动。[①] 然而，当今全球人口年龄结构和疾病谱都已经发生快速和重大的转变，在中国也是如此，在人口老龄化程度日趋提升的同时，疾病负担逐渐从妇幼卫生问题和传染性疾患向慢性非传染性疾病转变。长期的“带病生存”成为个人和社会的常态，我们需要学会管理健康，预防疾病，而不是执着于治愈疾病，把慢性病患者贴上“病人”的消极标签，而是应该关注人的主体能力的发挥，关注美好社会建设中人性的终极价值取向。

人们对于健康的认识和实践一直在发展变化当中，世界卫生组织在1984年指出：“健康是个人或群体能够实现愿望、满足需要、改变或适应环境的程度。健康是每天生活的资源，它是一个积极的概念，强调机体的能力，也强调社会和个人资源。”将健康视为一种资源和人力资本的重要组成部分。到2015年，世界卫生组织于联合国国际老年人日发布《关于老龄化与健康的全球报告》，提出了新的健康内涵属性，认为健康是一种老年人能够完成他们认为重要的事情所具备的根本属性和整体属性。这一定义突出强调健康不是以是否患有疾病为判断标准，而是在对老年人主体性和自主性充分认可和尊重的基础上，更为关注个体实际的生活质量，更为关注老年人功能的发挥状况和自主选择能力。

（二）健康老龄化

健康是应对人口老龄化的首要条件，提出健康老龄化的初衷是为了解决人们对人口老龄化的担心和恐惧。1993年7月第十五届国际老年学学会布达佩斯年会主题为“科学要为老年人健康服务”，“健康老龄化”一词在全世界普遍推广。健康老龄化是国际社会最早提出来的具有广泛影响的应对人口老龄化的政策理念，其核心理念在于以生命历程的视角来看待健康，即在人生各个阶段，对能够影响到老年期健康长寿和生活质量的有利因素和不利因素都要重视和采取措施干预，防止和减轻危险因素，推进和增加保障因素。

需要注意的是，健康老龄化并不只是躯体健康、生理健康，健康老龄化要求老年人

① 唐钧、李军：《健康社会学视角下的整体健康观和健康管理》，载《中国社会科学》2019年第8期。

参与社会，发挥潜能，成为一种资源而不是负担①。作为健康老龄化战略的提出者，世界卫生组织于2015年进一步更新和诠释了健康老龄化的概念内涵和政策导向，将健康老龄化定义为发展和维护老年健康生活所需的功能发挥的过程。功能发挥则是指使个体能够按照自身观念和偏好来生活和行动的健康相关因素，由个人内在能力与相关环境特征以及两者之间的相互作用构成。可见这一定义更多的是从老年人实际生活状况的角度去认定老年期的健康问题，而不是局限于罹患疾病或共患病的情况。

可见，随着人口老龄化学术研究和政策实践的发展，国际社会对健康老龄化的认识也不断更新和深入。总体而言，包括了行动能力和社会功能的发挥是健康老龄化战略关注的焦点，并凸显了对老年人主体性的强调②。而这也正与“健康中国”战略的本质要求是一致的，即把人民健康摆在优先发展的战略地位，加快推动从“以治病为中心”转变为“以人民健康为中心”。

三、健康老龄化发展的形势分析

（一）相关政策发展

党的十八大以来，我国人民健康水平持续提高，积极推进老年健康服务供给侧结构性改革，保障老年人获得适宜的、综合的、连续的健康服务。2016年，党中央、国务院召开全国卫生与健康大会，并发布《“健康中国2030”规划纲要》，提出了“健康中国”建设的目标和任务，对促进健康老龄化做出具体安排。2017年，多部委联合发布首个健康老龄化专项规划，也即《“十三五”健康老龄化规划》，提出建立覆盖城乡老年人的基本医疗卫生制度，优化老年医疗卫生资源配置，构建与国民经济和社会发展相适应的老年健康服务体系，持续提升老年人健康水平。

党的十九大做出实施“健康中国”战略的重大决策部署，强调坚持预防为主，倡导健康文明生活方式，预防控制重大疾病。《国务院关于实施健康中国行动的意见》《健康中国行动（2019～2030年）》相继出台，旨在加快推动从“以治病为中心”转变为“以人民健康为中心”，提高全民健康水平，明确健康中国“共建共享”的基本路径，动员全社会落实预防为主方针，推动从依靠卫生健康系统向社会整体联动转变。

持续加大医疗卫生与养老服务衔接力度，提高医养结合服务质量。《关于推进医疗卫生与养老服务相结合的指导意见》《关于深入推进医养结合发展若干意见》等政策

---

① 邬沧萍、史薇：《健康老龄化》，载《全面建成小康社会　积极应对人口老龄化》，中国人口出版社2016年版。

② 陆杰华、阮韵晨、张莉：《健康老龄化的中国方案探讨：内涵、主要障碍及其方略》，载《国家行政学院学报》2017年第5期。

文件相继出台，全国范围内医养结合试点示范县（市、区）和机构创建工作蓬勃开展。党的十九届四中全会进一步明确要求“积极应对人口老龄化，加快建设居家社区机构相协调、医养康养相结合的养老服务体系”。

建立完善老年健康服务体系是国家卫生健康委员会的新增职责之一，为解决老年健康服务体系不健全、有效供给不足、发展不平衡不充分的问题，2019年国家卫生健康委联合国家发展改革委等8部委印发了《关于建立完善老年健康服务体系的指导意见》，这是我国第一个关于老年健康服务体系的指导性文件，对于加强我国老年健康服务体系建设、推动实现健康老龄化具有重要意义。《中华人民共和国基本医疗卫生与健康促进法》于2020年6月1日正式实施，是我国首部卫生和健康领域的基础性、综合性法律，为推进“健康中国”建设提供了法律遵循和保障。

（二）健康服务资源发展

“十三五”期间我国医疗服务资源持续扩大，以全科医生为重点的基层医疗卫生人才队伍建设加快推进。医疗服务是“人对人”的服务，从医疗服务开展需要的人力资源来看，2015～2019年5年间，我国每千人口执业（助理）医师由2015年的2.22人增加到2019年的2.77人，每千人口注册护士由2.37人增加到3.18人，每万人口全科医生由1.38人增加到2.61人，均提前实现“十三五”规划目标。特别是，老年医疗卫生服务资源投入不断强化，截至2019年底，全国设有国家老年疾病临床医学研究中心6个、老年医学科的医疗卫生机构3 459个，其中，设有老年医学科的二级及以上综合性医院2 175个；设有临终关怀（安宁疗护）科的医疗卫生机构354个。医养资源整合机制进一步优化，两证齐全的医养结合机构达到4 795家，医疗卫生机构与养老服务机构开展签约合作的有5.64万对。①

但是我们仍然看到，虽然我国医疗服务人力资源不断扩大，但是稀缺性问题依然十分显著。在美洲和欧洲国家，分别每417人、每293人就有一名医生，分别每120人、每123人就有一名护士/助产士②。可见，如果单纯依靠我们目前的医疗服务去支撑“健康中国”以及“健康老龄化”的战略实施，必将捉襟见肘，难以实现强基层、强预防，更好满足人民群众基本健康服务需求的目标。与此同时，优质医疗服务资源向高等级医院聚集的现象一直没有得到扭转，2010～2019年10年间，中国的三级医院从1 284个增长到2 749个，增幅达到114%，但同期卫生人员增长幅度仅有57.5%③，可以想像，快速扩容的三甲医院将加剧有限增长的卫生人力配置结构的不合理，相比2010年（40.0%），2019年基层医疗机构卫生人员占比（32.2%）呈现出明显下降趋

① 本部分2015年数字出自国务院：《“十三五”卫生与健康规划》，2016年12月27日；2019年数字出自国家卫生健康委：《2019年我国卫生健康事业发展统计公报》，2020年6月6日。

② 世界卫生组织：《2020年世界卫生统计》，2020年5月13日。

③ 2010年数字出自卫生部：《2010年中国卫生事业发展统计公报》，2011年4月29日；2019年数字出自国家卫生健康委：《2019年我国卫生健康事业发展统计公报》，2020年6月6日。

势。可见，从资源配置角度来看，推进“以疾病为中心”向“以健康为中心”的转变，我们首先需要破除“医疗中心主义”，从“健康”这一更高层次的理念和思维来部署我们的健康服务资源，同时还要进一步资源下沉，加强基层卫生保健、疾病预防、社区与家庭照护，为老年人提供可及的、连续的、可负担的健康服务。

（三）各地健康服务创新实践

在老年健康促进与公共卫生服务方面，福建省安排专项经费建设“福建老年学习网”，开发医学保健等20大类网络课程视频，海量课程资源实现共享。江西省将老年体育协会延伸到基层，覆盖八成以上的社区，经常性组织老年运动会。山西省在全省范围内开展基本公共卫生服务项目专项行动，打通规范服务“最后一公里”，持续加大慢性病防治体系建设力度，全面推进健康教育工作，逐步提高老年居民健康素养水平。

在强化医养结合、建立长期照护体系方面，上海市在推进长期护理保险制度中积极发展接续性医疗机构，全市执业护理站和社区安宁疗护机构显著增长，居家和机构舒缓疗护床位超过千张，积极推进医疗卫生服务延伸至社区、家庭。江苏省创新家庭医生服务模式，推出个性化的“私人定制”菜单式服务包，满足老年人居家护理服务需求。黑龙江省哈尔滨市城市社区卫生服务中心全部与辖区日间照料机构签订了健康管理服务协议，将老年人的预防保健、健康管理、医疗卫生、康复护理、生活照料、心理健康等项目落到实处。安徽省积极鼓励社会办养老机构提升医养结合服务水平，引导其优先保障失能、半失能老年人服务需求。

在特色健康服务方面，四川省依托电子信息产业基础优势，积极发展可穿戴设备、智能养老监护设备等产品服务，涌现出四川长虹、四川久远银海等一批智慧健康养老企业，初步构建了从终端产品到服务平台、应用解决方案的智慧健康养老产业链。广西壮族自治区注重中医药、壮瑶医药与养生养老有机结合，形成了南宁“元之源”、弘中健康中心，桂林“崇华中医街”等在区内外具有较大影响力的中医药壮瑶医药养生服务品牌。

在适老健康支持环境方面，浙江省充分运用互联网、大数据、云计算等新技术，优化挂号、检查、住院、手术、付费等服务流程，提升就医服务效率，方便广大老年人看病就医。湖北省在全省范围内大力开展老年宜居社区创建活动，营造安全、便利、舒适、无障碍的老年宜居环境体系，为促进老年人功能发挥、实现健康老龄化，提供环境支撑。

四、推进健康老龄化的优化路径

以人民健康为中心的理念提出，意味着在国家发展理念上不是仅以人为“投入”实现经济发展，而是以人为“产出”作为社会发展的成果，实现既为了人，又依托人的美好社会图景。同时以人民健康为中心意味着让所有人而不是少数人或多数人成为健康和美好生活的拥有者。后疫情时代，重大慢性非传染病对我们的生命威胁并没有减弱，反而面临更大的挑战，“十四五”时期是我国积极应对人口老龄化的重要窗口期，亟须立足基础、更新理念、多措并举，推进我国健康老龄化实施进程。

（一）在观念层面树立主体性健康观

通过对健康、健康老龄化的涵义探讨，特别是在以人民为中心的健康中国建设价值取向下，笔者认同，健康的底线不在于躯体有无疾病，而在于能够维持正常生命、从事日常活动，不能仅以医学中的“疾病”为焦点，而应转向倡导“个体自主”，转向发现和发展自我健康能力，实现躯体、心灵、情感和精神等全层次的健康①。老龄社会背景下，我们更加需要这种主体性健康观，实现老年人的个体健康与自身发展，提升老年人的生活质量。

主体性健康观要求发挥健康主体的能动性。公民是自己健康的第一责任人，如何形成符合自身和家庭特点的健康生活方式既是个体人生命题，也是社会问题。一是要注重“公民性”的养成，从“人”的教育，而不是“材”的教育出发，公民主动学习健康知识，提高健康素养且能在有疫情及其他灾害、事故、事变面前积极且从容应对，无论届时他自己是病人、医生、官员，还是其他人。在疫情防控常态化背景下，能够主动适应生活方式可能是长期性的改变，比如人与人之间保持距离、戴口罩和勤洗手。二是要尊重健康主体“人”的属性，“主身者神”，人具有精神和意识作用，要让人们认识到人在面对环境挑战时具有自主调理和自我管理的能动性，可以在与外部环境的调节互动当中达到身心平衡状态。

主体性健康观要求充分认识健康的复杂性。微观与宏观的统一，还原论与整体论的结合，多学科的相互交叉，先进技术和手段的运用，是当代科学发展前沿的主要特征，孕育着科学上的重大突破，使人类对世界的认识不断超越和深化。健康涉及人体系统以及人体与环境的相关性，人体是一个自组织、自适应的复杂巨系统，由人与环境相互联系、相互制约构成的矛盾统一体，是一个超级的开放复杂巨系统。因此有效的健康促进，需要着眼于考察人体复杂系统的整体涌现表达出的功能状态的动态变化，在充分发挥个体主观能动性的前提下，综合利用可控的方法手段，激活人体这种能力，达到消除人体疾病和提高机体能力的目的②。

主体性健康观要求促进个体功能发挥。一般来说，处于较优势地位的人群（包括收入较高、受教育水平较高、社会地位较高等）往往比处境略差的同龄人更少患病，更为长寿。我们需要在功能发挥领域减少这种不平等，减少实际生活质量的不平等。一是优化老年人的内在能力轨迹。慢性病的进程与老化过程相互交叠，并最终影响老年人的内

① 杜本峰：《社会变迁与健康的本质表达及价值》，载《医学与哲学》2019年第13期。
② 李祥臣、俞梦孙：《主动健康：从理念到模式》，载《体育科学》2020年第2期。

在能力。要建立内在能力的快速评估指标体系，针对不同内在能力状况的老年人，采取相应的措施优化老年人内在能力发展轨迹。二是优化功能发挥的实际过程，将促进老年人功能发挥融入交通、住房、社会保护和支持、城乡规划和建设、信息通信、教育和劳动、卫生和长期照护等领域的政策，建设人人享有的老年友好型社会，让老年人能够继续拥有自我发展和价值实现的机会和能力，做自己想做的事，去自己想去的地方。

（二）在服务层面聚焦长期照护发展

老龄社会背景下，长期照护风险成为一种社会风险。长期照护风险是指个人因丧失某种程度的生活自理能力，因而需仰赖他人协助的风险，具备低发生率、高费用、与年龄相关、常不具恢复性等特点。从健康老龄化的角度来看，长期照护的作用在于通过最优化被照护者内在能力（个体在任何时候都能动用的全部体力和脑力的组合）的变化轨迹，并提供必要的支持环境和照护，确保那些即便是存在严重失能的老年人仍然能够健康老龄化。

可见，长期照护是一个在一定的环境支持下照料加护理的综合概念，性质上属于社会性照护，包括生活照顾服务、健康照护服务、社会支持、居家环境改善等一系列宽泛服务。长期照护的服务对象是指因年老、疾病或伤残而丧失自我照顾能力并持续较长时间的失能者及其家庭照顾者。医养康养相结合的核心价值就在于应对老龄社会的长期照护风险，在日常生活照料和关心支持的基础上，提供延缓慢性病发展和维护身体功能的护理康复，让老年人尽可能长地维持身心功能健康，即便失能失智后仍能尽量延续原有生活模式和生活质量，进而减少对急性医疗服务的不当使用，降低高昂的医疗费用负担，促进健康服务系统的可持续。

因此，要进一步聚焦共识，避免多头推进和资源碎片化，优化医养康养相结合的机制，促进医疗卫生服务系统对于养老服务系统的支持，提升养老服务的专业性，以长期照护服务为核心，延伸前端初级预防功能，促进预防保健、活力老化、减缓失能，向后端衔接安宁照顾、临终关怀，为老年人提供整合性养老服务，以更低的成本提升老年人健康福祉，减少社会恐老情绪，满足人民群众美好生活需要。

（三）在设施层面突出就近就便

这次新冠肺炎疫情中首当其冲的是各国的卫生健康服务体系，尤其是老年健康服务体系，因为老年人是受疫情冲击最大的群体。由于疫情来势突然，加之对新冠肺炎病毒的医学认知不足，世界各国无一例外暴露出短板，出现不同程度的医疗资源挤兑现象。世界范围内的相关经验已表明，无论是慢病预防与控制还是急性或新发传染病的防控，都需要强基层，提升优质健康服务的可及性，使得社区居民的普通小病都可以在社区内解决，并加强防疫应急能力，提升社会韧性。城市医院规模越来越大、条件越来越好、档次越来越高、病人越来越多、医生越来越忙的现象显然不利于国民健康的维护，也不利于突发重大公共卫生紧急事件的有效防控。

最为重要的是要强化科学规划，倡导土地功能混合利用，突出就近就便，织密老年健康服务设施及机构布局，建设老年人身边的“医联体”，把健康服务送到老年人的身边。比如，可以打造科学规划、就近就便在居民区、超市、商场、写字楼、社区服务中心、“家园”组团配置和嵌入老年健康服务设施及机构，织密老年健康设施及机构网络，集中设置健康管理、健康咨询、体检、诊所、应急处置等各种健康服务，真正做到公平可及、就近就便、综合连续。这就需要加强政策的支持，一是在土地规划政策上进行突破。从目前土地使用制度来讲，我国规定居住用地只能用来居住，商业用地只能用做商业。商业用地里面不能有医疗机构建设（属于公共事业用地的范畴），特别是养老机构的用地都是独立的用地性质。但在国外一些国家，在一个写字楼里面是可以出现这种混合功能的设施的，而且在写字楼开始规划报批时，哪些地方必须用于医疗服务设施的建设，在规划图纸和征求意见阶段，就已经向社会公开。二是破除制度障碍，推动社会办医。精准施策，破除“一放就乱，一管就死”的困境，优化社会办医营商环境，鼓励社会力量在医疗资源薄弱区域和健康管理、康复护理、临终关怀等短缺领域举办医疗机构。养老机构设置医疗机构，属于社会办医范畴的，同等享受相关扶持政策，医疗机构设立养老机构符合条件的，享受养老机构相关补贴扶持政策。发挥央企和国企的优势，扩大老年健康服务供给。

（四）在人力层面扩充健康服务队伍

以人民健康为中心的健康老龄化，要求对于疾病的态度和作为不能仅仅局限于“有病治病”，而更多的是要考虑到如何综合预防，更多地考虑到如何促进老年人的能力发挥。因此，健康管理应该成为老年健康服务体系的基石。令人欣慰的是，国家基本公共卫生服务规范中涉及了很多与“健康管理”相关的内容，这些服务主要由乡镇卫生院和社区卫生服务中心负责组织实施。然而事实上，在目前情形下，社区医生即使不从事任何临床诊疗工作，要有效完成这些基本公共卫生服务，也是不可能的。为解决有限的人力资源，自 2005 年起，我国劳动保障部门、卫生部门分别启动了“健康管理师”培训项目，大力培养和使用全科医生，建立起健康管理专业人员队伍，2011 年国务院发布了《关于建立全科医生制度的指导意见》，明确指出，全科医生主要在基层承担预防保健、常见病多发病的诊疗和转诊、病人康复和慢性病管理、健康管理等一体化服务，是居民健康的“守门人”。然而仅仅依靠有限的医疗卫生人力资源去做全民健康管理，是很难实现的，也是做不好的。健康管理不仅需要医学服务，也需要社会服务以及友好环境的支持，从针对个体向针对个体、家庭与社区转变。

从优化功能发挥的健康老龄化轨迹出发，在建立居家社区养老服务“三社联动”机制过程当中，培育一支具备一定医学知识的社会工作者队伍来充实健康服务人力资源，为老年人提供普及化的医养康养相结合的养老服务、健康管理服务。以健康和比较健康老年人为重点，提供健康促进和预防照护服务，尽可能减缓老人生理功能退化、让老年人保持自立自主的生活状态。在理念上融入"自立"观念，不是"帮老人做"，更要"教老人做"，不是"限制老人出门"，而是要"鼓励老人外出"，让老年人逐步改变健康理念和生活习惯，维护和促进身心健康。在服务上更多开展针对性体医结合和健康促进服务，依托社区养老服务机构、社区老年人健康促进中心等场所，为老年人提供健身辅导、身体机能训练、慢病运动干预、营养干预、心理辅导、认知障碍干预等服务，提升老年人的内在能力，维持更好的身体机能和脑力状况。目前，实施预防照护，促进老年人功能发挥的理念在国内一些地方已经得到了实际应用，《青岛市长期护理保险暂行办法》明确规定建立延缓失能失智预防保障金，并建立延缓失能失智预防项目管理和传播平台。

（五）在技术层面强化科技支撑

适应"十四五"时期我国日益加剧的人口老龄化发展态势，强化信息技术的支持，充分发挥技术进步在积极应对人口老龄化中的第一动力和战略支撑作用。在智慧养老技术、远程医疗技术等方面，加大场景应用，尽快推出一批技术相对成熟、投入不大、见效快、边际效应好的项目，推进健康服务的就近就便、公平可及、综合连续。

首先，建立一套互通互联的信息系统。当前我国智慧技术在民生领域的应用，更多的不是受制于技术原因，而是由于各种体制性的障碍缺乏一套透明开放的信息系统，不能形成信息的互联互通，成为就近就便的最大障碍。"医联体"内所有的服务机构和设施要实现信息互联互通，不管老年人是在牙医处就诊、在家庭医生处看病、在检验室做检查等，所有信息都是互联的，同时建立互联互通的支付体系，这样才能让老年人能够切实就近就便地获得健康服务。

其次，加强健康服务科技创新。此次新冠肺炎疫情防控过程中，智慧技术在助力检验检测、服务物资管理和调配、助力社会动员和社会管控方面已经大显身手。疫情防控常态化下，智慧技术对普及在线就医、线上社区交流、远程照护和远程安全监控方面的作用将持续凸显，应整合相关政策、资金、技术，尽快推出一批技术可靠、经济适用的智慧应用场景，出台一批老年健康服务产品和康复辅具推荐目录。

最后，推动家庭病床、家庭养老床位、家庭适老化改造项目的资金、技术和政策统筹。目前，我国社会化健康养老服务体系构建中，分别从民政系统开展了家庭适老化改造项目和家庭养老床位建设项目，从卫健系统开展了家医签约和家庭病床项目，应对这些项目、政策、资金进行统筹协调，特别是要适应疫情防控常态化的要求，更多使用智慧和远程技术，通过政府购买服务，以技术应用场景的普及带动政策和资金的统筹。

财政货币政策选择应对经济下行挑战

王在全[*]

摘要： 中国经济增长处于新旧动能转换期，传统的发展动能逐渐减弱，新动能不断增强，科技创新、产业升级取得重大突破，但是总体上还处于转型升级中。加上全球新冠肺炎疫情的影响，世界经济下行的压力以及以美国为代表的少数西方国家对中国经济发展的挤压，我国经济发展面临着巨大的不确定性。为此，2020 年两会期间提出下一阶段的目标时指出，要加大“六稳”工作力度，坚定实施扩大内需战略，维护经济发展和社会稳定大局。为此，我国要实施积极有为的财政政策、灵活有度的稳健货币政策。本文试从中国经济面临的挑战入手，分析当前的财政货币政策，并就如何进一步实施这一政策提出建议。

关键词： 财政政策　货币政策　经济增长　新冠肺炎疫情

一、中国经济发展面临的挑战

我国经济发展由于技术和产业周期，尤其是全球经济下行及新冠肺炎疫情的影响，企业面临着“市场的冰山、融资的高山和转型的火山”三座大山，经济增长速度、经济发展方式和经济增长动力都面临着转变与调整。当前主要的挑战来自以下几个方面。

第一，科技创新和产业转型升级的挑战。科技是第一生产力，科技创新是经济发展的原动力。我国经济增长的主要动力正日益向依赖科技进步方面转变。目前，科技进步贡献率已经达到 60%。从全球技术革命的视角来看，以大数据、云计算、移动互联、生命科技和人工智能为代表的新一轮科技革命正在兴起，我们没有搭上第一次和第二次科技革命的列车，第三次科技革命也基本擦边而过，在这一次科技革命中，中国深深参与其中，在某些领域甚至是引领者。但是，我国存在的大量的中小微企业仍然是传统企业，资金门槛和技术门槛低，还远没有形成品牌与核心竞争力，中小微企业也很少进行科技研发活动，主要是没有技术研发的人才、资金及其他条件；大型企业技术研发的条件具备，但是企业普遍对研发的投入不足，重视程度不够，还有将目光集中在短期盈利

* 王在全，北京大学马克思主义学院经济所经济学博士、教授、副院长。

赚钱的项目上来，重市场、轻科研现象突出。当然也不乏像华为这样的科技民营企业重视科技研发，甚至将销售额的15%进行研发活动，从长远来看获得了持续增长的动能。正如习近平总书记所说，当前民营企业面临三座大山："市场的冰山、融资的高山、转型的火山"。企业进行科技创新和产业转型升级是好事，但是这个转型是一个不确定的过程，伴随着大量的投入、失败，这对于所有企业来说都是一个挑战。

目前世界上公认的创新型国家有20个左右，包括美国、日本、芬兰、以色列、韩国等。创新型国家的科技进步贡献率在70%以上，中国目前科技进步贡献率在60%，还有一定的差距。创新型国家研发支出占GDP的比例一般在2%以上。比如，美国的研发投入占GDP比重约为2.8%，而以色列和韩国的研发费用占GDP比重更是高达4.5%。中国2019年研究与试验发展（R&D）经费支出21 737亿元，占GDP的比是2.19%。

第二，人口红利面临的挑战。人是生产力中最活跃、最积极的因素。随着产业结构的转变，我国第三产业在GDP中的占比接近54%，一个以人力资本为主的时代已经到来。人口的数量和人口的质量以及人口的布局等，都会深深影响一个国家、一个地区的经济发展。人不仅仅通过生产劳动创造物质财富，提供了人们消费的各种使用价值，同时，一切生产最终目的还是为了人的消费。消费需求将会成为经济增长的主要动力。

改革开放40多年来，中国的低成本的劳动力作为一种重要的要素资源，在经济飞速成长中发挥了重要的作用。但是目前面临着新挑战，一方面中国劳动力成本低的优势已经不复存在。对于中低端的小微企业而言，没有创造出更多的价值，各种成本的上升，尤其是人力成本的不断提高已经成为其发展的一个重要障碍；另一方面，新人力资本需要新的激励模式的推动。新生代的择业观念发生了重大变化。现在就业的主体是"80"或者"90后"，他们大多受过一定的教育甚至是高等教育，他们的择业有新的特点，中低端产业和传统企业吸引不住他们，他们在选择就业时除了经济收入上的考量，更多的是自身价值能否实现的考量？自己在这个行业和企业中能够学到什么、掌握什么技能和经验、获得什么资源和平台等？除了固定的工资性收入，还要考虑有没有股权激励、期权激励或者其他福利待遇？因此，如何激活中国的新人口红利是我们未来经济发展的一大任务。

中国还存在着人口老龄化问题。一方面，中国的劳动力人口（15岁和59岁之间的人口）占比已经在2010年达到了拐点，意味着中国的人口红利已经开始消退。另一方面，60岁以上人口占比却在不断提升，2019年60岁及以上人口占比已经到了18.1%，65岁及以上人口占比12.6%，这意味着人口老龄化将成为人口问题的另一个严重挑战。

中国的城镇化率已经达到了60%，但是，随着精准脱贫和全面建成小康社会目标的实现，乡村振兴战略的逐步实施，城乡差距不断缩小，未来的城镇化率提升速度或许会减慢。中国作为14亿人的大国，发展不平衡的矛盾突出，因此当地发展产业吸引当地就业也是一种路径选择。今天的"新农人"也未必一定离家离乡外出打工，而是开始选择在家乡创业，英国、美国和法国等发达国家的城镇化率都超过了80%，日本的城镇化率甚至超过了90%，未来经过30年的发展，中国的城镇化率能够达到发达国家的水平，至少80%，城乡一体化的目标得以实现。

第三，宏观经济下行导致的金融风险挑战。2019年全年我国实体经济杠杆率为245.4%，比2018年上升了6.1个百分点。中国强劲的经济增长的一个方面就是债务规模的快速增长。2019中国企业500强的平均资产负债率为83.78%，2019年末中央企业平均资产负债率为65.1%，国有企业资产负债率为63.9%。中国的银行体系面临着企业财务杠杆快速上升的风险，中小商业银行也面临着巨大的金融风险，尤其是信用风险带来的银行不良资产率的上升，2019年以恒丰银行等为代表的中小商业银行出现了重大信用风险，显示了我国金融风险不可小觑。地方政府的债务不断累积，政府部门杠杆率从2018年的36.2%升至2019年末的38.3%，国债规模为16.7万亿元，与GDP之比为16.8%。地方债2019年底已达21.1万亿元，在政府债券中占有最大规模。由于经济下行风险，我们不断采取积极的财政政策，加大减税降费的力度，财政收入由于经济下滑缺口较大，中央政府和地方政府采取了增发债券或者贷款等方式来弥补资金的不足，使得一些地方政府偿债能力岌岌可危。这一系列的政府和企业债务杠杆水平的提高，将对银行体系整体资产质量造成严重挑战。尤其是全球性的经济增长下行，大部分国家的经济增长在2020年将会是负增长，企业普遍经营困难，营收和利润下滑，现金流不足，进一步导致企业还本付息困难。此时，企业的杠杆率越高，财务风险就越大，金融风险发生的可能性也就越大。

第四，经济全球化模式重塑的挑战。一方面是国际政治经济格局经过几十年的演变，亟须进一步重塑。美国依然是唯一超级大国；日本的经济实力进一步衰退；俄罗斯自苏联解体以来经济上已经自顾不暇；欧盟随着英国的脱欧，加上许多欧洲国家发生了主权债务危机，欧盟作为一个经济联盟，整体实力和凝聚力都受到较大打击，国际地位已经大大下降了。中国尤其是自2010年以来经济上升为世界第二位，中国的崛起日益改变着国际经济格局，新的国际经济秩序需要重塑。中国的崛起是伴随着贸易的崛起，得益于加入WTO以及全球化的大浪潮。但近年来，随着中国经济实力的增强，在全球中国际地位的不断提升，中国国际影响力不断增强，日益改变着旧的国际经济秩序。以美国为代表的一些西方发达资本主义国家打着“自由主义”的旗号，为了本国少数精英集团的利益，试图在维护旧的国际经济模式的基础上，通过修改国际规则，更加有利于本国精英阶层的利益，不断打压中国经济发展和科技实力的提升，采取全球孤立主义和贸易保护主义的行动。虽然我们的“一带一路”倡议和“人类命运共同体”理念得到国际社会的高度认可，但是全球化进程中民族主义、民粹主义的兴起，贸易保护主义和反全球化措施的实施，使得我们的对外开放红利受到一定程度的影响，并将对中国的经济增长产生负面影响。这些所谓的“逆全球化”背后的本质仍然是金融资本利益集团的诉求，是资本主义少数精英阶层转移国内矛盾夺取政治统治的诉求的结果。另一方面就是新冠肺炎疫情的全球大流行对世界经济的影响。当前的新冠肺炎疫情全球大流行，确诊人数已经超过千万人，而且还没有减缓的趋势。疫情的影响是深远的、巨大的。疫情直接导致的就是经济停滞，经济增长下滑并出现负增长。全球经济出现了五个“潮”：破产潮、订单取消潮、失业潮、断链潮和放水潮，全球化的进程更是受到直接的阻断。这势必对未来的经济增长和全球的经济贸易投资产生深远的影响，未来的经济全球化的格局即将不断调整，经济全球化的模式将会重新营造。如何在新的世界格局中立足和合作互赢，将会对中国的对外开放格局带来新考验。

二、财政货币政策的抉择

经济出现了下行和巨变，企业面临困难甚至大量停工停产时，企业首先要做的就是保命，让大多数企业活着。政府开出的最主要的两副药方就是财政政策和货币政策，让经济慢慢地回复到正常轨道，甚至在危机中找到新的增长模式，企业经过危机后找到发展的新突破口，实现创新发展。

（一）积极有为的财政政策

财政政策是政府调控经济的一个重要工具和手段。社会主义市场经济条件下，由于技术创新、投资的变化、供求规律以及其他各种因素的影响，经济发展中也存在着周期性波动，当经济增长过热而导致泡沫或者经济下行疲软时，就需要国家出手进行逆周期性的操作。目前全球性经济下行，中国经济发展具有很大的不确定性，这就要求财政政策要积极有为，采取扩张性的财政政策推动和助力经济增长。扩张性的财政一方面是增加政府支出，主要是增加政府采购和转移性支付，政府出资实施举办公共工程，增加对民间的补贴等措施；另一方面就是减少政府的收入，让利于民，让利于企。主要就是减少税收和降低缴费，改变收入的分配模式，让个人和企业获得更多的收入。自 2020 年疫情暴发以来，经济的大幅度下行，导致企业生产经营遭受重创，我国政府迅速采取了积极的财政政策。

一是减税降费并举，让利于民。例如在 2020 年两会政府工作报告指出，预计全年为企业新增减负超过 2. 5 万亿元。要坚决把减税降费政策落到企业，留得青山，赢得未来。

二是阶段性减免企业社保费和实施企业缓缴住房公积金政策。这直接减轻中小微企业负担，降低了运行成本，有助于提升中小微企业抗风险的能力。

三是加大社会救助和社会保障。例如 2020 年两会上指出，2020 年对低收入人员实行社保费自愿缓缴政策，涉及就业的行政事业性收费全部取消。

四是提高地方财政留用比，增加转移支付。这是针对地方政府财政困难，发展地方经济捉襟见肘，中央政府加大向地方政府的支持力度，共渡难关。

五是合理支持债券发行，扩大专项债券的规模。积极的财政政策要更加积极有为。

2020 年赤字率拟按 3.6% 以上安排，财政赤字规模比 2019 年增加 1 万亿元，同时发行 1 万亿元抗疫特别国债。

在资金投向上，更加体现疫情防控需要和投资领域需求变化。在重点用于交通基础设施、能源项目、农林水利基础设施等领域的基础上，特别是加快 5G 网络、人工智能、物联网等新型基础设施建设。

上述积极有为的财政政策可谓立竿见影，直接对社会的生产、生活产生积极影响。这些积极的财政政策一方面直接对应了企业的亟须，在减税降费、降低企业运行成本方面直接发挥了作用，让企业在困难时期得到休养生息，获得生存的空间，尽量让众多的小微企业得以存活；另一方面从未来发展上，财政性支持的基础设施和新基建都为新一轮的经济增长提供了良好的发展条件，在经济环境不好的情况之下，政府投资不断带动社会投资，并为市场各类主体的发展奠定良好的基础，这也是积极有为的财政政策发挥的应有作用。当然，积极有为的财政政策并不是说没有缺点，其中一个问题就是上面提到的可能存在的“挤出效应”，一个方面是对民间投资的大幅度挤出，另一个方面是政府投资可能存在的无效率、烂尾工程等，这就需要我们在执行财政政策时特别注意不能把财政资金看作是免费的午餐，拿到了就可以花了，要做好预算，做到精准投放。财政资金也要计算投资收益，只不过这个收益要从长远收益算，要从经济收益和社会收益等多角度去算。财政投资最好能起到“挤入效应”，能够带动社会资本的投资热情，带动民间资本的投资积极性，推动经济的持续增长。

（二）稳健的货币政策更加灵活适度

货币政策主要是在央行的领导下，采取的对货币供给和利率水平加以调控和引导，从而影响市场的投资、消费等生产和生活，最终对经济增长产生影响。力图增加货币供给量和降低利率水平的政策，我们称之为积极的或者扩张性的货币政策；反之，减少货币供给量和提高利率水平的政策我们称之为紧缩性的货币政策。当经济出现衰退和下行时，央行通常会趋向于采用扩张性的货币政策，增加信贷资金的来源，降低企业的利息负担，刺激经济的增长。

目前，面对我国经济增长放缓甚至出现下行的现象，我们采取了稳健的货币政策，稳健之中灵活有度，实际上是偏宽松一些的货币政策。这主要体现在以下措施上：2020 年政府工作报告指出，货币政策要综合运用降准降息、再贷款等手段，引导广义货币供应量和社会融资规模增速明显高于去年。保持人民币汇率在合理均衡水平上基本稳定，创新直达实体经济的货币政策工具，务必推动企业便利获得贷款，推动利率持续下行，这很明显地体现了相对扩张性的货币政策取向。具体的措施如下：

一是保持流动性合理充裕。2020 年金融市场开市以后提供了 1.7 万亿元的短期流动性。据统计，一季度银行业各项贷款新增近 7 万亿元，同比多增 1.18 亿元，有力地支持了实体经济发展。

二是提供再贷款再贴现精准支持。例如设立 3 000 亿元防疫专项再贷款，一半以上投向中小微企业。

三是引导贷款利率下行。截至 5 月底，2020 年以来贷款利率累计下降了 30 个基点。

从以上具体做法来看，主要是通过下调法定存款准备金、再贴现政策以及公开市场业务等，降低利率，释放更多的流动性的方式，为企业的生产经营提供帮助。因此，目前我们的货币政策是稳健偏松的灵活有度的货币政策。货币政策主要是给企业降低利息成本、减轻财务负担；同时，面对企业现金流不足，宽松的货币政策能够给企业短期内提供帮助，给企业足够的时间得以正常经营。当然宽松货币政策并不是说资金越多越好，货币放水可能带来经济发展的泡沫，不同类资产价格的大幅度变动，甚至引起汇率的相关的不稳定，所以货币政策要灵活稳健，要适度。我国政府在货币政策上采取了相对谨慎的做法，没有采取“放开水龙头大水漫灌”的方式，而是有节奏的根据市场情况灵活精准施策。

三、加快财政金融改革，实施更精准的宏观政策为经济增长助力

作为国家调控经济的两大重要工具，财政政策和货币政策经常被政府加以讨论和决策。任何一个现代政府都离不开这两大工具来对宏观经济施加影响。如何更加稳健有效地提供财政货币政策支持，为经济发展注入血液和动力，这不仅仅是财政货币政策的选择问题，也是我国宏观调控治理是否有效、政府能否实现有效的经济治理、体现其治理能力的一个重要体现。为此，我们要不断推进财政金融改革，为更好地实施财政货币政策提供良好的环境和条件。

（一）进一步完善财政体制改革

财政涉及的是国家层面的资源再配置问题，财政收入是“分蛋糕”的问题。如果按照市场主体大体上可以说，有多少分给个人？有多少留给企业？有多少被政府拿走？财政支出可以大体上分为购买性支出和转移性支出，政府如何花钱？钱花得是否合理和有效？财政的支出是否有很大的“挤出效应”？

政府主要通过各种税收和费用上缴来获得收入，当然也还有国有企业的利润分红等其他收入形式。现代政府为了增加支出，往往通过发行国债、专项债、地方政府债等形式来融资，获得债务性收入。现代政府科学利用金融市场获得资金支持，发挥金融市场的投融资功能，因此财政也离不开金融市场的完善与改革，没有一个发达健全的金融市场体系，财政的调控功能将大打折扣。因此财政体系的改革应该注意的问题主要有以下几点。

一是科学合理的税费负担体系。我们不断在改革和完善个人和企业税收体系，推动

各种缴费体系的改革，花大力气营造良好的市场经营环境。尤其对于盈利能力弱的小微企业，解决了就业，方便了人民生活，具有不可替代的作用，就应该在减税降费上给予长期政策支持。“放水养鱼”支持企业做大做强，精准把控税基、税率和税收的平衡关系，制定科学的税收征管体系。同时，配合政府“放管服”的配套改革，下放权力，尽量做好行政服务。减少不必要的缴费和完善各种管理制度，简化办事流程，提升办事效率，营造良好的政企关系和商务环境。

二是学会驾驭金融市场，提升财政政策的执行效率。当代政府由于扩张性的财政而导致的政府赤字日益成为常态，学会“借钱过日子”不仅是企业和个人的经济行为，也逐渐成为政府的重要收入来源，政府的债务规模不断攀升，政府已经成为金融市场上的一个重要的主体，例如美国政府的债务总规模已经超过 25 万亿美元，远远超过当年 GDP 的总量。2019 年末我国国债规模为 16.7 万亿元，与 GDP 之比为 16.8%。2019 年底地方债已达 21.1 万亿元，两者合计占 GDP 的 38%左右，总体规模不大，仍然有发债的空间。今后的政府债务，可以适当增加国债的发行，提高中央政府的负债水平，中央政府可以通过发行国债调动更多的社会资源。

政府无论是通过发债还是借贷获得的资金，使得政府与民间争夺市场资金，这就往往引起政府的支出是否存在“挤出效应”的问题？如果政府的投入导致民间投资的大幅度下跌，资源的重新配置是无效的。或者政府从市场上获得了资金，其投资本身效率不高或者配置不当，也是资源的浪费。因此，在经济下行时期，民间投资不积极，政府通过适度举债进行有效的投资，可以引导经济的复苏，或者政府通过金融市场合理地对资源进行优化配置，发挥了市场配置做不到的效果，这将是政府驾驭金融市场的一种治理能力的提升。

三是要审慎地核准地方政府债券的发行。对于地方政府而言，由于不同地方的经济发展水平和债务负担能力不同，应该制定切实可行的发行地方政府债券的条件和标准，严格控制地方政府的债务风险，谨防地方政府名义上的破产，虽然实际上我们不可能让地方政府破产。由于经济的下行，特别是疫情带来的不利影响，很多地方政府入不敷出，财政收入增长缓慢，财政支出却在不断加大，这样地方政府的偿还能力就大大减弱了，地方政府的债务风险大大提升了。这就需要对地方债的发行实行较严格的监管，否则会遗留很长的时间去消化债务，使得地方经济未来负担加重，常言道：“羊毛出在羊身上”，最后还是地方经济来买单。

四是优化政府资金投向，加强资金运用的市场化与透明化。“花钱花在刀刃上”，这是众所周知的道理。但是对于政府的资金，尤其是免费使用的资金，很多人花起来就不再计较成本得失，权当“免费的午餐”。如何优化政府资金投向，使得资金的使用更加有效率、更加透明化，这是政府资金使用中的难题。首先要做到政府资金投向的科学性。做好资金预算和规划，到底哪些领域、哪些项目、哪些地方、哪些人群、哪些行业、哪些企业真正需要政府资金的扶持。例如目前的政府资金投向应该体现疫情防控需要和投资领域需求变化。在重点用于交通基础设施、能源项目、农林水利、生态环保项目基础设施等领域的基础上，同时允许地方投向应急医疗救治、公共卫生、职业教育、城市供热供气等市政设施项目，特别是加快5G网络、人工智能、物联网等新型基础设施建设。即使是这些基础设施也要科学规划，不能为了建而建，要综合评价其经济效益、社会效益及长远效益，更不能出现豆腐渣工程和半拉子工程，造成政府财政资金的巨大浪费。在人群上更加关注贫困人口和低收入人口的社会保障和社会救助资金扶持，为实现全面建成小康社会的第一个百年目标而努力。

在资金使用中也要发挥政府资金的杠杆作用，例如在进行基础设施和新基建的建设中，除了加大政府投入，还要采用市场化手段，积极引导社会资本的投入，在创业企业和高科技企业的投资中，政府更多的是通过政府引导基金，使得创投资金和其他社会资金跟进和共同投资，这样既发挥了“四两拨千斤”的撬动作用，也让市场在经济运行中发挥了决定性作用。市场作用发挥得好，资金的使用效率高，资金使用的透明性也就强，资金使用也就更加阳光化。当然，政府资金也不是唯利是图，在注重经济效益的同时，更加看重促进经济增长、充分就业、物价稳定和收入的相对公平等目标，社会效益更加凸显。

（二）加快金融改革，为经济增长提供发展动力

金融是经济的核心，是经济运行的血液，金融市场的完善和金融体制改革的深化，将在有效实施货币政策和推进实体经济发展中发挥重要作用。加快金融的改革主要从以下几个方面着手：

一是创新央行的货币政策工具，更加适应经济发展的需要。中国金融体系是为整个经济提供运行血液的系统，将资金从供应者手中转移到需求者手中，这个庞杂的系统有央行、商业银行等各种金融机构、企业及居民等各方参与者一起参与。其中，央行代表政府在其中发挥着核心作用，因为它是货币政策的制定者，直接影响着货币供应和利率价格，从而对整个金融系统产生影响进而影响微观主体的决策和宏观经济的运行。因此，货币政策作为政府的一个重要工具，央行除了传统的贴现政策、法定存款准备金比率政策和公开市场业务三大货币政策工具之外，央行还要不断地加快金融工具的创新，更好满足适应经济发展需要。例如央行近期创造的短期流动性调节工具（SLO）、中期借贷便利（MLF）、常备借贷便利（SLF）等工具向企业和市场提供了更加灵活的资金提供模式，通过定向降准等政策更加支持中小银行、向小微企业提供资金，向农村、农业提供资金；通过贷款市场报价利率（LPR）形成机制不断推进利率市场化改革。

二是传统金融的信息化和数据化创新。我国社会融资规模中银行贷款发挥着中坚力量，占同期社会融资规模存量的60.3%，再加上保险、委托贷款、信托贷款等间接融资渠道，合计75%左右。因此，我国仍然是一个以间接融资渠道为主导的金融支持实体经济的融资模式。这种间接融资为主导的融资模式应适应我国经济发展的实际情况，

不能人为地不切实际地加快直接融资大规模发展。居民和企业对银行尤其是大型国有银行的天然信任是无法改变的，也的确是反映了现实情况。为此，我们就要利用传统金融的信用优势，借助科技革命的最新成果，让传统金融插上信息化、数据化等科技的翅膀，加快金融业的改革与创新。首先是传统金融机构的信息化、数据化转型。现在大部分的大型银行都专门设置了金融科技部门，专门负责金融与科技的融合创新业务，借助互联网、大数据、人工智能提供更好的金融服务，推出更新的金融产品满足市场需求。甚至开始出现无人柜台、无人银行，完全在线完成交易和服务。其次是真正的网络金融机构的出现。这不同于传统银行，从开始设立就是以互联网线上服务的方式提供服务为特征，例如腾讯的微众银行、阿里的网商银行等。由于采用了最新科技成果，其服务的长尾化、普惠性、低成本等优势更加明显，发展也非常迅速。再次就是各种创新性的金融模式，例如消费金融领域中的蚂蚁花呗、京东白条、京东的供应链金融、阿里的蚂蚁金服等新型金融服务模式。为实体经济的发展提供更好的金融服务，为货币政策的贯彻落实提供了更畅通的渠道。

三是大力发展和改革资本市场，建设不同层次的资本市场体系，为实体经济提供直接融资服务。2019 年末社会融资规模存量中企业债券余额占比 9. 3%，政府债券余额占比 15%，非金融企业境内股票余额占比 2. 9%，合计占比不到 28%，我国资本市场发展还有很大的发展空间。

进一步推进注册制改革，不断拓展和提升主板、中小板、创业板和科创板等上市公司的数量和质量，积极推进新三板业务创新改革，逐渐推进新三板的分层制度、转板制度和交易制度等为主要内容的改革，实现新三板服务好挂牌企业的投融资功能。进一步活跃地方股权托管交易中心，为地方企业融资提供较好的融资平台，积极推进各地产权交易所制度创新，在服务功能、产权类别、产品种类和交易模式上不断推陈出新，服务于企业产权、各类资产的交易。同时加大调动私募股权、风险投资和天使投资等各类的创业投资企业的积极性，推动政府城投公司、产业基金、产业引导基金、科技园和孵化器等各类金融资本的市场化，在服务实体经济方面各尽所能、互相配合，在各自领域发挥好专业优势。

为深化金融供给侧结构性改革，完善再融资市场化约束机制，增强资本市场服务实体经济的能力，助力上市公司抗击疫情、恢复生产。2020 年 2 月，证监会发布再融资新规，让发行门槛大幅降低，市场融资热情再度高涨起来。与此同时，从 2019 年末开始，对新三板进行精选层的设计，出台了允许新三板挂牌企业入选精选层的企业公开发行股票，在精选层挂牌一年满足一定条件的企业可以直接向交易所申请转板上市。这些政策措施都为中小微企业直接融资铺设了新的路径。

此外，在稳定人民币汇率的基础上，不断推进人民币的市场化和国际化水平。发挥“亚投行”“丝路基金”等产业基金的引导作用，为亚投行参与国和“一带一路”沿线国家的经济建设提供更多更好的金融服务，为提升我国对外开放的质量和水平提供了金融支持。

参考文献

[1]《2020年政府工作报告》。

[2]《2019年社会融资规模存量统计数据报告》，2020年1月16日，中国人民银行网站。

[3] 中国社科院金融研究所国家金融与发展实验室：《2019年度宏观杠杆率》报告，2020年2月16日。

[4] 国家统计局：《中华人民共和国2019年国民经济和社会发展统计公报》，2020年2月28日。

京津冀都市圈中小城市的产业结构特征与发展策略研究

——以邯郸市为例

李建华　孙蚌珠　赵子萌*

摘要： 京津冀地区是未来中国城市布局形态的一个重要城市群，邯郸市作为京津冀边缘地区的中小城市，产业结构特征呈现为四对矛盾，一是区域和城市的矛盾：京津冀地区的产业结构优化影响了邯郸市产业结构调整的空间；二是现在和未来的矛盾：传统产业的人均增加值高于新兴产业，同时新兴产业的人均增加值增长速度高于传统产业；三是政策和市场的矛盾：政策推动新兴产业和市场选择传统产业存在互相背离的趋势；四是区县和区县的矛盾：各区县资源禀赋趋同，招商引资缺乏协调机制。京津冀协同发展中类似邯郸市这样的边缘地区的中小城市面临着相似的问题，在京津冀协同发展中应重点着力解决这四对矛盾。

关键词： 京津冀　小城市　产业结构　邯郸市

一、引　言

党的十九大报告中指出，当前我国社会的主要矛盾是人民日益增长的美好生活需要和不平衡不充分的发展之间的矛盾。产业结构的变化就是发展从不平衡向平衡的动态转化过程。邯郸市作为京津冀都市圈一个正在转型发展的工业城市，其产业结构的动态调整过程就是从发展的不平衡状态向平衡状态的转化过程。

传统分析都市圈经济的文献大多以大城市为视角出发，分析和解决大城市的经济问题（柯善咨、赵曜，2014，刘学华等，2015；魏守华，2015；孙久文等，2015）。随着经济增长速度逐渐放缓，中国的城市化进程出现了新的特点，一部分中小城市在城市群中心城市的辐射作用下，仍然在快速扩张，汪立鑫和左川（2018）将都市圈中心城市对中小城市的影响分为回荡、扩散和均衡三个阶段，扩散阶段是中小城市发展的最有利阶段。唐为（2018）分析了中小城市在扩散阶段的“撤县设市”问题。李祺烽等（2019）以太仓市为例，分析了中小城市在扩散阶段的发展策略。另一部

---

* 李建华，北京石油化工学院经济管理学院副教授；孙蚌珠，北京大学马克思主义学院教授；赵子萌，北京大学马克思主义学院博士生。

分中小城市逐渐走向均衡，甚至开始收缩。吴康和孙东琪（2017）分析了部分中小城市收缩的原因。在众多的影响因素中，卫平和和余奕杉（2018）认为产业结构是影响城市经济的主要因素。刘风豹等（2018）介绍了国内外对收缩性城市的研究思路。安琪和安树伟（2018）、李国平等（2017）、安树伟和孙文迁（2019）都从不同的角度分析了部分收缩性城市的经济发展状况。

本文以邯郸市为例，研究了邯郸市在京津冀一体化的背景下的产业结构特征和发展策略。第二部分分析邯郸市的产业结构特征，第三部分分析邯郸市的就业结构特征，第四部分分析邯郸市的人口结构特征，第五部分分析邯郸市服务业的增加值总量、人均增加值和人均增加值增长速度的结构。最后的结论，我们将邯郸市的产业结构特征总结为四对矛盾。

二、邯郸市总体产业结构发展概况

1. 产业结构高度化的含义

1955 年以后，日本为了尽快在经济发展上赶上欧美经济发达国家，日本政府的经济部门和官厅经济学家提出了依靠国家规划来干预日本经济的主张，并提出了制定日本“产业结构政策”的设想，其中之一就是主张着力推进日本“产业结构高度化”。

从产业结构的结构比例看，高度化有三个方面的内容：（1）在整个产业结构中，由第一产业占优势比重逐级向第二、第三产业占优势比重演进，即产业重点依次转移；（2）产业结构中由劳动密集型产业占优势比重逐级向资金密集型、技术知识密集型占优势比重演进，即向各种要素密集度依次转移；（3）产业结构中由制造初级产品的产业占优势比重逐级向制造中间产品、最终产品的产业占优势比重演进，即向产品形态依次转移。

2. 邯郸市产业结构的高度化特征

邯郸市的产业结构高度化的第一个趋势已经实现。第三产业已经占据产业结构的优势比重，产业结构从“二三一”结构转变为“三二一”结构（见图 1），逐步建立其适应现代经济发展的产业结构，实现了产业结构高度化的第一个变化趋势。

2018 年邯郸市 GDP 为 3 454. 6 亿元，比 2017 年增长 6. 6%。其中第一产业增加值为 313. 3 亿元，比去年增长 2. 7%；第二产业增加值为 1 558. 0 亿元，比 2017 年增长 3. 7%；第三产业增加值为 1 583. 3 亿元，比 2017 年增长 10%。

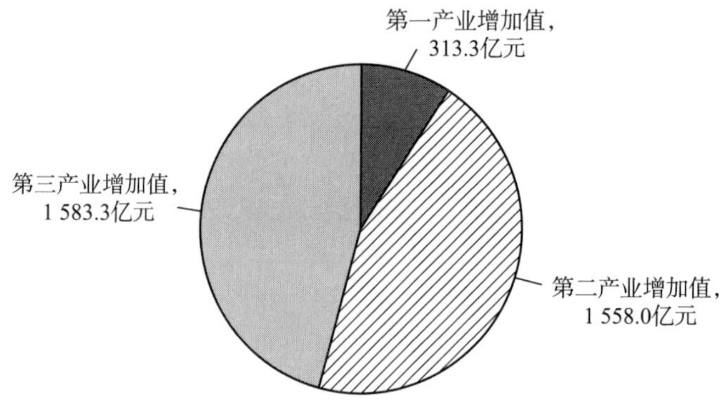

图 1　邯郸市 2018 年产业结构

2018 年，三次产业比重由上年的 9.1∶47.9∶43.0 调整为 9.1∶45.1∶45.8，产业结构由“二三一”转变为“三二一”，实现历史性变化。其中，服务业增加值比上年增长 10.0%，总量占全市生产总值比重比上年提高 2.8 个百分点，首次超过第二产业 0.7 个百分点；对经济增长的贡献率达 71.5%，超过第二产业 46.8 个百分点，成为引领全市经济增长的第一支撑产业。全市规模以上轻工业增加值比上年增长 9.4%，增速分别快于全市和重工业 4.9 个、6.3 个百分点，拉动全市增长 2.2 个百分点。装备制造业完成增加值占全市工业的 16.6%，比上年提高 1.1 个百分点。六大高耗能行业下降 0.3%，增速低于全市 4.8 个百分点；总量占全市工业的 67.2%，比重比上年降低 1.6 个百分点。六大高耗能行业投资增长 1.4%，增速低于全市 5.2 个百分点；总量占全市比重由上年的 16.5% 降低为 15.9%。

2019 年第一季度，邯郸实现服务业增加值 356.3 亿元，占全市生产总值的 46.7%，比重同比提高 1.4 个百分点，比 2018 年提高 0.9 个百分点；比上年同期增长 9.0%，对全市经济增长的贡献率达 59.4%，超过第二产业 20.3 个百分点。全市装备制造业完成工业增加值增长 29.2%，拉动全市规模以上工业增长 4.2 个百分点，总量占全市规模以上工业的 16.7%，比重同比提高 2.5 个百分点，比 2018 年提高 0.1 个百分点；六大高耗能行业增长 11.3%，增速低于全市 0.9 个百分点；总量占全市工业的 68.2%，比重同比降低 1.2 个百分点。三次产业投资结构由上年同期的 3.5∶49.3∶47.2 调整为 2.4∶49.3∶48.3。其中第三产业比重同比提高 1.1 个百分点，增长 7.7%，增速分别高于全市和第二产业投资 2.3 个和 2.4 个百分点。在第三产业投资中，科学研究与技术服务业、教育、卫生和社会工作、文化艺术业等投资增速均在 50% 以上。

邯郸市产业结构高度化的第二个趋势和第三个趋势正在转变过程中，有待进一步提高。产业结构高度化的第二个趋势是劳动密集型产业占优势比重逐级向资金密集型、技术密集型占优势比重演进。邯郸市本身是一个工业城市，第二产业增加值比重高达 45.1%，传统工业有煤炭、钢铁、陶瓷、纺织等行业，其中煤炭和钢铁产业是资本密集型产业，所有第二个趋势中劳动密集型产业占优势比重逐渐向资金密集型占优势比重演进并不存在，邯郸市产业结构高度化的第二个趋势应该是劳动密集型产业和资金密集型产业向技术密集型产业演进。

首先，传统劳动密集型产业和资本密集型产业的产量逐渐下降。纱、布、印染布、服装、焦炭、农用化肥、化学农药、塑料制品、水泥、生铁、粗钢和钢材等传统劳动密集型产业和资本密集型产业的产量开始大幅下降。其中纱产量下降32.8%；农用化肥产量下降90.7%；化学化肥产量下降96.2%；服装产量下降30.7%，是下降幅度最大的行业。

其次，技术密集型产业快速发展。2018年邯郸市高新技术产业投资比上年增长34.1%，增速比上年加快20.7个百分点；总量占全市投资的13.1%，比重提高2.7个百分点。其中，环保产业、新能源、新材料和高端技术装备制造业增长较快，均增长22%以上。工业技改投资增长15.1%，高于工业投资9.1个百分点；占工业投资的18.5%，比重提高4.0个百分点。

最后，第三产业主要以劳动密集型产业为主，与产业结构高度化的第二个趋势不符。第三产业以传统服务业为主，现代服务业不明显。从表1我们也可以看出，第三产业的固定资产投资主要集中在运输、仓储和邮电业，批发、零售和餐饮业，传统服务业固定资产投资增长速度较快，2018年运输仓储邮电业固定资产增长15.8%，批发零售餐饮业固定资产投资增长63.6%。而第二产业固定资产投资增长只有6.1%，第三产业固定资产投资只有6.2%。技术密集型的服务行业发展速度较慢，科学研究和技术服务业、计算机、软件和信息服务业、金融业增加值占比仍旧较低。

表1　　邯郸市固定资产投资　　单位：%

项目	2018年增长
固定资产投资	
全社会固定资产投资	6.3
固定资产投资	6.6
农户	-7.6
按三次产业分	
固定资产投资	6.6
第一产业	19.9
第二产业	6.1
工业	6.0
制造业	6.5
第三产业	6.2
运输、仓储、邮电业	15.8
批发、零售、餐饮业	63.6
按隶属关系分	
中央投资	28.3
地方投资	6.5
新增固定资产	5.7

邯郸市不断加强和深化技术密集型行业的发展，例如北京大学邯郸创新研究院设立大数据与人工智能实验室、新能源材料与技术中心、人文社科发展研究中心、智能装备研究中心及产业基地，与中科院生态环境研究中心、北京市科学技术研究院、吉林大学、省科技厅签订战略合作协议。制订实施科技创新三年行动计划，打造综合创新生态体系，预计全市研发经费支出占生产总值比重达到 1.15%，新增高新技术企业 106 家、科技型中小企业 1 489 家，新增省级重点实验室、工程研究中心、企业技术中心等创新平台 28 个，邯郸学院、市第一医院、汉光重工公司设立博士后科研工作站，14 项科研成果获得省科学技术奖，院士工作站达 30 家，成安、肥乡等 5 个县（区）列入省创新型试点县，省第一届产学研大会召开。技术合同交易额为 139 亿元，增长 5 倍，总量和增速均居全省第一。创新创业日趋活跃，新增省级科技企业孵化器 6 家、众创空间 8 家。

产业结构高度化的第三个趋势是产业结构中由制造初级产品的产业占优势比重逐级向制造中间产品、最终产品的产业占优势比重演进，即向产品形态依次转移。邯郸市作为比较老的工业城市，以煤炭开采和钢铁生产为主，初级产品和能源开采比重占优，目前邯郸市以装备制造业为主要发展方向，逐渐把产业结构中的初级产品制造转变为高端装备制造为比重占优的行业。例如，2018 年邯郸市高新技术产业投资比上年增长 34.1%，增速比上年加快 20.7 个百分点；总量占全市投资的 13.1%，比重提高 2.7 个百分点。其中，环保产业、新能源、新材料和高端技术装备制造业增长较快，均增长 22% 以上（见表 1）。

三、就业结构的变化

从三次产业的角度来看，邯郸市的就业结构中，第二产业和第三产业的就业人数占总就业人数的比重占据绝对优势，其中第三产业的就业人数占总就业人数的比重超过 50%。

从近期经济增长的事实来看，服务业也取得了较快的增长，例如传统服务业固定资产投资增长速度较快，2018 年运输仓储邮电业固定资产增长 15.8%，批发零售餐饮业固定资产投资增长 63.6%。而第二产业固定资产投资增长只有 6.1%，第三产业固定资产投资只有 6.2%。

三次产业的划分可以粗略地分析邯郸市产业结构的特征，如果想进一步深入分析邯郸市的产业结构，要从各个细分行业入手，分析各个细分行业的特征。

1. 各行业就业比重

在行业的划分过程中，受限于数据的可获得性，我们将采矿业、制造业和电力、热力、燃气及水生产和供应业合并为工业，然后将所有行业的就业人数占总就业人数的比重反映在图 2 中。从图 2 中我们可以看出，邯郸市的就业结构中，占就业人口比重较大的行业有：工业、建筑业、金融业、教育、卫生和社会工作、公共管理和社会组织等行业。

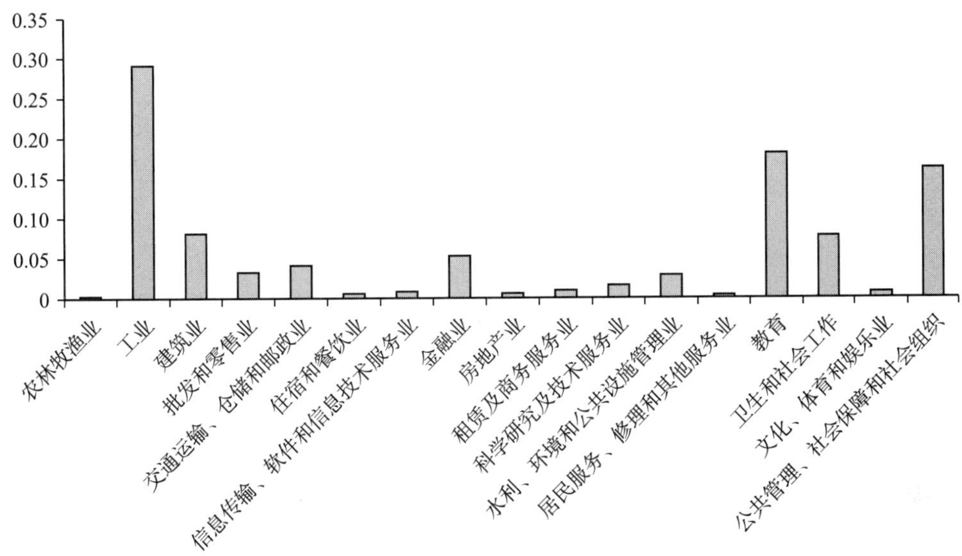

图 2　各行业就业人数占就业总人口比重

首先，邯郸市仍旧是一个工业城市，工业就业人口比重较高，其中采矿业、制造业和电力、热力、燃气及水生产和供应业的就业人数占总就业人数的 29%，是各行业就业人数占总就业人口比重最大的行业。

其次，邯郸市的服务业发展仍旧存在巨大的发展空间。从各个服务行业就业人数占总就业人数的比重来看，国有企事业单位和竞争性较弱的传统服务行业就业人数占总就业比重较高，例如，金融业、教育、卫生和社会工作、公共管理和社会组织等行业就业人数占总就业比重较高。

最后，邯郸市竞争性较强的服务业就业人数占总就业人数的比重较小。批发和零售业，住宿和餐饮业，交通运输仓储邮政业，信息传输、软件和信息服务业，租赁和商务服务业，居民服务、修理和其他服务业，文化、体育和娱乐业就业人数占总就业人数的比重较小。

综合以上分析，从就业结构来看，竞争性较强的服务业就业人数占总就业人数的比重普遍较低，邯郸市的服务行业发展存在巨大的发展潜力。如果有合理的服务业发展政策和足够的资本进入竞争性较强的服务行业，这些行业能够快速发展。

2. 各行业增加值比重

我们所有行业的增加值占增加值总额的比重反映在图 3 中。从图 3 中我们可以看出，邯郸市的增加值结构中，行业增加值占增加值比重较大的行业有：农林牧副渔业、建筑业、批发和零售业、交通运输仓储邮政业等行业。

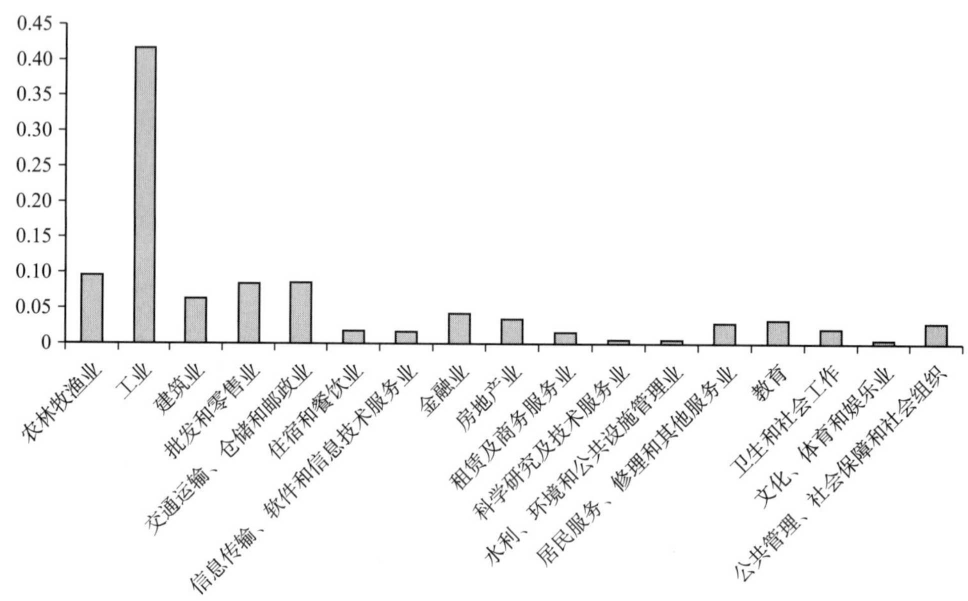

图3　各行业增加值占增加值总额的比重

首先，邯郸市的经济仍旧高度依赖工业，工业增加值占增加值总额的比重较高，其中采矿业、制造业和电力、热力、燃气及水生产和供应业的增加值占增加值总额的42%，是各行业增加值占增加值总额比重最大的行业。

其次，邯郸市的服务业发展依赖于部分传统服务业，特别是依赖于批发和零售业、交通运输仓储邮政业等行业。邯郸市地理位置特殊，处于河北、河南、山东和山西四省的交界地带，也是河北、河南、山东和山西四省的交通枢纽之一，所以在交通枢纽的基础上发展批发和零售业、交通运输仓储邮政业等行业。然而这两类服务业和现代科学技术的融合性不高，经济增长的潜力有限。

再次，邯郸市的服务业发展质量有待提高。在服务行业中，和现代科学技术融合性较高的金融业，信息传输、软件和信息服务业，科学研究与技术服务业，水利、环境和公共设施管理业，文化、体育和娱乐业增加值占增加值总额的比重普遍偏低。这些服务行业的发展潜力较大，但是目前这些服务业在邯郸市没有得到较快的发展。

最后，邯郸市竞争性较强的服务业增加值占增加值总额的比重较小。住宿和餐饮业，信息传输、软件和信息服务业，租赁和商务服务业，居民服务、修理和其他服务业，文化、体育和娱乐业增加值就业人数占总就业人数的比重较小。

综合以上分析，从增加值结构来看，竞争性较强的服务业增加值占增加值总额的比重普遍较低，和现代科学技术融合性较强的服务业增加值占增加值总额的比重偏低，产业结构高度化对邯郸市经济增长的推动潜力尚未得到有效发挥。究其原因，可能有两点：第一，服务业发展缺少有效制度安排，市场竞争不充分，服务业企业不愿进入市场参与竞争。第二，资本未能有效地向服务业流动，由于市场规模有限，无法容纳更为深化的社会分工，使得资本不愿意进入市场或者找不到获得利润的机会，不得不退出市场。

3. 就业结构和增加值结构的差异

从各行业就业人数占就业总人数的比重和各行业增加值占增加值总额的分析中，我们可以观察到，邯郸市的两个结构存在较为显著的差异，各行业的两个比重的差异反映见表2。

表2　　邯郸市各行业增加值比重和就业比重的比较

行业	增加值比重	就业比重	差异
农林牧渔业	0.0955932	0.002747	-0.09285
工业	0.4165431	0.2907	-0.12584
建筑业	0.063062	0.080715	0.017653
批发和零售业	0.0840472	0.032392	-0.05165
交通运输、仓储和邮政业	0.0854586	0.040906	-0.04455
住宿和餐饮业	0.0178546	0.005615	-0.01224
信息传输、软件和信息技术服务业	0.0166207	0.008008	-0.00861
金融业	0.0423106	0.052393	0.010082
房地产业	0.0346468	0.005686	-0.02896
租赁及商务服务业	0.0159697	0.009278	-0.00669
科学研究及技术服务业	0.0055274	0.015595	0.010068
水利、环境和公共设施管理业	0.0054889	0.028183	0.022694
居民服务、修理和其他服务业	0.0289064	0.001472	-0.02743
教育	0.0330549	0.18041	0.147355
卫生和社会工作	0.0207751	0.07695	0.056175
文化、体育和娱乐业	0.0050599	0.007201	0.002141
公共管理、社会保障和社会组织	0.0290839	0.161698	0.132615

增加值比重小于就业比重的行业有：农林牧副渔业，工业，批发和零售业，交通运输仓储邮政业，住宿和餐饮业，信息传输、软件和信息技术服务业，房地产业，租赁和商务服务业，居民服务、修理和其他服务业等行业。增加值比重小于就业比重的事实反映出，这些行业虽然占用的劳动资源比重比较大，但是并没有为邯郸市创造出其应该创

造的增加值份额。

增加值比重大于就业比重的行业有：建筑业，金融业，科学研究及技术服务业，水利、环境和公共设施管理业，教育，卫生和社会工作，文化、体育和娱乐业，公共管理、社会保障和社会组织业。增加值比重大于就业比重的事实反映出，和占用的劳动资源比重相比较，这些行业创造出比其应该创造的增加值更大的份额。

从表1，我们可以看出，服务行业固定资产投资增长速度比较快的是批发和零售业、住宿和餐饮业、交通运输仓储邮政业，这些行业都是增加值比重小于就业比重的行业。

从就业比重和增加值比重的分析来看，邯郸市的结构调整呈现出特殊性。产业结构的高度化的第一个趋势和第二个趋势融合性不强。第三产业比重的提高主要依赖于劳动密集型服务业的增长，而不是是劳动密集型产业占优势比重逐级向资金密集型、技术密集型占优势比重演进。

四、人口对产业结构的影响

总人口数量和城镇化水平同步提高。2009～2017年邯郸市的城镇化率不断提高，2009年邯郸市城镇化率为45.21%，2019年城镇化率达到55.31%，提高幅度为22.39%。随着城镇化水平的提高，邯郸市常住人口也不断提高，2009年邯郸市常住人口为887.86万人，2017年邯郸市常住人口为951.11万人，常住人口增长7.12%（见图4）。

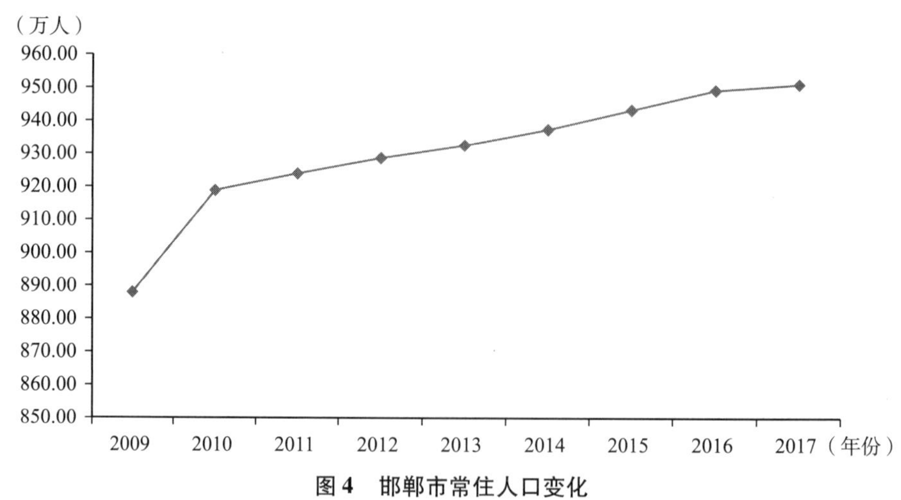

图4　邯郸市常住人口变化

城镇化速度超过人口增长率，变化趋势非常显著，农村人口向城市人口的转化成为未来经济发展的常态。2009～2017年的城镇化提高幅度为22.39%，城镇化速度从2010年的-1.75%提高至2017年的3.34%，城镇化速度越来越快（见图5）。同期，人口增长率从2010年的3.49%下降至2017年的0.19%，人口增长速度越来越慢。

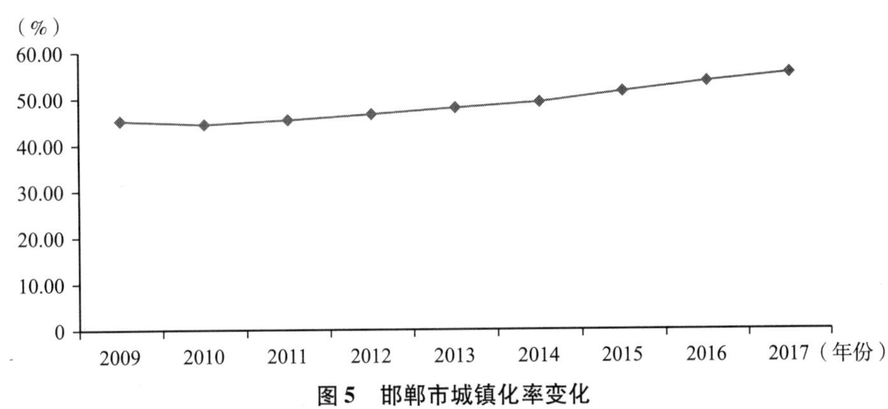

图 5　邯郸市城镇化率变化

邯郸市的特殊情况在于，随着城镇化水平的提高和总人口数量的增长，邯郸市的就业人口却在不断下降，邯郸市外流人口不断增加，城市发展面临比较大的压力。

邯郸市的就业人口出现大幅下降。2013 年邯郸市城镇单位就业人员数量为 803 781 人，2017 年下降为 601 286 人，下降幅度高达 33. 68%。城镇单位就业人员数量的变化趋势与总人口变化趋势截然相反（见图 6）。

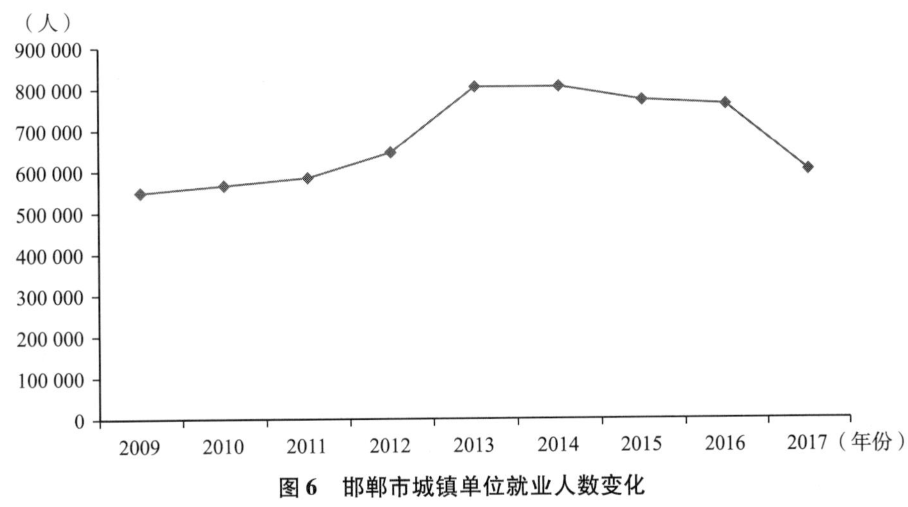

图 6　邯郸市城镇单位就业人数变化

城镇单位就业人员数量的大幅下降可能存在两个方面的原因：一方面是就业人口从城市转移到农村地区，实际上这个原因的可能性很小，因为邯郸市的城镇化水平快速提高，2009 年邯郸市城镇化率为 45. 21%，2019 年城镇化率达到 55. 31%，提高幅度为 22. 39%。

另一方面就是就业人口的外流，实际上从人口流动的数据来看，劳动力的外流是城镇就业人口数量大幅下降的主要原因。我们将 2011 ~2017 年从外地迁入邯郸市的人口和从邯郸市迁出到外地的人口数量反映在表 3 中。2011 年从外地迁入邯郸市的人口为 53 665 人，当年从邯郸市迁出到外地的人口为 54 629 人，净外迁人口为 964 人。2017

年从外地迁入邯郸市的人口为 860 428 人，当年从邯郸市迁出到外地的人口为 870 895 人，其中外迁到河北省其他城市的人口为 849 099 人，外迁到外省的人口为 21 796 人，净外迁人口为 10 467 人。净外迁人口最高的年份出现在 2016 年，从外地迁入邯郸市的人口为 72 304 人，当年从邯郸市迁出到外地的人口为 148 697 人，净外迁人口为 76 393 人。以上提到的净外迁人口只包含那些通过手续将户口正式外迁的人口数量，如果将户口并未外迁、到外地务工的人口数量计算在内，邯郸市流出的劳动力数量将十分可观。劳动力的外流对城市的发展有比较大的负面效应。

表 3　2011～2017 年邯郸市人口迁入迁出变化

单位：人

年份	迁入人口	迁出人口
2011	53 665	54 629
2012	50 846	69 609
2013	48 714	49 502
2014	46 845	53 610
2015	120 696	103 020
2016	72 304	148 697
2017	860 428	870 895

首先，邯郸市的劳动力外流影响邯郸市的经济发展。在一个区域经济增长过程中，劳动是不可或缺的生产要素，劳动投入的数量和质量决定了区域经济增长的数量和质量。

从数量上来看，劳动力的外流导致邯郸市劳动供给的减少，劳动供给曲线向左移动，提高均衡劳动价格，在较高的劳动价格下，企业有三种选择，或者选择减少雇佣劳动的数量，或者提高企业的成本降低企业在市场上的竞争性，或者企业的经营无利可图，最终退出市场。从图 2 来看，竞争性较强的服务行业就业人数占总就业人数的比例相对较低，说明企业选择退出市场的可能性较大。

从质量上来看，外流的劳动力存在三种情况：第一种情况是在外地就业安家，第二种情况是婚姻迁入外地，第三种情况是外出务工。第一种情况的劳动力外流，高素质劳动力外流的人口较多。从表 3 我们可以看出，邯郸市各个行业的工资水平与全国平均水平比较，都是相对较低的。北京、天津等一二线城市的收入水平较高，同时距离邯郸市的空间距离伴随着高铁的通车变得越来越短，吸引邯郸市高素质劳动力向北京和天津等城市流动，而能够适应北京和天津激烈的劳动力市场竞争的劳动力大多是高素质劳动力。

其次，邯郸市的劳动力外流影响了京津冀地区城市布局形态的稳定性，同时京津冀地区城市布局形态的稳定性又会反过来影响邯郸市的发展。京津冀地区的城市布局形态中，北京是中心城市，其经济规模和人口规模占据绝对优势。在庞大的经济规模和人口规模条件下，北京市的市场分工水平远远超过周边地区，形成京津冀地区的“黑洞”效应，周边城市的劳动、资本和技术向北京市流动，同时北京市利用劳动、资本和技术的集聚效应不断提高劳动生产率，进而提高工资水平，进一步强化对周边城市劳动、资本和技术的吸引力。如果邯郸市不能吸引劳动力留在本地，则在北京市强大的“黑洞”效应下，邯郸市的劳动力外流将不断增加，形成恶性循环。

邯郸市劳动力外流的主要原因：工资水平的差异带来的规模锁定效应。根据经济学家保罗·克鲁格曼的分析，当一个城市人口增加带来工资的上升时，这个城市会满足“黑洞条件”，劳动力不断流入这个城市。同时这个城市的实际工资水平高于周边城市的工资水平，周边城市的劳动力不断流出，劳动力数量就会下降，城市的集聚功能减弱。

我们将2017年邯郸市的工资水平和全国平均工资水平的比较反映在表4中。从表4中我们可以看出，除了邯郸市农林牧副渔业城镇单位就业人员平均工资高于全国平均水平外，邯郸市其他行业城镇单位就业人员平均工资水平都低于全国平均水平。在信息传输、计算机服务和软件业，金融业，科学研究、技术服务和地质勘探业三个行业，全国城镇单位就业人员平均工资水平高于邯郸市60%以上。在如此显著的收入差距下，这部分行业的劳动力的理性选择是从邯郸市向实际工资水平更高的城市流动。

表4　　邯郸市各行业工资与全国平均水平比较　　单位：元

项目	邯郸市	全国平均
全市城镇单位就业人员平均工资	56 226	74 318
农林牧渔业城镇单位就业人员平均工资	45 175	36 504
采矿业城镇单位就业人员平均工资	55 196	69 500
制造业城镇单位就业人员平均工资	51 708	64 452
电力、燃气及水的生产和供应业城镇单位就业人员平均工资	80 528	90 348
建筑业城镇单位就业人员平均工资	44 715	55 568
交通运输、仓储和邮政业城镇单位就业人员平均工资	58 184	80 225
信息传输、计算机服务和软件业城镇单位就业人员平均工资	79 954	133 150
批发和零售业城镇单位就业人员平均工资	37 823	71 201
住宿和餐饮业城镇单位就业人员平均工资	28 935	45 751
金融业城镇单位就业人员平均工资	70 840	122 851
房地产业城镇单位就业人员平均工资	60 804	69 277
租赁和商务服务业城镇单位就业人员平均工资	31 035	81 393
科学研究、技术服务和地质勘查业城镇单位就业人员平均工资	59 465	107 815
水利、环境和公共设施管理业城镇单位就业人员平均工资	40 511	52 229

续表

项目	邯郸市	全国平均
居民服务和其他服务业城镇单位就业人员平均工资	35 258	50 552
教育城镇单位就业人员平均工资	65 760	83 412
卫生、社会保障和社会福利业城镇单位就业人员平均工资	51 978	89 648
文化、体育和娱乐业城镇单位就业人员平均工资	45 603	87 803
公共管理和社会组织城镇单位就业人员平均工资	55 379	80 372

邯郸市劳动力在产业之间的流动不够充分，强化了劳动力外流的趋势。从图 7 中我们可以看出，就业人数较大的行业为：采矿业，制造业，电力、燃气及水的生产和供给业，建筑业，金融业，教育，卫生和社会保障，公共管理和社会组织等行业。这些行业有一个显著特征：缺乏竞争性。这些行业或者是国有企业集中的垄断性行业，或者是政府管理下的事业单位。

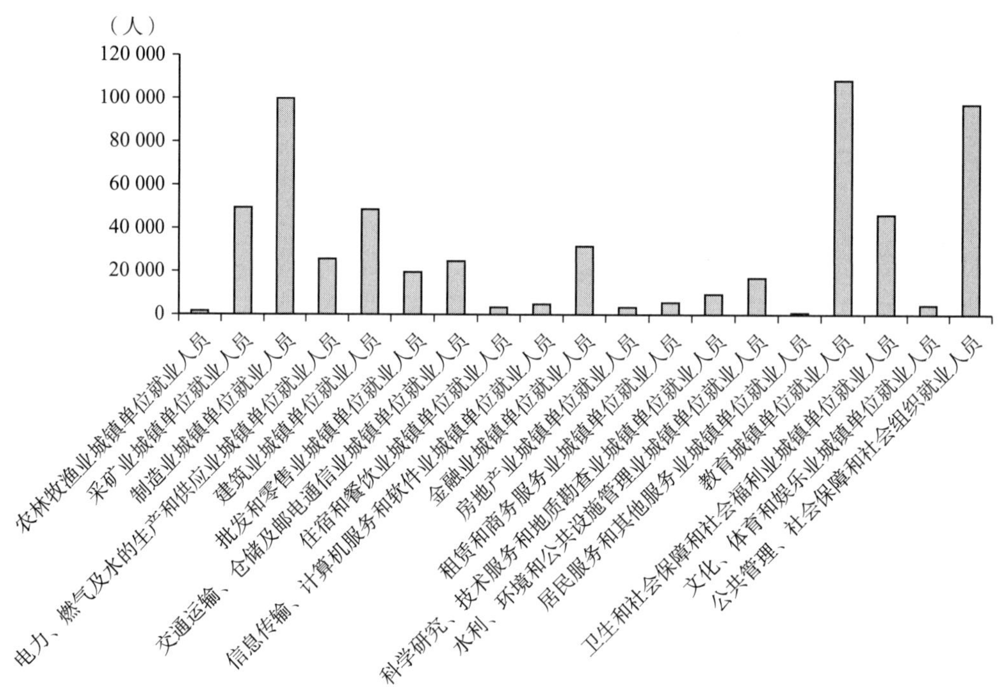

图 7　邯郸市行业就业人口分布

从表 4 和图 8 我们可以看出，城镇就业人员平均工资超过 7 万元的三个行业为电力、燃气及水的生产和供给业，信息传输、计算机服务和软件业，金融业。这三个行业中只有信息传输、计算机服务和软件业是竞争性较强的行业。虽然信息传输、计算机服务和软件业城镇就业人员平均工资水平较高，但是其就业人数却很少，说明劳动力并没有充分地向收入高的行业流动，也就是说劳动力在邯郸市的行业之间流动不够充分。劳动力无法在邯郸市充分地向高收入行业流动时，会选择向其他城市流动，特别是向收入较高的北京、天津和石家庄流动。城市之间的劳动力流动替代了城市内部行业之间的流动，进一步强化了劳动力外流的趋势。

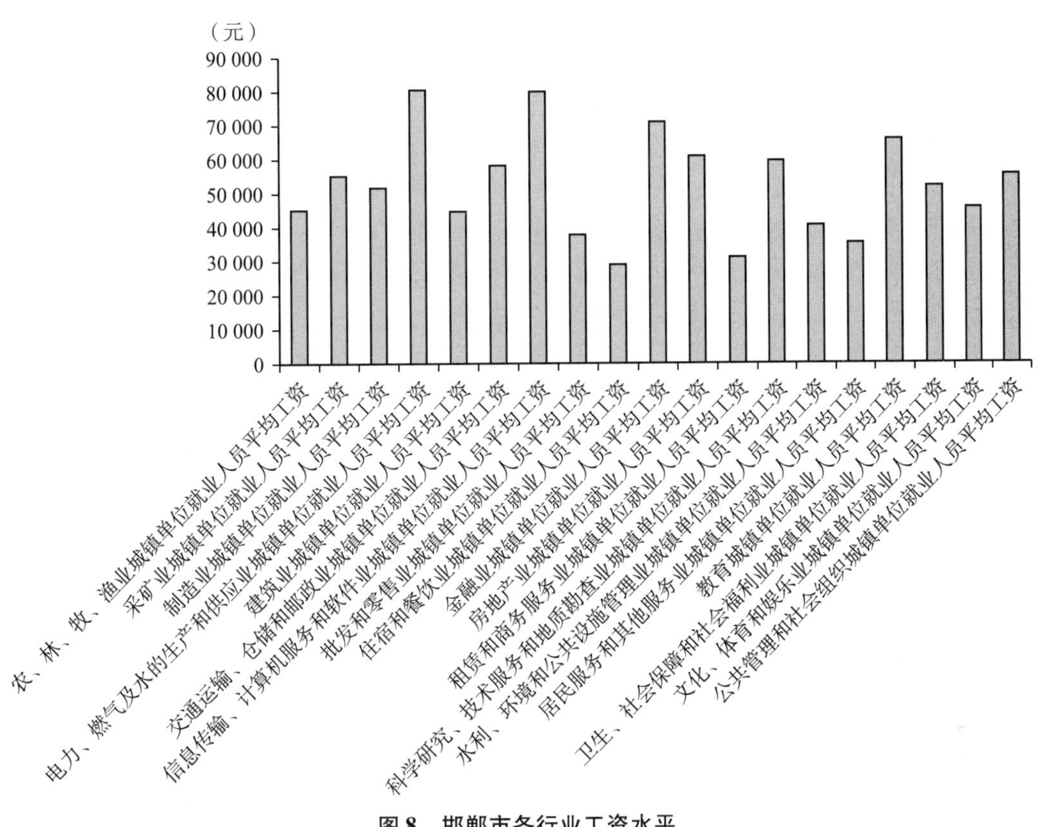

图 8　邯郸市各行业工资水平

五、第三产业内部结构

1. 增加值总额的结构

从图 9 中我们可以看出，邯郸市的服务行业中，传统服务业增加值总额较高，特别是批发零售业、交通运输仓储邮政业，金融业、房地产业、教育增加值总量较高。现代服务业，特别是信息传输、软件和信息服务业，金融业，科学研究及技术服务和地质勘查业，文化、体育和娱乐业增加值总额较低。反映出邯郸市的服务业发展仍处于初期阶段，服务业发展仍有较大上升空间。

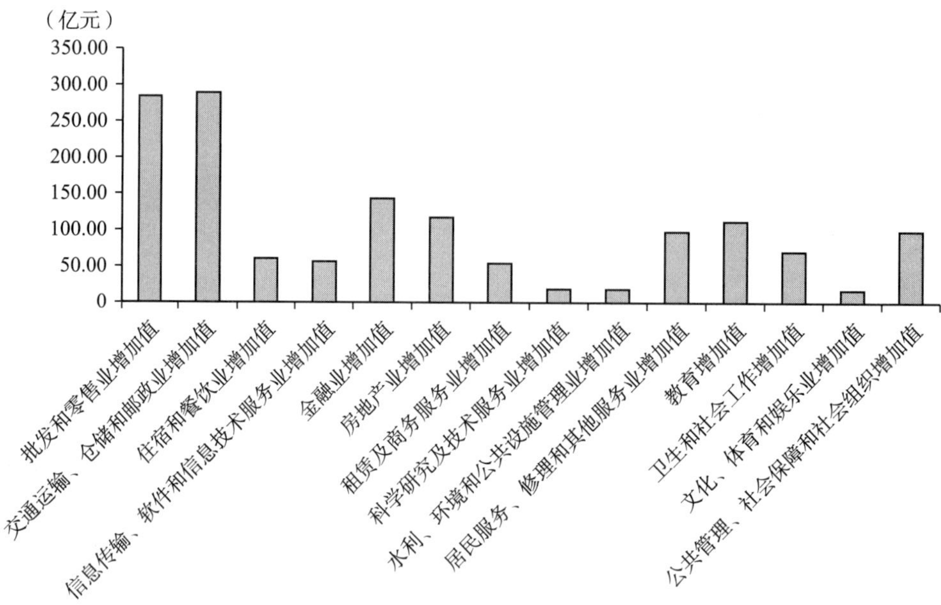

图9　邯郸市第三产业内部增加值总额结构

2. 人均增加值的结构

从图10中我们观察到，人均增加值较高的服务行业包括：批发和零售业，交通运输、仓储和邮政业，餐饮和住宿业，房地产业，租赁和商务服务业。在这些行业中传统

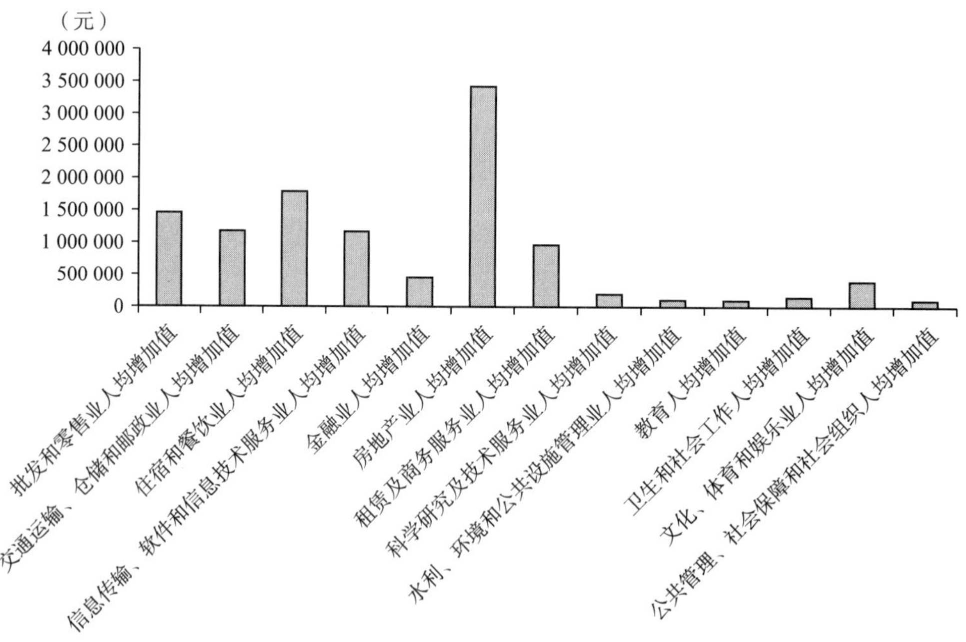

图10　第三产业人均增加值

服务业较多，经过实地调研，我们发现近年来邯郸市旅游业发展比较迅速，旅游业的发展带动了交通运输、餐饮住宿等服务行业的发展。

传统服务业的人均增加值较高的事实也为邯郸市服务业的增长带来了“路径依赖”的风险。路径依赖是指人们一旦选择了某个体制，由于规模经济、学习效应、协调效应以及适应性预期以及既得利益约束等因素的存在，会导致该体制沿着既定的方向不断得以自我强化。传统服务业人均增加值较高，邯郸市的经济结构优化过程就依赖于传统服务业的发展，而传统服务业的发展尽管符合产业结构高度化的第一个趋势，但是和第二个趋势相背离。

3. 人均增加值增长速度

从图 11 中我们可以观察到，人均增加值增长速度较快的行业包括：批发和零售业，住宿和餐饮业，信息传输、计算机服务和软件业，金融业，房地产业，租赁和商务服务业，文化、体育和娱乐业。在这些服务业中，现代服务行业较多。

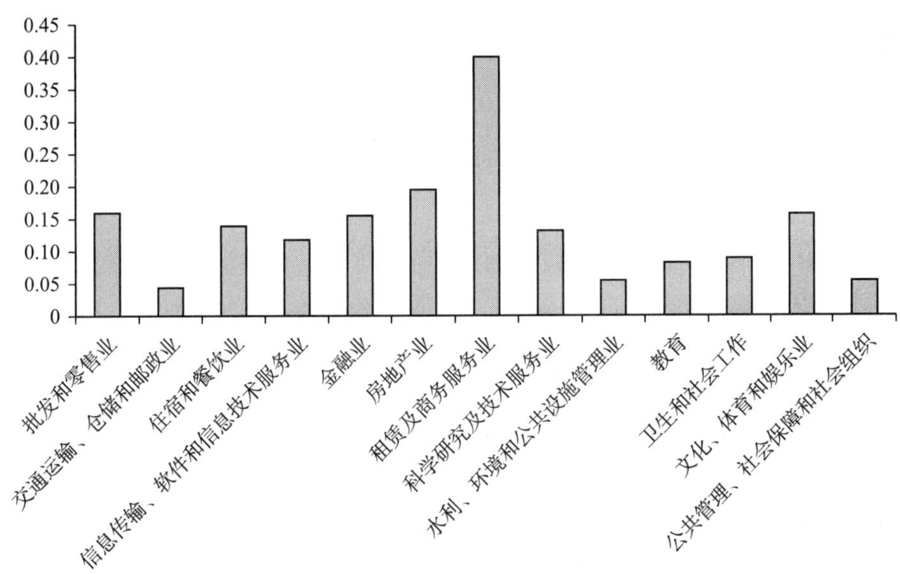

图 11 第三产业人均增加值年均增长率

现代服务业人均增加值增长速度快的事实反映出邯郸市服务业发展的潜力。现代服务业总体人均增加值的增长率较高，未来发展潜力大。现代服务业如果能够得到政策支持，将会在未来 10 ~ 20 年后为邯郸市经济增长提供强大的动力。

六、结　论

京津冀协同发展中的类似邯郸市这样的边缘地区的中小城市面临着相似的问题，在京津冀协同发展中应重点着力于解决这四对矛盾。

1. 区域和城市之争：京津冀地区对邯郸市就业结构替代效应，限制了邯郸市产业结构调整的空间

京津冀地区是未来中国城市布局形态的一个重要城市群区域，京津冀地区作为一个整体，要把京津冀地区的产业结构和分布进行优化。在京津冀产业结构的优化过程中，资本、劳动力和技术要在京津冀地区寻找最优的资源配置城市。在这样的背景下，邯郸市作为一个传统的工业城市的角色和远离北京的空间地理位置，不是资源配置的最优目的地。邯郸市作为京津冀地区的外围城市，劳动力在京津冀地区的产业结构优化过程中逐渐向其他城市流动，限制了邯郸市产业结构调整的空间。

邯郸市的产业结构调整和优化以产业结构高度化的三个趋势为目标，但是在调整优化的过程中，劳动力并没有从邯郸市生产效率较低的行业流向生产效率较高的行业，而是流向了京津冀地区其他生产效率更高的城市和行业，劳动力外流抵消了劳动力产业间流动带来的效率提高效应。如果我们能够根据邯郸市的资源禀赋和产业基础，准确地把握邯郸市在京津冀地区的位置和角色，将邯郸市的产业结构调整和京津冀地区的产业结构调整有机结合在一起，解决区域和城市之争，邯郸市的经济发展潜力将会充分发挥。

2. 现在和未来之争：产业结构调整的短期目标和长期目标存在“鱼和熊掌”的两难选择

从前面的分析中我们得到结论：邯郸市传统服务业人均增加值较高，但是现代服务业人均增加值增长速度较高。所以邯郸市的产业结构调整面临短期增长和长期增长的两难选择。我们不妨将邯郸市产业结构调整分为短期和长期两种策略选择。如果邯郸市政策目标侧重于短期，重点发展传统服务业，但是人均增加值增长速度较慢，长期内邯郸市的服务业生产率受到影响。如果邯郸市政策目标侧重于长期，重点发展现代服务业，但是目前人均增加值低于传统服务业，短期内邯郸市的服务业生产率增长较慢。

短期增长和长期增长目标没有对错之分，只有道路之别。例如短期目标，邯郸市作为历史名城，名胜古迹繁多，自然景观遍布于太行上支脉，以旅游业发展为契机，带动交通运输、餐饮住宿，文化、文化娱乐、房地产开发走生态发展的道路。长期目标，邯郸市作为晋冀鲁豫四省交界，工业体系完整，工人素质较高，承接京津冀一体化中装备制造业和高科技服务业，不断提高经济增长潜力。

3. 政策和市场之争：政策推动和市场选择存在互相背离的趋势

政策推动和市场选择存在相互背离的趋势。从政府政策来看，产业结构高度化的三个趋势是邯郸市产业结构调整的重要目标，在具体的政策层面，邯郸市政府重点扶持装备制造业、高新技术产业和高新技术服务业的发展，不少区县的高新技术产业增加值增长速度也十分惊人。但是从固定资产投资来看，市场自发选择的方面与政府政策推动的方向存在不一致的现象。固定资产投资增长速度较快的行业主要是传统规模以上的工业和传统服务业，特别是住宿餐饮业、交通运输仓储邮政业。从贸易理论的角度来看，资源禀赋决定比较优势，而比较优势影响市场选择。政策的推动应该在市场选择的基础上"锦上添花"，逆市场选择的政策推动的效果往往不理想。

4. 区县和区县之争：整体规划和百花齐放缺乏协调机制

从实地调研来看，邯郸市各区县都在积极招商引资，重点发展装备制造业，高新技术产业和高新技术服务业。因为各区县资源禀赋相似，所以在招商引资的过程中，区县之间难免存在利益之争。邯郸市应该改变各区县"各自为政"的产业结构政策，由邯郸市统一调整产业结构。目前装备制造业和高科技服务业的招商引资由各区县自己努力，谁招商成功，谁得到发展，八仙过海，各显神通。从目前来看，邯郸市市辖区的地区生产总值、工业增加值、固定资产投资、高科技企业的增长速度都落后于郊区县，形成新的"不平衡"，亟待邯郸市统一布局产业结构。

参考文献

[1] 柯善咨、赵曜：《产业结构、城市规模与中国城市生产率》，载《经济研究》2014 年第 4 期。

[2] 刘学华、张学良、李鲁：《中国城市体系规模结构：特征事实与经验阐释》，载《财经研究》2015 年第 11 期。

[3] 魏守华、周山人、千慧雄：《中国城市规模偏差研究》，载《中国工业经济》2015 年第 4 期。

[4] 孙久文、李姗姗、张和侦：《"城市病"对城市经济效率损失的影响——基于中国 285 个地级市的研究》，载《经济与管理研究》2015 年第 3 期。

[5] 汪立鑫、左川：《中心城市回荡扩散效应框架下城市间政府竞争的演化》，载《上海经济研究》2018 年第 10 期。

[6] 李祺烽、王丽娟、张立：《近沪中小城市空间拓展的特征和引导策略研究——以太仓市为例》，载《江苏城市规划》2019 年第 3 期。

[7] 唐为：《经济分权与中小城市发展——基于撤县设市的政策效果分析》，载《经济学》（季刊）2019 年第 1 期。

[8] 吴康、孙东琪：《城市收缩的研究进展与展望》，载《经济地理》2017 年第 11 期。

[9] 刘风豹、朱喜刚、陈蛟：《城市收缩多维度、多尺度量化识别及成因研究——以转型期中国东北地区为例》，载《现代城市研究》2018 年第 7 期。

[10] 安琪、安树伟：《城市收缩与中小城市功能提升》，载《北京规划建设》2019 年第 3 期。

[11] 安树伟、孙文迁：《都市圈内中小城市功能及其提升策略》，载《改革》2019 年第 5 期。

[12] 李国平、宋昌耀、孙瑀：《中国县域小城镇就业岗位对人口集聚的影响研究——基于分位数回归的实证检验》，载《地理科学》2017 年第 12 期。

[13] 卫平、余奕杉：《产业结构变迁对城市经济效率的影响——以中国 285 个城市为例》，载《城市问题》2018 年第 11 期。

[14] Carroll, G. R., National City Size Distributions: What do We Know after 67 Years of Research, Progress in Human Geography, 1982, 6 (1): 1-43.

[15] Dobkins L. H. , Ioannides Y. M. , Spatial Interactions among U. S. Cities: 1900 - 1990, Regional Science & Urban Economics, 2001, 31 (6): 701 - 731.

[16] Gabaix X. , Ioannides Y. M. , Chapter 53 - The Evolution of City Size Distributions, Handbook of Regional & Urban Economics, 2004, 4 (4): 2341 - 2378.

[17] Duranton G. , Some Foundations for Zipf's Law: Product Proliferation and Local Spillovers, Regional Science & Urban Economics, 2006, 36 (4): 542 - 563.

[18] Anderson G. , Ge Y. , The Size Distribution of Chinese Cities, Regional Science & Urban Economics, 2005, 35 (6): 756 - 776.

共享经济下消费者信任的实证研究：以 Airbnb[*] 为例

徐　斌　曹泽宇[**]

摘要： 随着互联网和共享经济商业模式的发展，各种共享经济平台也纷纷出现。构建消费者的信任机制是平台生存发展的关键，开始成为学术界研究的热点。研究基于扎克（Zucker，1986）提出的信任构建的三个机制模型，以短租平台 Airbnb 为例，采用问卷调查的方法对平台消费者信任构建的影响因子建立进行检验。通过 440 个有效样本的分析，结果表明，除支付方式外，平台声誉、隐私保护、安全保障、沟通平台、客户服务、法律法规以及契约和制度因素对于消费者信任的建立具有显著影响。基于实证研究结论，文章最后部分探讨了对国内互联网共享经济平台规范发展的政策意义。

关键词： 共享经济　消费者信任　信任行为　实证研究　Airbnb 案例研究

一、导　论

随着互联网技术的不断发展，传统的市场模式已经满足不了客户以及企业的需求，将互联网技术与商业模式相结合成为模式变革的大趋势，共享经济便是这一大趋势下的产物。共享经济利用大数据、互联网等技术，为需求者整合大规模的闲置资源信息，有效提高了社会生产效率，使资源提供者和需求者达到双赢。因此，共享经济本质是通过对闲置资源的共享实现其剩余价值，以实现社会整体福利增进的经济发展模式。

我国共享经济已经有了飞速发展，成为新的经济增长点。以住宿领域为例，短短几年时间，就出现了蚂蚁短租、小猪短租、途家网等几十家在线短租共享平台，企业数量和参与人数都呈现了井喷式增长。

共享经济的发展前提是信息共享者之间的信任。消费者信任影响下的消费行为是各国学者研究的重点。如何构建共享平台的消费者信任？究竟是哪些机制在发挥作用？本文试图在既有文献研究基础上，综合提炼消费者信任形成的各种影响因素，通过对共享经济的短租平台代表之一——Airbnb 的实证研究进行检验，并提出对共享经济下消费者信任建立的政策建议。

---

* Airbnb（Airbed and Breakfast）是美国一家房屋短租服务公司，中文名为爱彼迎。

** 徐斌，中国石油大学（北京）副教授；曹泽宇，中国石油大学（北京）硕士研究生。

目前的学术界对共享经济的研究主要集中于商业模式和行业研究方面，实证研究的文献相对较少。由于 Airbnb 是国外相对比较成熟的共享经济平台，其成立 11 年从默默无闻的小初创企业到对估值达 310 亿美元（《福布斯杂志》，2018 年）的新兴巨头，其实证研究可以对我国共享经济平台发展有一定借鉴和指导意义，有助于国家制定相关法律法规，规范共享平台的商业行为，避免恶性竞争，使共享经济平台健康发展。

二、文献综述

信任定义涵盖了社会学、心理学、经济学、管理学等多学科领域，但没有一个明确的、统一的定义。约翰逊等（Johnson et al.，1982）提出，信任是指在不确定和存在风险的情境下，人们相信他人，并愿意承担风险。刘易斯（Lewis，1985）等认为信任人与人打交道的过程中产生的理性与感性的产物，并将信任划分为两种类型，即情感型和认知型①。迈尔等（Mayer ct al.，1995）提出，信任是指不论被信任方监督和控制能力如何，信任主体有意愿对客体进行特定的行为，尽管可能因此承担风险②。

在消费者信任建立的最初时期，信任源是一个十分重要的概念，即某些关键性因素会推动交易双方建立信任，部分专家也将信任源又称为信任前置因素。有学者（Mcknight & Chervany，1998）提出了情景规范和结构保证两个重要因素，情景规范是指由于交易环境正常，当事人会预计交易成功；结构保证是指当事人相信在合同、法律等机制下会得到更为有利的结果。杰芬（Gefen，2000）提出了两个影响网络信任的重要因素，即买方信任与对于卖方的熟悉程度有关，且作用为正。李等（Lee et al.，2001）通过实证研究提出了影响信任的四个层面的因素，即对销售者的信任、对消费环境的信任、安全因素和个人信任倾向。帕夫洛等（Pavlou et al.，2004）提出信任将会影响消费者对于交易风险的感知，同时也会影响消费者对于交易物品是否有用或者是否方便使用的感知。诺兰等（Nolan et al.，2007）通过对国外某在线社区的研究，提出了影响信任的六个因素，分别是风险、收益、实用价值、兴趣、努力、影响力。

扎克（Zucker，1986）最早提出信任转移机制的研究，他认为，基于过程的信任被定义为之前的交易历史和未来的交易希望所产生的信任；基于制度的信任则是消费者对于社会以及交易对方的制度构架所产生信任的模式；而基于特征的信任则主要是说交易者本人的特征，例如教育背景、文化底蕴等。在扎克的理论基础之上，众多学者对消费者信任理论进行了完善，同时对不同的场景进行应用分析。其中，迈尔所研究的信任模型就是在扎克提出的特征信任的理论基础上建立的。

哈利（Hajli，2012）从机制信任角度出发，提出并验证了电子商务中的推荐、评论

① Lewis J. D.，Weigert A. J.，Social Atomism，Holism，and Trust，Sociological Quarterly，1985，26（4）.

② Mayer R. C.，Davis J. H.，Schoorman F. D.，An Integrative Model of Organizational Trust，The Academy of Management Review，1995.

和评级这三种机制有效建立了消费者对于电子商务网站的信任，从而增进了消费信心，最终产生消费行为。基姆（Kim，2013）在研究中发现，社会化商务中存在七种关键性因素，这些关键性因素可以有效提升消费信任，分别是平台的声誉、平台的规模、平台的信息安全、在线交易的安全、沟通的便利性、经济是否可行及口碑，同时研究发现经济性的消费行为意愿和信息性的社会化分享意愿两种方式来影响信任。

相对于线下，平台的声誉机制尤其重要。理论上传统单边市场的声誉机制一般源于重复博弈，一些模型证明了有限次重复博弈有助于构建声誉机制（Kreps，Milgrom，Roberts & Wilson，1982）。[①] 在交易平台为主的多边市场中，巴尔和泰迪里斯（Bar - Issac & Tadelis，2008）研究了带有反馈机制的声誉对市场的影响，在电子交易中，声誉主要来自买家对卖家的定量和定性的反馈。诺斯科和泰迪里斯（Nosko & Tadelis，2014）用 EBay 的数据建模，以其具有反馈的声誉机制来研究如何找出优质商家。[②]

在国内的相关研究中，鲁耀斌（2005）在前人对在线信任的研究基础上，提出了从交易双方到交易环境的网上信任的层次模型。宋源（2010）从个体、团队与组织三个维度上验证了信任构建的研究假设。白静（2009）提出了制度对于虚拟团队的信任建立的影响。邓爱民（2014）建立了信任的结构方程模型，研究客户忠诚度与信任之间的关系。

三、理论假设与检验

（一）理论模型

扎克（Zucker，1986）提出的信任构建的三个机制模型，将信任分为三个维度：以制度为基础的信任（institutional-based trust）、以过程为基础的信任（process-based trust）和以特征为基础的信任（characteristic-based trust）。三个维度并非独立，其中，以制度为基础的信任是由最初的信任建立。扎克在研究中界定了制度信任的概念，他认为最初的证件、凭据以及名声促使了信任的产生[③]。后来又有学者对其理论进行了深化和补充，麦克奈特（Mcknight，1998）对制度信任进行了更为确切的定义，他认为声誉、保证书、安全措施以及其他非人为的结构促使了信任的产生[④]，并且将制度信任进行了更

① Kreps，D.，P. Milgrom，J. Roberts and R. Wilson（1982），Rational Cooperation in the Finitely Repeated Prisoner's Dilemma，*Journal of Economic Theory*，27：245 - 252.

② Nosko C.，Tadelis S.，The Limits of Reputation in Platform Markets：An Empirical Analysis and Field Experiment. National Bureau of Economic Research，2015.

③ Zucker，L. G.，Production of trust：Institutional sources of economic structure，1840 - 1920，Research in organizational behavior，1986.

④ Mcknight，D. H.，Cumming L. L.，Chervany N. L.，Initial Trust Formation in New Organizational Relations，Academy of Management Review，1998，23（3）.

为详尽的维度分化：情景安全和结构保障。情景正常是指消费者在网站使用的过程中交易环节和流程十分顺利，交易结果十分成功，并没有给消费者带来不好的影响或者不良的经历，从而促进消费者信任的产生；结构保障是指消费者在交易的过程中有来自交易环境的保障，这些外部保障可以保证交易的顺利完成，避免风险，从而使消费者感到可以信任，例如法律、承诺以及契约等。

综合上述学者的研究，本文将基于麦克奈特（1998）提出的以制度为基础的信任理论展开，重点从情景安全和结构保障两个方面探究影响消费者信任机制建立的因素。结合传统的信任研究和共享经济独有的特征，本文构建的共享经济下以制度为基础的消费者信任研究模型框架如图 1 所示。

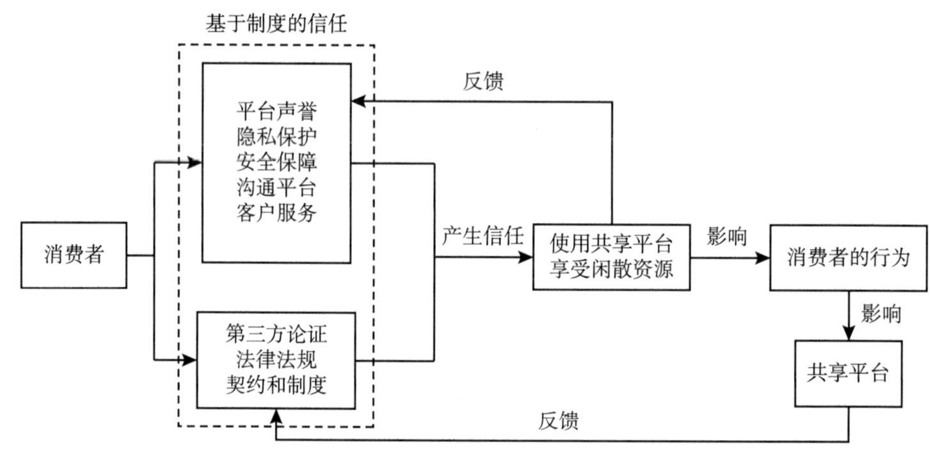

图 1　共享经济下消费者信任形成机制模型

（二）访谈研究

1. 访谈目的

共享经济下的平台可能会有一些不同于传统经济模式的特征，因此前人所研究的传统经济模式下的消费者信任的影响因素可能会有不合理的地方。为了使前人所研究的制度信任的影响因素更加合理，更符合 Airbnb 短租平台的特点，本文将对 Airbnb 平台的用户进行半结构化的访谈①，从而根据访谈的结果对本文所研究的因素进行修正或者补充。访谈者均为正在使用或者曾经使用过 Airbnb 平台的用户，其中既包括学生，也包括工作的用户。由于 Airbnb 是一个国际化的平台，其用户包括世界上的很多国家，因此本次访谈不仅仅局限于中国的用户，也包括加拿大、美国、英国等国家的用户。

本次访谈的主要目的是验证从各类文献中提取的影响平台用户信任的因素是否符合

① 半结构化访谈（semi-structured interviews）指按照一个粗线条式的访谈提纲而进行的非正式的访谈。

Airbnb 平台，同时探究是否有其他因素会影响用户对于平台的信任。

2. 结果分析

参与本次访谈的 Airbnb 平台用户共有 50 名，期中男性用户 26 名，女性用户 24 名；年龄在 20 岁以下的用户 3 名，20～25 岁的用户 19 名，25～30 岁之间的用户 23 名，30 岁以上的用户 6 名；学生 17 名，已经工作的用户 33 名；来自中国的用户 28 名，加拿大的用户 8 名，美国的用户 7 名，其他国家的用户一共 7 名，分析结果如表 1 所示。

表 1　解释变量的公因子结果

变量	有影响（名）	占比（%）	不确定（名）	占比（%）	无影响（名）	占比（%）
平台声誉	37	74	9	18	8	16
隐私保护	44	88	4	8	2	4
安全保障	42	84	5	10	3	6
沟通平台	36	72	8	16	6	12
客户服务	39	78	9	18	2	4
第三方论证	22	44	14	28	14	28
法律法规	26	52	15	30	9	18
契约和制度	33	66	10	20	7	14

由表 1 可知，对于第三方论证，只有 22 名（44%）用户认为该因素对他们有影响。被访谈者提到“一些机构可能会与平台之间有着利益交易，因此他们的论证未必可靠”“只有亲身经历才会有好的感受，我不太相信第三方论证，这些对于我没什么帮助”。

特别地，有 35 名（70%）的用户提到了支付方式，他们认为支付的便利、迅速对于平台的信任有着正向作用。

3. 模型优化

通过对访谈结果的深度剖析，多数人认为平台声誉、隐私保护、安全保障、沟通平台、客户服务、法律法规以及契约制度这七项因素对于消费者信任有影响，这也验证了本文所提出的因素。而只有少数人认为第三方论证对信任有影响，但有较多用户在访谈中提到了支付方式因素。因此，依据访谈结果，笔者对前文所构建的消费者信任形成机制的模型进行部分修正，不再将第三方论证作为主要因素进行分析，而是将支付方式单独列出，作为影响用户信任的主要因素加入信任模型。最终修正后的信任模型如图 2 所示。

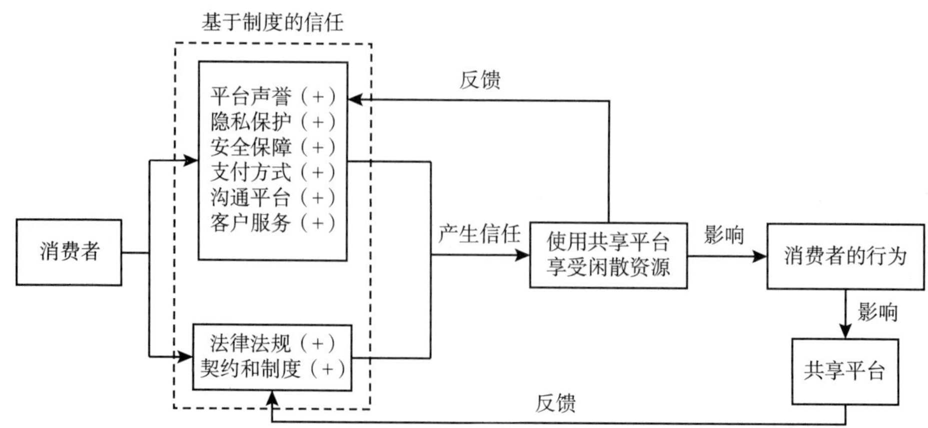

图2　修正后的共享经济下消费者信任形成机制模型

（三）研究假设与问卷调查

1. 假设设计

通过查阅大量文献以及学者的研究结论，我们可以做出如下合理假设（见表2）。

表2　假设验证结果

因素	编号	假设
平台声誉	H1a	短租平台声誉对于消费者信任的建立存在正相关的作用
隐私保护	H1b	短租平台对于消费者的个人隐私的保护与消费者信任的建立存在正相关作用
安全保障	H1c	短租平台的安全保障与消费者信任的建立存在正相关的作用
支付方式	H1d	短租平台的支付方式与安全与消费者信任的建立存在正相关的作用
沟通平台	H1e	短租平台为租客与房东搭建良好的沟通平台对于消费者信任的建立存在正相关的作用
客户服务	H1f	良好的客户服务对于消费者信任的建立存在正相关的作用
法律法规	H2a	法律法规对于消费者信任的建立有着正相关的作用
契约与制度	H2b	契约与制度体系的建立对于消费者信任的建立存在着正相关的作用

2. 问卷调查

（1）样本选取。本文的研究主体为共享短租平台——Airbnb（爱彼迎），因此问卷的对象均为Airbnb网站正在使用或者曾经使用过的用户，并且在问卷中设置了是否使用过该网站的问题来控制问卷的有效性。同时，由于Airbnb是一个全球性质的平台网站，因此其客户不仅仅只为中国用户，为了避免地区性差异所带来的误差，本文在问卷对象的选取上不仅仅局限于中国用户，同时也选取了部分其他国家的用户进行调研，包括加拿大、美国等国家。

（2）描述性统计。本文所使用的数据均来自笔者发放的问卷调查，为了确保问卷的回收率及有效性，笔者均选取 Aibnb 网站上有过评论的用户，利用问卷星等软件发放问卷。总计发放问卷 500 份，其中向中国用户发放共计 250 份问卷，向其他国家用户发放共计 250 份问卷，回收问卷 481 份，回收率为 96.2%。对问卷进行筛选，筛除有缺答现象及答案具有明显的规律性（例如全部选择一样的答案等）的问卷，最终得到有效问卷 440 份，有效问卷回收率为 88%。

各变量调查数据的描述性统计结果如表 3 所示。

表 3　各变量调查数据的描述性统计

变量	样本量	最小值	最大值	均值	标准差
平台声誉（P11－P13）	440	1	5	3.674	1.139
隐私保护（P21－P23）	440	1	5	3.741	1.058
安全保障（P31－P33）	440	1	5	3.719	1.051
支付方式（P41－P44）	440	1	5	3.835	0.987
沟通平台（P51－P53）	440	1	5	3.855	0.985
客户服务（P61－P63）	440	1	5	3.845	0.988
法律法规（P71－P72）	440	1	5	3.834	1.063
契约和制度（P81－P83）	440	1	5	3.829	1.019

（四）实证结果分析

1. 信度检验

本文为确保问卷的一致性和稳定性，将对问卷的数据结果进行信度分析检验，检验方法选择 Cronbach's Alpha 系数法。克龙巴赫（Cronbach，1951）所提出的 Cronbach's α 系数①是目前统计学中最常用的检测数据信度的系数，其公式为：

$$\alpha = \frac{K}{K-1}\left(1 - \frac{\sum \sigma_i^2}{\sigma^2}\right)$$

其中，K 为问卷量表中题项的总数，σ_i^2 为第 i 题的得分方差，σ^2 为所有题项的总得分方差。

依据目前公认的度量方法，一般取在 0～1 之间，若 $\alpha<0.35$，则认为该题项信度较低，必须予以拒绝；$0.35<\alpha<0.7$，则认为该题项信度尚可，可依据实际情况进行取

① Cronbach，L. J.，Coefficient Alpha and the Internal Structure of Test，Psychometrika，1951.

舍；α≥0.7，则说明该题项信度较高。同时本文也将采用纠正条款的总相关系数（corrected－item total correlation，CITC）分析法对问卷所获取的数据进行研究，以对测量项进行修正。一般认为，当 CITC <0.5 时，则可以删去该量表（Yoo B. & Donthu，2001）。删去量表后要对其他量表的 α 系数进行重新测算，如果纠正后的 α 系数增大，则说明应该删除该量表①（徐碧祥，2007）。

对短租平台用户的总体信度进行检验，检验结果如表 4 所示。可见，Cronbach's α 系数与基于标准化项的 Cronbach's α 系数均为 0.981，大于 0.7，表明问卷整体的可信度较高。

表 4　　总体信任的 CITC

Cronbach's α 系数	基于标准化项的 Cronbach's α 系数	项数
0.981	0.981	27

为了使各项量表均具有较好信度，本文分别对平台声誉、隐私保护等八个因素的量表以及消费者信任的量表进行 CITC 分析和内部一致性分析，分析结果如表 5 所示。

表 5　　平台声誉因素的 CITC

<table>
<tr><th>编号</th><th>CITC</th><th>删除该项后的 α 系数</th><th>α 系数</th><th>编号</th><th>CITC</th><th>删除该项后的 α 系数</th><th>α 系数</th></tr>
<tr><td>P11</td><td>0.755</td><td>0.820</td><td rowspan="3">α＝0.871</td><td>P51</td><td>0.803</td><td>0.775</td><td rowspan="3">α＝0.872</td></tr>
<tr><td>P12</td><td>0.739</td><td>0.831</td><td>P52</td><td>0.664</td><td>0.899</td></tr>
<tr><td>P13</td><td>0.770</td><td>0.803</td><td>P53</td><td>0.804</td><td>0.775</td></tr>
<tr><td rowspan="2">P21
（删除）</td><td rowspan="2">0.237</td><td rowspan="2">0.792</td><td rowspan="2">初始 α＝0.617</td><td>P61</td><td>0.765</td><td>0.780</td><td rowspan="3">α＝0.861</td></tr>
<tr><td>P62</td><td>0.711</td><td>0.829</td></tr>
<tr><td>P22</td><td>0.562</td><td>0.298</td><td rowspan="2">最终 α＝0.750</td><td>P63</td><td>0.736</td><td>0.807</td></tr>
<tr><td>P23</td><td>0.507</td><td>0.433</td><td>P71</td><td>0.701</td><td>—</td><td rowspan="2">α＝0.824</td></tr>
<tr><td>P31</td><td>0.775</td><td>0.758</td><td rowspan="3">α＝0.856</td><td>P72</td><td>0.701</td><td>—</td></tr>
<tr><td>P32</td><td>0.651</td><td>0.876</td><td>P81</td><td>0.824</td><td>0.761</td><td rowspan="3">α＝0.874</td></tr>
<tr><td>P33</td><td>0.769</td><td>0.762</td><td>P82</td><td>0.707</td><td>0.867</td></tr>
<tr><td>P41</td><td>0.799</td><td>0.859</td><td rowspan="4">α＝0.898</td><td>P83</td><td>0.747</td><td>0.833</td></tr>
<tr><td>P42</td><td>0.779</td><td>0.867</td><td>X11</td><td>0.782</td><td>0.827</td><td rowspan="3">α＝0.883</td></tr>
<tr><td>P43</td><td>0.768</td><td>0.871</td><td>X12</td><td>0.737</td><td>0.865</td></tr>
<tr><td>P44</td><td>0.748</td><td>0.876</td><td>X13</td><td>0.802</td><td>0.809</td></tr>
</table>

① 徐碧祥：《员工信任对其知识整合与共享意愿的作用机制研究》，浙江大学博士学位论文，2007 年。

由表 5 中数据可以看出，各测量项的 CITC 值均大于 0.5，且其 α 系数大于 0.5，表明各量表均有较好信度。

2. 效度检验

为了确保问卷的量表可以达到测量的目标，需要对量表所测量的能力和有效程度进行检验，这便是统计学上所说的“效度”检验。一般的，效度主要分为内容效度和结构效度。内容效度主要是问卷的内容是否具有逻辑性及相符性。本文在设计问卷量表时借鉴了许多其他国内外文献的较为成熟的量表，并且咨询了相关专家，同时进行了深度的调查访谈来增加问卷的有效性，并且结合了共享经济的特性对量表进行了修正，因此本文的调查问卷的量表具有较好的内容效度。结构效度是指问卷的数据结果与问卷的理论的一致性，也就是问卷是否能真正测量所提出的假设（戴海崎，2007）。本文将采用探索性因子分析法来检验问卷的结构效度。探索性因子分析是英国的心理学家（Charles Spearman，1904）提出的用来寻找多元观测变量本质结构的一种方法。

做探索性因子分析前，需要进行 KMO（Kaiser - Meyer - Olkin）样本测度和 Bartlett 球形度检验，以检验问卷结果是否适合做因子分析。如果 KMO 值大于 0.7 且越接近 1，说明各量表之间的相关性越好，适合做因子分析；若 Bartlett 球形度检验的显著水平小于 0.05 且越接近 0，说明可以拒绝相关矩阵为单位矩阵的假设，则可以进行因子分析。本文分别对解释变量与被解释变量进行因子分析。

（1）被解释变量的因子分析。通过对被解释变量做 KMO 样本测度与 Bartlett 球形度检验，检验结果如表 6 所示。KMO 值为 0.738，大于 0.7，说明变量之间具有很强的相关性，且显著水平为 0，小于 0.05，拒绝为单位矩阵的原假设，可以继续进行因子分析。

表 6　　　　KMO 球形检验结果

KMO 样本测度		0.738
Bartlett 球形度检验	近似卡方	361.090
	df	3
	Sig.	0.000

本文采取主成分分析法进行因子分析。主成分分析法主要是利用降维的思想，将多个变量转化为少数几个因子，并且这些因子对于变量有着较强的解释性，可以反映出变量中所包含的大部分信息（迟国秦，2013）。通过对被解释变量提取公因子，结果如表 7所示。

表 7　被解释变量的公因子结果

变量	测量项	成分
消费者信任	X11 我会在网站上评论及讨论	0.906
	X12 我十分愿意将该网站分享给我的朋友	0.880
	X13 如有需求，我会再次使用该网站	0.916

（2）解释变量的因子分析。通过对解释变量的平台声誉、隐私保护等八个因素做 KMO 样本测度与 Bartlett 球形度检验，检验结果如表 8 所示。KMO 值为 0.970，说明变量之间具有很强的相关性，且显著水平为 0，小于 0.05，拒绝为单位矩阵的原假设，可以继续进行因子分析。

表 8　KMO 球形检验结果

KMO 样本测度		0.970
Bartlett 球形度检验	近似卡方	5 727.170
	df	253
	Sig.	0.000

通过对八个因素 23 个测量项提取公因子，结果如表 9 所示。

表 9　解释变量的公因子结果

变量	测量项	成分	变量	测量项	成分
平台声誉	P11	0.815	沟通平台	P51	0.873
	P12	0.794		P52	0.848
	P13	0.838		P53	0.870
隐私保护	P22	0.807	客户服务	P61	0.801
	P23	0.864		P62	0.857
安全保障	P31	0.852		P63	0.841
	P32	0.813	法律法规	P71	0.875
	P33	0.842		P72	0.833
支付方式	P41	0.859	契约和制度	P81	0.868
	P42	0.857		P82	0.859
	P43	0.850		P83	0.807
	P44	0.826			

由表 9 可知，23 个测量项纸条取出一个公因子，且累计贡献率为 70.816%，与前面设计的因素不一致，可能是由于因素之间的相关性太强，存在多重共线性关系，因此本文将对所有测量项进行多重共线性检验。

3. 多重共线性检验

多重共线性是指变量之间高度相关，因此在设计回归模型时可以将高度相关的部分变量剔除，但是剔除部分变量后也会对总体模型的误差有所影响（Jeffrey M. Wooldridge，2003）。本文先采用相关系数法（Smith & Wilson，1995）对各个因素变量的条款分别进行多重共线性检验，然后剔除存在部分多重共线性的测量项，并对剩余的测量项进行容差（tolerance）和方差膨胀因子检验，最终确定回归模型的变量。

（1）相关系数检验。表 10 为各项条款的 Pearson 相关系数矩阵，由表 10 可见，相关系数最高为 0.817，最低为 0.600，都在 0.1 水平上显著，说明条款之间高度相关，因此本文只保留 P11、P21、P31、P41、P51、P61、P71、P81 这八个测量项进行回归。

表 10　　各因素的相关性分析

编号	P11	P12	P13	编号	P22		P23	
P11	1	—	—	P22	1		—	
P12	0.675 **	1	—	P23	0.600 **		1	
P13	0.715 **	0.694 **	1	编号	P41	P42	P43	P44
编号	P31	P32	P33	P41	1	—	—	—
P31	1	—	—	P42	0.663 *	1	—	—
P32	0.617 **	1	—	P43	0.801 **	0.653 **	1	—
P33	0.779 **	0.611 **	1	P44	0.653 **	0.761 **	0.600 **	1
编号	P51	P52	P53	编号	P61	P62	P63	
P51	1	—	—	P61	1	—	—	
P52	0.633 **	1	—	P62	0.676 **	1	—	
P53	0.817 **	0.633 **	1	P63	0.708 **	0.639 **	1	
编号	P71	P72		编号	P81	P82	P83	
P71	1	—		P81	1	—	—	
P72	0.701 **	1		P82	0.714 **	1	—	
				P83	0.765 **	0.615 **	1	

（2）容差与膨胀方差因子检验。相关系数检验后，剔除那些相关性较高的测量项，剩下 P11、P21、P31、P41、P51、P61、P71、P81 这八个测量项，对这些测量项进行容差与膨胀方差因子检验。容差的取值范围在 0 ~ 1 之间，越接近 0，则表明多重共线性越

强；反之，则表明多重共线性较弱。方差膨胀因子（VIF）是容差的倒数，如果 VIF > 10，表明多重共线性较强；如果 1 < VIF < 10，表明多重共线性弱，且越接近 1，越弱。检验结果如表 11 所示。

表 11　容差与膨胀方差因子检验结果

测量项	共线性统计量	
	容差	膨胀方差因子（VIF）
P11	0. 394	2. 540
P21	0. 385	2. 597
P31	0. 311	3. 213
P41	0. 350	2. 855
P51	0. 393	2. 544
P61	0. 263	3. 798
P71	0. 325	3. 077
P81	0. 400	2. 503

由表 11 可见，八个测量项的容差均在 0 ~ 1 之间，且 VIF 均小于 10，说明这是测量项之间并不存在明显的多重共线性，因此这些测量项进入回归模型是合适的。

4. 回归分析

在回归分析（regression analysis）之前，本文先对模型中的因变量和自变量之间的相关性进行分析，以确定因变量和自变量之间的关系是否密切，利用 SPSS 软件变量进行 Pearson 相关性分析，分析结果如表 12 所示。

表 12　信任变量与消费者信任之间的相关关系

变量	测量项	消费者信任（X12）
平台声誉	P11	0. 701 **
隐私保护	P21	0. 711 **
安全保障	P31	0. 697 **
支付方式	P41	0. 707 **
平台沟通	P51	0. 757 **
客户服务	P61	0. 672 **
法律法规	P71	0. 713 **
契约和制度	P81	0. 746 **

注：** 表示在 0. 01 的水平上显著相关（双侧）。

由表 12 的分析结果可知，在 0.01 的显著性水平上，平台声誉等八个信任因素自变量与因变量之间均存在较强的相关性，信任变量与消费者信任之间的相关关系如图 3 所示。

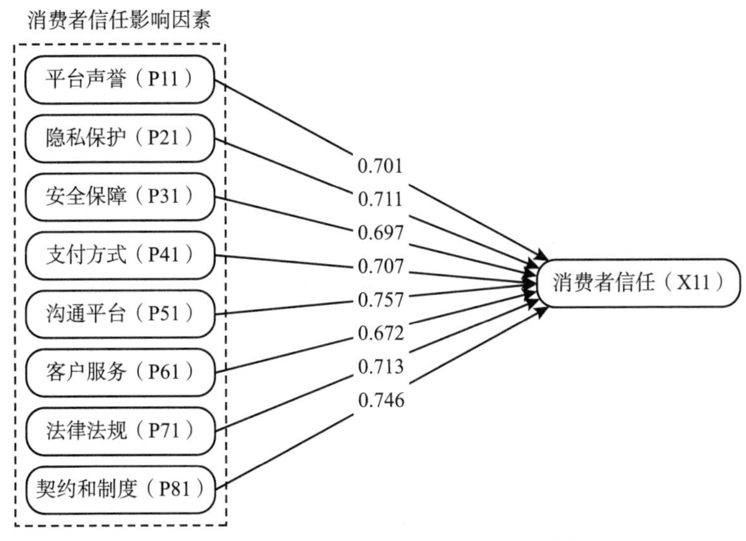

图 3　信任变量与消费者信任之间的相关关系

线性回归是指通过建立模型来确定一个或者多个自变量与因变量之间关系的方法。本文将通过 SPSS 软件对所要研究的自变量与因变量进行线性回归分析，分析结果如下：

一般的，在统计学中，R^2（multiple R-squared）和调整后的 R^2（adjusted R-squared）被称作是“拟合优度”和“调整后的拟合优度”，用以说明模型与样本数据之间的拟合程度，越接近 1，说明拟合程度越好，且调整后的 R^2 也表示模型对样本数据的解释程度。由表中软件分析结果可知，R^2 为 0.722，调整后的 R^2 为 0.711，表明模型与样本数据的拟合程度较好，且对样本数据的解释率为 71.1%。

杜宾—沃森（Durbin－Waston）检验是用以检验线性模型的残差是否具有一阶自相关性的方法。统计学上，DW 值一般在 0～4 之间，当 DW＝2 或者接近于 2 时，表明模型的残差不存在一阶自相关，且越接近 2，自相关性越弱；当 DW＜2 或者接近于 0 时，表明模型的残差存在正的自相关性，且越接近于 0，正自相关性越强；当 DW＞2 或者接近于 4 时，表明模型的残差存在负的自相关性，且越接近于 4，负自相关性越强。由分析结果可知，DW＝2.233，接近于 2，依据样本容量和解释变量的个数，通过查找 DW 检验表可以确定上限 UD 和下限 LD 值，由于 UD＜DW＝2.233＜4－UD，接受零假设，残差不存在一阶自相关性（见表 13）。

表 13　　回归分析关系结果

模型	R	R^2	调整 R^2	标准估计的误差	DW
1	0.849	0.722	0.711	0.620	2.233

F－检验，又被称为方差比率检验，是指用于检验模型的整体显著性的一种检验方法。一般来说，F 值的计算公式如下：

$$F=\frac{\frac{SSr}{P}}{\frac{SSe}{n-p-1}},\ F(p,\ n-p-1)$$

由表 14 可知，分析结果所得 $F>F_{0.01}$，且 Sig. =0.000<0.01，说明模型的整体显著性较好，解释变量与被解释变量之间存在回归关系。

表 14　方差分析

模型	平方和	df	均方	F	Sig.
回归	210.233	8	26.279	68.349	0.000
残差	81.126	211	0.384		
合计	291.359	219			

最终，回归分析模型的系数结果如表 15 所示。

表 15　回归分析模型的系数结果

模型	非标准化系数		标准系数	t	Sig.
	B	标准误差	Beta		
（常量）	0.29	0.173		0.167	0.867
P11	0.101	0.050	0.117	2.203	0.044**
P22	0.136	0.056	0.142	2.425	0.016**
P32	0.106	0.053	0.114	1.988	0.048**
P43	0.046	0.065	0.046	0.716	0.475
P53	0.189	0.074	0.179	2.532	0.012**
P61	0.125	0.060	0.121	2.082	0.039**
P72	0.130	0.062	0.128	2.088	0.038**
P81	0.159	0.065	0.159	2.438	0.016**

注：** 表示在 0.01 的水平上显著。

由表 15 中分析结果可知，变量 P11、P21、P31、P51、P61、P71、P81 的系数均在 0.01 的置信水平上显著，且系数均为正，表明该分析结果支持假设 H1a、H1b、H1c、H1e、H1f、H2a、H2b。而变量 P43 的系数并不显著，表明最终模型的系数分析并不支持假设 H1d。

模型结果如下：

消费者信任 =0. 101 平台声誉 +0. 136 隐私保护 +0. 106 安全保障 +0. 189 沟通平台 +0. 125P 客户服务 +0. 130 法律法规 +0. 159 契约和制度

其中变量“沟通平台”的系数最大，表明沟通平台这项因素对于消费者信任建立的影响最大，这主要是由于 Airbnb 网站平台在语言翻译、沟通软件等方面做得相对较好。由于 Airbnb 是全球范围内的短租平台服务商，需要服务不同国家的消费者，而 Airbnb 的主页则可以选择多种语言，包括英语、法语、西班牙语、阿拉伯语、汉语等多种语言，便于不同语种的消费者使用。同时 Airbnb 也将所有的房屋信息甚至评论进行翻译，方便消费者对房屋进行选择，并且在翻译精度上，Airbnb 也要好于其他的短租平台，这样不仅可以让消费者准确寻找到所需要的房源，同时也可以让消费者很好地了解到其他住户对于房屋的体验，以减少信息不对称所带来的风险，进而增强消费者对于平台的信任。

5. 多因素方差分析

在统计学中，多因素方差分析是用来分析两个及两个以上因素对观察指标影响的一种统计方法，旨在研究多个因素变量的条件下，各变量的独立作用，即在控制了其他变量的条件下研究因子对于被解释变量的影响。

前面我们已经验证了平台声誉等七个因素对于消费者信任的建立有着正向的作用，本节我们将探究这七个因素的独立作用以及七个因素的交互作用是否会对消费者信任产生影响。本文利用 SPSS 软件分别对七个因素进行主效应分析与交互效应分析，分析结果如表 16 所示。

表 16　　多因素方差分析

Source	F	Sig.
Corrected Model	10. 353	0. 000 **
Intercept	2 110. 339	0. 000 **
平台声誉	2. 468	0. 043 **
隐私保护	2. 430	0. 046 **
安全保障	5. 853	0. 000 **
沟通平台	5. 308	0. 001 **
客户服务	2. 629	0. 042 **
法律法规	3. 049	0. 023 **
契约和制度	9. 141	0. 000 **
因素交互	2. 881	0. 000 **

由表 16 中结果可知，平台声誉、隐私保护等七个因素的主效应分析 Sig. 值均小于

0.05，表明在0.05的置信水平上，七个因素的主效应作用均为显著，也就是在控制其他变量后，平台声誉等七个因素对于消费者信任的独立作用显著；同时可以得到七个因素的交互效应的Sig.值同样小于0.05，表明在0.05的置信水平上，七个因素的交互影响同样显著。由上述分析结果我们可得出结论，七个因素对于消费者信任的影响都是具有显著的独立影响，即在其他变量不变的条件下，这七个变量的变化都会影响消费者信任的建立。

6. 分析结果

综上分析，我们可知对于前面提到的八个假设的验证结果如表17所示。

表17　假设验证结果

编号	假设	是否成立
H1a	短租平台声誉对于消费者信任的建立存在正相关的作用	成立
H1b	短租平台对于消费者的个人隐私的保护与消费者信任的建立存在正相关作用	成立
H1c	短租平台的安全保障与消费者信任的建立存在正相关的作用	成立
H1d	短租平台的支付方式与安全与消费者信任的建立存在正相关的作用	不成立
H1e	短租平台为租客与房东搭建良好的沟通平台对于消费者信任的建立存在正相关的作用	成立
H1f	良好的客户服务对于消费者信任的建立存在正相关的作用	成立
H2a	法律法规对于消费者信任的建立有着正相关的作用	成立
H2b	契约与制度体系的建立对于消费者信任的建立存在着正相关的作用	成立

分析结果表明，除假设H1d外，其他假设均成立。

假设H1d并不成立，究其原因，一是大部分消费者将支付环节看作是一个消费的非核心环节，也就说只要可以顺利支付，其便利性和多样性对于消费者来说未必是最为关注的；二是由于技术的发展，多途径的支付方式已经相当普及，大部分网站平台都与第三方支付公司、银行等展开合作，因此普遍的多样化支付难以称为平台网站的核心环节，也就削弱了支付环节对于消费者信任建立的影响。

四、结论与建议

本文在扎克（Zucker）的消费者信任三机制模型理论的基础上，通过建立基于制度的消费者信任模型，从情景安全与结构保障两个维度出发，探究平台声誉、隐私保护、安全保障、支付方式、沟通平台、客户服务、法律法规以及契约和制度八个因素对于消费者信任建立的影响，最终研究结论如下：

第一，平台声誉对于消费者信任的建立有重要影响，且平台的声誉越好，消费者对于平台的信任感越强。消费者对于平台最直接的感知来自平台的知名度、人气以及其他使用者的反馈与评价，这些方面的好坏将会在消费者的脑海中建立起对平台的初步印象，这便形成了消费者对平台信任建立的基础。我国的共享经济正处于飞速发展的初期，大量的共享平台如雨后春笋一样出现，但许多平台在自身快速发展的同时，过于重视规模、利润，而忽视了自身平台形象、声誉的打造，这样的平台最终会被消费者所摒弃。因此，共享经济平台在发展的同时，应当不断树立良好的品牌形象，打造优秀的品牌声誉，只有这样才能吸引更多的消费者，更加稳定快速的发展。

第二，平台对于客户的个人隐私保护程度与平台安全保障技术都对消费者信任的建立有着正面的影响。随着互联网的出现，人们获取信息的便利程度大大增加，同时信息的传播速度也有了质的飞跃，而用户个人信息的泄露问题也成了许多使用互联网消费的群体所关注的重点。由于共享经济的特性，不同的信息在各平台之间传递的速度也大大加快，从而导致消费者信息的泄露程度也尤为严重，尤其是我国近几年共享经济迅猛发展，个人信息泄露的相关问题也一直是我国互联网领域面临的一个十分严峻的考验。因此，国内的共享经济平台应该更加重视用户的隐私信息保护，多方面、多层次、多手段的防止信息泄露，只有这样，才能获得消费者更多的信任。同时，技术方面的安全保障也十分重要，由于共享经济的开放性较高，如何在这个相对开放的“环境”下保障消费者的资金、人身及交易的安全也是共享平台需要十分重视的一个方面。

第三，开放性是共享经济的一个特性，众多消费者在同一平台中共享资源，因此沟通问题也是影响消费者信任建立的一个十分重要的因素。以 Airbnb 为例，研究中我们发现，Airbnb 与国内许多短租平台最大最直观的差别就是 Airbnb 的国际化，同时其沟通平台的搭建也好于其他平台，从语言的多样性、精准性到沟通的便捷性，Airbnb 都是全行业的领军者，而便捷精准的沟通也会大大缩减消费者使用的困难度和耗用时间，这些都会从各个方面极大地增强消费者使用平台的信心。国内的平台在共享经济这个大环境下，也需要增强自身的开放性，而开放性的表现不仅仅是产品开放，更重要的是平台开放，才能吸引不同领域、国家、语言、文化的消费者，促进自身更好的发展。

第四，良好、专业的客户服务对于平台用户消费信任的建立有正向的影响。客户服务一直是消费者评价平台、企业优劣的一个重要指标，专业的客户服务也可以彰显一个平台的专业程度，同时也可以让消费者避免对于风险的感知；及时、便捷的解决消费者在使用平台过程中遇到的困难和问题也可以使消费者迅速建立信任感。

第五，法律法规与契约及制度。法律法规是国家层面对于平台的约束以及对于消费者权益的保障，研究表明，平台相关的法律法规越完善，消费者感知风险的程度也越低。我国共享经济还处于发展初期，加上近几年发展过快，导致相关的法律法规还不够完善，因此出现很多平台跑路、欺骗消费者等恶性事件，给共享经济平台的发展造成了十分不好的影响。加快立法进程，完善相关法律法规，促进共享经济健康、阳光的发展。而契约与制度则是平台内部约束自身行为的“紧箍咒”，严格的规章制度与合理的契约保障都会促进消费者对于平台信心的生成。因此，国内的众多共享平台应从自身做起，建立严格的制度约束内部人员，防止“内部溃烂”，同时加强契约保障，从而降低消费者的消费风险，强化信任。

参考文献

［1］鲁耀斌：《电子商务信任问题理论框架研究》，载《管理学报》2005年第5期。

［2］宋源：《团队信任影响因素实证研究——传统团队与虚拟团队的差异分析》，载《河南社会科学》2010年第1期。

［3］白静：《基于制度视角的虚拟团队信任模型研究》，载《科学管理研究》2009年第3期。

［4］邓爱民、陶宝、马莹莹：《网络购物顾客忠诚度影响因素的实证研究》，载《中国管理科学》2014年第6期。

［5］徐碧祥：《员工信任对其知识整合与共享意愿的作用机制研究》，浙江大学博士学位论文，2007年。

［6］CRONBACH，L. J.，Coefficient Alpha and the Internal Structure of Test. Psychometrika，1951.

［7］GEFEN D. E – commerce，the Role of Familiarity and Trust. Omega，2000，28（6）：725 – 737.

［8］HAJLI M.，Social Commerce Adoption Model. the UK Academy of Information Systems Conference，UK：University of Oxford，2012：1 – 26.

［9］Kreps，D.，P. Milgrom，J.，Roberts and R.，Wilson. Rational Cooperation in the Finitely Repeated Prisoner's Dilemma，Journal of Economic Theory，1982（27）：245 – 252.

［10］Johnson George C.，Swap W. C.，Measurement of Specific Interpersonal Trust：Construction and Validation of a Scale to Assess Trust in a Specific other. Journal of Personality & Social Psychology，1982，43（6）：1306 – 1317.

［11］Kim S.，Park H.，Effects of Various Characteristics of Social Commerce（s-commerce）on Consumers' Trust and Trust Performance，International Journal of Information Management，2013，33（2）：318 – 332.

［12］Lewis J. D.，Weigert A. J.，Social Atomism，Holism，and Trust. Sociological Quarterly，1985，26（4）.

［13］Lee M. K. O.，Turban E.，A Trust Model for Consumer Internet Shopping，International Journal of Electronic Commerce，2001.

［14］Mayer R. C.，Davis J. H.，& Sehoorman D.，An Integrative Model of Organizational Trust，Academy of Management Review，1995，20（3）：709 – 714.

［15］Mcknight D. H.，Cumming L. L.，Chervany N. L.，Initial Trust Formation in New Organizational Relations，Academy of Management Review，1998，23（3）.

［16］Nolanet，Brizland R.，Macaulay L.，Individual Trust and Development of Online Business Communities. Information Technology & People，2007，20（1）：53 – 71.

［17］Nosko C.，Tadelis S.，The Limits of Reputation in Platform Markets：an Empirical Analysis and Field Experiment，National Bureau of Economic Research，2015.

［18］Zucker L. G.，Production of Trust：Institutional Sources of Economic Structure，1840 – 1920. Research in Organizational Behavior，1986.

高质量发展的核心驱动因素研究

高淑桂*

摘要：高质量发展是在我国经济面临“三期叠加”、我国主要矛盾发生变化的时代背景下提出来的，是根据新情况、新问题，立足实践，对我国市场经济发展作出的合乎规律的判断。高质量发展的根本内涵在于以最少的投入获得最多的产出，即资本运转的高效率、劳动生产率的提高和资源单位产出的高效。通过实证分析发现，当下阶段高质量发展的核心驱动因素是人力资本。提升人力资本从而实现经济高质量发展的根本途径，在于遵循市场规律完善体制机制、加强教育培训以及完善人文环境。

关键词：高质量发展　内涵　核心因素　实现路径

改革开放40多年，我们在取得巨大成就的同时，由于资源环境的约束，原先“高投入、高污染、高产出”的经济增长方式难以为继。我国经济到了“从高速到中高速的增长速度换挡期、结构调整阵痛期、前期刺激政策消化期”三期叠加的阶段。同时，我国社会主要矛盾也从“满足人民日益增长的物质文化需要”转变为“人民日益增长的美好生活需要和不平衡不充分的发展之间的矛盾”①，在全面分析我国经济“三期叠加”特征和主要矛盾变化的基础上，综合考虑各方面的因素，习近平总书记在党的十九大报告中首次提出经济高质量发展。高质量发展是根据新情况、新问题，立足实践，对我国市场经济发展作出的合乎规律的判断。那么，何谓高质量发展？

一、高质量发展的内涵

高质量发展很难有量的判断，从质上来讲，主要指的是以最少的投入获得最多的产出，即资本运转的高效率、劳动生产率的提高和资源单位产出的高效。改革开放以来的40多年，我国经济在很大程度上是低效益的，大而不优的特点突出。最典型的表现就是经济总量居于世界第二，对世界经济总量的贡献率也达到了30%，但是，从全球产业链来看，却承接了中低端产业，占据了中低端市场。这就出现了一个矛盾：在全球一体化背景下，中低端市场不具备和高端市场进行竞争的能力。如何突破这一困境？那就

---

* 高淑桂，中共上海市青浦区委党校副教授。

① 习近平：《决胜全面建成小康社会　夺取新时代中国特色社会主义伟大胜利》，人民出版社2017年版。

是高质量发展，转变产业发展模式，提高经济效益，提升产品品质。

于是，我们要考虑的，是需要怎样的产业发展模式。在现阶段，我国第二产业在产业结构中的比重过大，比例失衡。主要表现就是投资供给巨大，并联动引起消费供给扩大，于是，优化产业结构，使一二三产业协调发展就成为转变产业发展模式的内涵之一；就第二产业内部来看，落后产能依然存在并占有一定的比例，在经济新常态下，大力发展高端制造业，推动工业产业转型升级，从原来高速的规模速度型发展转向中高速的质量效益型发展，就成为应有之义。经济发展需要动力，习近平指出“实施创新驱动发展战略决定着中华民族前途命运，全党全社会都要充分认识科技创新的巨大作用，敏锐把握世界科技创新发展趋势，紧紧抓住和用好新一轮科技革命和产业革命的机遇，把创新驱动发展作为面向未来的一项重大战略实施好”①。党的十九大以来，围绕创新驱动，我国已形成一套完整的创新驱动发展思想体系，对于迅速提升我国产业结构水平和核心竞争力，实现经济发展动力转换，具有重要作用。但从实际创新情况看，目前在一些领域，我们赶超成功了，比如核电站建设、互联网技术、4G电信技术等。与此同时，在很多领域，我国的创新与发达国家相比依然弱，来自世界银行的数据显示（考虑数据的完整性，这里选取2016年数据）：我国研究人员数量每百万人有1 206位，相比发达国家，德国为4 893位，芬兰为6 525位，卢森堡为4 351位，瑞典为7 153位，远远落后于发达国家的研发人员比例；从知识产权使用费情况看，中国为法国的1/7，德国的1/5，挪威的1/4；美国专利数是中国的2倍多。按照创新的“原始创新、二次创新、集成创新”的分类，在我国二次创新和集成创新比较多，但一次创新存在投入多、见效慢的特点，在数量上相对很少。

可见，虽然我国已进入高质量发展阶段，但是在产业优化升级和创新驱动方面仍存在较大差距。如何缩小这种差距？我们需要深入探索经济高质量发展的核心驱动因素。

二、高质量发展的核心驱动因素

我们知道，决定生产力发展的要素包括生产资料、生产工具和劳动力，其中，生产资料是生产过程中所需要的资产、土地和能源等资源，劳动工具是人们在劳动中作用于生产资料的工具，劳动力是有劳动能力的人口。那么，在驱动生产力发展的各要素中，哪个是核心驱动要素？我们通过实证的方式进行分析：

选取从2008~2015年挪威、芬兰、美国、德国、埃及、马来西亚、中国等世界30个国家的产出值、固定资产、能源消费、土地资源和人力资本8年的面板数据作为研究对象，数据来源于世界银行数据库。

设定函数变量符号及其含义如表1所示。

① 习近平：《决胜全面建成小康社会 夺取新时代中国特色社会主义伟大胜利》，人民出版社2017年版。

表1　　衡量指标、变量及其符号

衡量指标	变量	符号
被解释变量	国民生产总值（GDP）	Y
解释变量	固定资本净值	K
	能源损耗总量	E
	土地资源	T
	人力资本	H

注：下面 ln 是对其进行了对数处理。

本文为了研究各要素对经济增长的贡献度，采用柯布-道格拉斯形式的生产函数，且自然资源以要素的形式进入经济增长方程。事实上，假定生产函数的形式为柯布-道格拉斯形式，也就假定了资本、劳动和自然资源等要素之间存在着替代关系。根据上述变量，设定模型如下：

$$Y(t)=K(t)^{\alpha}E(t)^{\beta}T(t)^{\eta}[H(t)]^{\theta}$$

两边取对数可得：

$$\ln(Y(t))=\alpha\ln(K(t))+\beta\ln(E(t))+\eta\ln(T(t))+\theta\ln(H(t))$$

根据面板数据，建立固定效应模型：

$$\ln Y_{it}=\beta_0+\alpha\ln K_{it}+\beta\ln E_{it}+\eta\ln T_{it}+\theta\ln H_{it}+\varepsilon_{it}$$

其中，i=1，2，3，…，34 表示个体成员；t=1，2，3，…，T 表示时间跨度。建立的随机效用模型如下：

$$\ln Y_{it}=\beta_i+\alpha\ln K_{it}+\beta\ln E_{it}+\eta\ln T_{it}+\theta\ln H_{it}+\varepsilon_{it}$$

其中，i=1，2，3，…，34 表示个体成员；t=1，2，3，…，T 表示时间跨度。

依据 Hausman 检验，进一步判断模型是固定效应还是随机效应（见表2）。

表2　　Hausman 检验的运行结果

Correlated Random Effects - Hausman Test			
Pool：Untitled			
Test cross-section random effects			
Test Summary	Chi - Sq. Statistic	Chi - Sq. d. f.	Prob.
Cross-section random	255. 783104	4	0. 0000

由表2可知，Hausman 检验的 P 值为 0. 0000，小于置信水平 0. 05，因此我们拒绝原假设，采用固体效应模型，运行结果显示，置信水平为 0. 05 的条件下，各变量对产出都有显著性的影响。

根据估计结果，进一步计算 2010～2017 年各要素对 GDP 的贡献率和贡献度（见表3）。

表 3 2008～2015 年各要素对经济增长的贡献度和贡献率

变量	年增长率（%）	产出弹性	贡献度	贡献率（%）
GDP	1. 6603			
资本存量	0. 9010	0. 1005	0. 090551	5. 4538638
人力资本	1. 3922	0. 2470	0. 343873	20. 711522
能源	0. 6011	0. 1610	0. 096777	5. 8288924
土地	0. 0401	0. 0048	0. 00019	0. 011593

注：年平均增长率＝各个国家各要素增长率的平均值。

从表 3 可以看出，人力资本对经济增长贡献较大，对经济增长的贡献率达到了 20. 71%，远远超过其他生产要素的作用。

既然人力资本是经济高质量发展的核心驱动因素，那么，什么是人力资本？

人力资本思想最早可上溯到柏拉图的《理想国》，但在柏拉图那里，教育仅仅是消费品，并没有直接的经济价值。之后，魁克提出人是构成财富的第一要素。接着，英国古典经济学创始人威廉·配第提出“土地是财富之母，劳动是财富之父”①，阐发劳动价值的理论。亚当·斯密继承了配第的思想，认为劳动创造价值，其价值量的大小由劳动者的技能水平和熟练程度决定，而技能水平需要通过教育获得。斯密指出，劳动者质量的提高会引起劳动生产率的提高，劳动生产率的提高直接促进了经济增长。穆勒进一步发展了斯密的思想，指出教育使劳动者掌握了知识和技能，从而使国民财富增加。马歇尔作为古典经济学的集大成者，强调指出，对教育的投资会促进生产力的极大发展和社会经济的极大增长。

19 世纪中叶，马克思在古典经济学基础上，创造了劳动价值论，并且首次系统阐述关于人的全面发展的思想，他指出：“人的全面发展”有其内在规定性，即“人以一种全面的方式，也就是说，作为一个完整的人，最终占有自己的本质”。② 这种本质包括三个方面，一是人的类本质；二是群体本质；三是个体本质。就类本质来讲，人的本质是自由自觉的劳动；就群体本质而言，人的本质表现为一切社会关系的总和；个体本质则反映了人的个性。马克思认为人的全面发展的核心，一方面是人的关系和个性的全面发展，另一方面还包括人的体力、智力、自然力、道德力、现实能力和内在潜力等能力的全面发展，“一个人的发展取决于和他直接或间接地进行交往的其他一切人的发展”③，从而达到人类整体的全面发展。

阿马蒂亚·森（1998 年诺贝尔经济学奖得主）认为，发展只有加上人的自由的价值内容才是符合人类本性的发展，发展的内容，包括社会生活的各个方面，诸如平等的

① 威廉·配第：《赋税论》，商务印书馆 1978 年版，第 66 页。
② 马克思：《1844 年经济学哲学手稿》，人民出版社 1979 年版，第 77～78 页。
③ 《马克思恩格斯全集》（第 3 卷），人民出版社 1976 年版，第 515 页。

社会和政治参与、人身和就业自由及物质生活领域的一般指标等。他的思想和理念得到了国际社会的广泛认可。1990年以来，联合国每年发布的《人类发展报告》，很大程度上就是依据他提出的发展思想。

1979年，“人力资本之父”西奥多·W·舒尔茨第一次系统阐述了人力资本理论，他明确指出，“人力的取得不是无代价的，它需要消耗稀缺资源，也就是说，需要消耗资本投资；人力包括人的知识和技能的形成，是投资的结果，并非一切人力资源都是最重要的资源，只有通过一定方式的投资，掌握了知识和技能的人力资源才是一切生产资源中最重要的资源。因此，人力、人的知识和技能，是资本的一种形态。我们把它称之为人力资本”。[①] 这一论断中包含了两方面的含义，第一，人的知识和技能通过投资形成，最终将转换为资本和财富，人力资源向人力资本转化的决定性因素就是投资。第二，社会经济增长的主要源泉是人力资本的积累。

人力资本理论拓展了资本的内涵和外延，指出，资本不仅有物质资本，还有人力资本，把对经济理论的研究带入一个全新的视角。事实证明，世界上任何一个发达国家都是人力资本强大的国家，人力资本的积累和增加对经济增长与社会发展的贡献，远比劳动力数量和物质资本的增加重要得多。从人力资本角度看经济发展，效率低下有一个明显的共性：就是没有发挥人力资本的作用，不管是高能耗的数量扩张型的经济，还是对外出口型的经济，都缺乏人力资本的支撑，到一定阶段以后就出现了“资本的边际生产率的下降”，经济发展找不到新的动力机制。可以理解，一个拥有强大人力资本的社会，社会动荡、腐败多发、分配不公等特征也能够在最大程度上得以避免，而缺少强大的人力资本支撑，则是一个国家落入经济效益低下的根本原因。

三、如何培育人力资本以实现经济的高质量发展

人力资本作为能动性的资本在高质量发展中居于主导地位。这种主观能动性主要表现为两个方面：其一，人具有主体性，是一切经济活动的主导者和操纵者。其二，人具有创造性，物质资本不会自动创新，一切创新均来自产业中进入了人力资本。历史已经经验地证实，人力资本对一国经济增长具有巨大的推动作用。经济学家舒尔茨曾经选取了美国1900~1957年间的经济数据进行测算和分析，他发现，物质资本投资效益远不如人力资本投资效益明显，数据显示，利润每增加3.6倍，物质资本就要增加4.5倍；而人力资本每增加3.5倍，利润会增加17.6倍。进一步，他测算了教育对经济增长的贡献率发现，在1929~1957年间，贡献率为33%。此后，丹尼森也在把该方法完善的基础上再次测算，得到教育对经济增长贡献度达23%的结果。舒尔茨和丹尼森等的研究充分证明了人力资本的重要性，于是，各国政府纷纷加大对教育的投资，科学技术在

① 陈宇：《人力资源经济活动分析》，中国劳动出版社1991年版，第121页。

这一阶段也迅速发展，在科技的推动作用下，世界经济繁荣发展起来。

马克思强调，人既是发展的目的，又是发展的手段，人力资本投资是人的能力的提高，是社会发展的重要因素，它在促进社会平等、减少失业、消除贫困、享受医疗和教育、维护人的自由和尊严等方面发挥着主导作用，在尊重自然、和自然协调发展的层面上发挥着重要作用，没有人力资本的积累，效率就不可能提高，也不会发生资源的替代和节约。全球生态危机说明，只依靠消耗物质资源开发的模式已走到了尽头，今后人类的生存和发展，不能单纯依靠无节制地开发地球资源来支持，而必须深入挖掘和利用人类自身的智慧。自然资源是有限的，而人类的智慧发展是无限的。

如何提升人力资本的核心地位？

（一）遵循市场规律，完善体制机制

在经济高质量发展进程中，认识并把握市场经济规律，释放人力资本的潜在生产力，需要一系列的制度保障。

1. 把握市场规律，激发劳动力积极性

市场经济是一种竞争型经济，最容易激发竞争主体的积极性。我国对市场经济的认识，经历了一个过程。从我国社会主义建设实践看，新中国成立初期，我们实行计划经济体制。改革开放以后，我们党开始对政府与市场的关系进行探索：党的十二大“计划经济为主，市场调节为辅”的提法，突破了传统计划经济体制；随着农村改革的实践探索，党的十三大作出了“社会主义有计划的商品经济体制应该是计划与市场内在统一的体制”的判断；1992年党的十四大报告进一步深化了这一判断，指出“我国经济体制改革的目标是建立社会主义市场经济体制”，明确了市场的地位和作用；随着党对经济规律认识的深化，党的十五大明确了市场对资源配置的基础性作用；党的十六大进一步强调市场作用；党的十七大强调了制度在发挥市场机制方面的作用；党的十八届三中全会，习近平总书记明确提出“使市场在资源配置中起决定性作用和更好发挥政府作用”①。为什么要让市场在资源配置中起决定作用？马克思对市场经济有一段高度的评价，他指出，“……由于劳动过程的组织和技术的巨大成就，使社会的整个经济结构发生变革，并且不可比拟地超越了以前的一切时期”②。

为什么市场经济有如此巨大的历史作用呢？根本原因在于劳动者在市场经济作用条件下，充分发挥了积极性和主观能动性，从而提高了经济效益。有哪些市场特点呢？比如，生产经营的自主性、最大利益的驱动性、优胜劣汰的竞争性、经济效益的实现性、资源配置的流动性和经济运行的开放性等，然而，市场竞争会产生一些无序现象，出现市场失灵，所以，习近平总书记提出，在发挥市场对资源配置决定作用的同时，需要界

① 习近平：《决胜全面建成小康社会　夺取新时代中国特色社会主义伟大胜利》，人民出版社2017年版。
② 《马克思恩格斯全集》第24卷，人民出版社1972年版，第44页。

定政府与市场的作用边界。

2. 打破户籍壁垒，实现劳动力的自由流动

我们党在关于建立社会主义市场经济体制的决定中，明确要建立社会主义的劳动力市场。但在这方面，存在一个争议较大的问题，社会主义经济中的劳动力是不是商品？我们知道，关于劳动力商品的学说，是马克思首次创立的，其针对的是资本主义制度。那么，我们能否从马克思的有关分析中，找到认识社会主义劳动力性质问题的启示？

马克思在《资本论》中，区分了劳动和劳动力两个概念，劳动力包括脑力和体力，是一种劳动能力；劳动是劳动力创造价值的过程；资本主义剥削关系产生的关键所在，并不在于劳动力成为商品，而在于把劳动力卖给了垄断生产资料的私人资本家，被资本家无偿占有了超过劳动力价值的那部分劳动创造。

在社会主义市场经济中，工人作为劳动者，也没有和生产资料直接结合，而是通过劳动力市场进行双向选择和等价交换实现结合。在这里，劳动力表现为商品。承认这种商品性，对于劳动力的自主合理流动，以实现劳动力和生产资料的最优搭配，对经济社会发展来讲，是十分必要的。于是我们又遇到了一个问题：社会主义社会的劳动者和资本主义社会的劳动者，其根本区别在哪里？在于成果分配。任何一个生产过程，都是必要劳动和剩余劳动的统一，前者表现为工人的工资，后者在资本主义社会表现为剥削收入，在社会主义社会则由国家和企业按需要占用，其性质归根结底是取之于民、用之于民。

既然劳动力是商品，发挥其作用最好的方式就是允许其自由流动。根据舒尔茨的人力资本理论，迁移也是培育人力资本的一个有效途径。劳动力总是从工资低的部门流向工资高的部门，工资高的部门一般来说是那些重视技术含量的，而低工资部门偏重于简单劳动，当低工资部门劳动力缺乏的时候，就会考虑提升技术水平，或者被市场淘汰，而劳动者为了追求更高的报酬，也会不断地提升自己的知识和技能。而中国的城乡二元结构和户籍制度的存在，阻碍了劳动力的自由流动，对人力资本的培育和产业升级，在制度方面说，目前的弊端就显示出来。《2019 年新型城镇化建设重点任务》明确表示了户籍开放，并鼓励农民进城，在户籍开放政策上迈开了出了实践的步伐。

（二）加强教育培训，提升劳动力技能水平

1. 加强教育，实现人力资本的积累

人力资本是具有一定的知识、技能并能够进入生产过程创造价值的一种特殊资本形式，它并非与生俱来，而是由人力资源经过培训教育后转变而来。我国已具备一定量的人力资本但不够健全。

我国的人力资本情况。考虑数据的可获得性，我们选取 2017 年的人均受教育年限

对我国和部分国家进行比较，如表4所示。

表4　中国与部分国家2017年人力资本情况比较

国家	平均受教育年限（年）	人均收入（美元）
挪威	12.6	68 012
德国	14.1	46 136
美国	13.4	54 941
智利	10.3	21 910
葡萄牙	9.2	27 315
中国	7.8	15 270
印度	6.4	6 353
埃及	7.2	10 355

资料来源：http：//hdr. undp. org/en/composite/HDI。

从表4可以看出，我国人均受教育年限为7.8年，与发达国家相比，接近其人均受教育年限，但与发展中国家相比，具有相对明显的人力资本优势。我国人力资本大多集中于东南沿海地区，西北地区相对弱势一些，如表5所示。

表5　中国2017年人力资本情况　单位：年

城市	人均受教育年限	城市	人均受教育年限	城市	人均受教育年限	城市	人均受教育年限
北京	10.97	新疆	8.56	河南	8.34	安徽	7.44
上海	10.55	陕西	8.51	山东	8.28	青海	7.26
天津	9.88	湖北	8.49	江西	8.26	甘肃	7.17
辽宁	9.08	江苏	8.44	浙江	8.24	贵州	7.05
吉林	8.89	湖南	8.43	宁夏	8.13	云南	6.90
山西	8.81	内蒙古	8.37	广西	7.98		
广东	8.77	河北	8.36	福建	7.80		
黑龙江	8.70	海南	8.35	四川	7.51		

资料来源：《中国统计年鉴》。

就人力资本在各省份中最弱的云南省来说，比印度的人均受教育年限6.4年高出0.5年。从以上数据可以看出，我国已经有一定量的人力资本积累，我们也发现，大规模的剩余劳动力在中国已不复存在。剩余劳动力的消化将使得传统上投资拉动经济增长的前提条件逐渐消失。

从高等教育普及率方面看，2016 年，我国高等教育的普及率达到 48%，美国达 89%，日本为 64%，德国为 68%，我国高等教育需进一步普及。

2. 注重培训，实现人力资本的螺旋上升

就非学龄段的人口看，我国众多的人口中仍然有相当比重的农村劳动力缺乏教育培训，属于简单劳动力。根据国家统计局农调队入户调查数据，我国小学文化程度及以下的人数占到农村总人口的 37%，初中文化程度的占 50%，高中及以上仅有 13%。要适应经济社会发展的需求，简单劳动力要进行技能培训。还有部分技能和岗位需求不符合的人群，也需要进一步培训。从企业家角度看，几乎所有企业家都认为，岗位技能客观上需要职工培训。

但是，目前培训存在着显著问题：一是培训内容与企业实际需求差距较大、脱节严重，培训内容主要集中在专业类、新政策、新知识和人文素养等方面，多数企业家表示他们需要更多的是财经知识、法律政策和企业内部管理方面，以及企业“工匠”的培养。二是授课、讲座等培训形式单一、传统，企业更侧重专项活动、拓展训练、现场实训等贴近企业家经营方式的方法。三是企业内部很难组织职工开展培训，员工流动性加剧导致企业缺乏培训的动力，劳动力的频繁流动很难培养出具有专长的“工匠”，也达不到螺旋式上升的人力资本积累。

如何解决这一问题？在内容上，根据高层管理人员、专业技术人员、企业职工等人员的不同需要，针对性地设置相应课程；在方式上，采取政府、企业、高校相结合，传统培训和在线教育相结合等，综合运用专项活动、现场实训、跟踪培养等形式，最大限度地提高培训的质量和效率，加快推进构筑职业能力建设体系，加速人力资本的培育。此外，企业文化建设也非常重要，这是减少员工频繁流动现象的必要途径，也是人力资本上升的关键要素。

（三）人文环境

人力资本和人文环境密不可分，如何营造良好的人文环境？一是为人才成长深造提供更多便利。比如，深化产学研合作，定期举办各行业人才交流活动。重视产业工人的技能培训，为各层次人才的继续深造、学习交流提供条件、创造机会。理解宽容人才的独特个性，为人才干事创业搭桥铺路，在使用中锻炼人才、提升人才。二是为人才工作生活提供更精准服务。比如，设立人才基金，重点扶持人才创业项目，通过财税金融优惠措施，减轻创业压力和风险。在人才的评价上为企业松绑，给予用人单位更多话语权。大力推进人才公寓建设，努力为人才户籍落户、子女教育等提供更加贴心周到的全流程服务，免除他们的后顾之忧。三是加快文化体育建设。大力推进文化体育设施建设，满足日益增长的高素质、高层次消费人群对文化产品、体育产品的需求。加快建设文体中心，丰富文体产品，打造文体品牌，不仅宜业，更能宜居。四是加强教育医疗建设。进一步提升教育质量和医疗水平，完善硬件的同时更要着力于软件建设，持续推进教育优质均衡发展。

总之，充分注重人力资本的培育、流动和积极性的激发，是当前阶段实现经济高质量发展的必经之路。

我国新时期的经济理论与实践

汪泽青[*]

摘要：党的十八大以来，随着我国经济的发展及发展中出现的问题，中央不断提出理论论断，引导我国经济转型。我们在看到经济发展的同时，也看到发展带来的问题，并对其进行理论思考，采取有力措施，使我国经济健康发展。

关键词：经济发展　问题　理论思考

随着我国经济的发展，我国出现部分产能过剩，产业处于世界产业链的低端，依靠大规模生产实现 GDP 数量高速增长。这种低端数量型增长已难以为继，并出现明显的环境生态问题。中央作出了经济中高速增长新常态的重要论断，并开始进行去产能、去库存、去杠杆、降成本、补短板；放开微观经济主体手脚，大力发展新兴产业和传统产业改造升级；着力解决经济发展中带来的环境生态问题的供给侧结构性改革。继而又提出转换发展动能，使我国经济发展结构开启由低端迈向中高端的经济转型。到党的十九大明确提出，我国经济由高速增长转为高质量发展。

一、我国经济发展及出现的问题

目前是我国改革开放的继续，改革开放 40 多年来，我国经济发生了根本性变化。由于商品匮乏，市场严重饥渴，资金短缺，迫切需要引进外资、先进技术和管理经验。经历了给外商诸多优惠政策，以市场换资金，市场换技术，“请进来”“走出去”学习管理经验；经济体制上由国营经济改为国有经济，放开多种所有制经济；逐步放开计划经济，一步步建立社会主义市场经济，由计划经济为主、市场调节为辅，有计划的商品经济，处理好计划与市场的关系，在国家宏观调控下使市场对资源配置起基础性作用，到市场对资源配置起决定性作用并更好发挥政府作用。马克思在《政治经济学批判导言》中指出：“财富的主客观因素越是在更高的程度上具备，财富就越容易创造。”中国的 GDP 总量从 1978 年的 3 679 亿元跃升至 2018 年的 90 万亿元，增长 243 倍（没剔除物价因素）；人均 GDP 由 200 美元增长到 8 643 美元，进入中高收入国家行列。到现

---

* 汪泽青，华北电力大学教授。

在我国平均恩格尔系数已降至28.4%，食物支出在收入中只占不高的比重。现在我国消费总额中服务性消费增长已大于商品性消费增长。中国这么大的生产规模，市场问题已成为社会再生产的突出问题。

二、对问题的理论思考

马克思在《资本论》第2卷中阐述了微观资本购买、生产、销售三个阶段的微观资本循环理论。微观资本提供的商品如果销售不出去，货币资本收不回来，就会导致微观资本循环的中断，使企业破产。马克思在《政治经济学批判导言》中阐述了社会资本生产、分配、交换、消费四个环节及其相互关系的社会再生产理论。关于生产与消费，马克思阐述道：生产直接也是消费，包含生产者的消费和生产资料的消费，是生产的消费。消费直接也是生产，消费生产了生产者——人类自身，是消费的生产。在第一种生产中，生产者物化；在第二种生产中，生产者所创造的物人化。生产同消费合而为一和消费同生产合而为一的这种直接统一，并不排斥它们的直接两立。就生产方面来说：(1）它为消费提供材料、对象。(2）生产的水平规定着消费的方式。(3）生产的作为消费对象的创新产品在消费者（广义，包括国家、厂商和个人）身上引起需要，把消费的动力，消费能力本身当作需求创造出来。因而没有生产，就没有消费。同时，没有消费，也就没有生产。因为如果这样，生产就没有目的。消费从三个方面生产着生产：(1）只有在消费中产品才成为现实的产品。例如一间房屋无人居住，事实上就不成为现实的房屋。因此产品不同于单纯的自然物，它在消费中才证实自己是产品。这里我们可想到过剩、积压、库存的商品。(2）消费创造出新的生产的需要，因而创造出生产的观念上的内在动机，这是生产的前提，消费创造出生产的动力。没有需要就没有生产。(3）因为消费在生产者身上引起追求一定目的的需要，消费生产出生产者的素质。生产和消费，每一方都表现为对方的手段，表现为它们相互依存；这是一个运动，表现为互不可缺。从马克思阐述的社会再生产原理中，我们可看到市场对生产的不可缺少的重要性。我国市场现在有国际输入性影响因素，前面提到国内消费总额中服务性消费增长已大于商品性消费增长，我国又处于从低端迈向中高端的转型期，这一转型包含大力治理经济发展带来的环境生态问题。这使得部分微观经济主体在激烈的市场竞争中资本循环处于困难状态。

三、采取的有力措施

以马克思的生产、分配、交换、消费四个环节及其相互关系的社会再生产理论；以宏观经济学的消费、投资、出口“三驾马车”拉动理论和财政、金融多种组合的宏观调控理论，我国政府多措并举，采取了有力措施。

消费。促进形成强大国内市场，持续释放内需潜力，充分发挥消费的基础作用、投资的关键作用，稳定国内有效需求，为经济平稳运行提供有力支撑。在消费上，国内多方面促进城乡居民增收，增强消费能力，推动消费稳定增长。在投资上，合理扩大有效投资。2019 年要完成铁路投资 8 000 亿元、公路水运投资 1.8 万亿元，再开工一批重大水利工程，加快川藏铁路规划建设，加大城际交通、物流、市政、灾害防治、民用和通用航空等基础设施投资力度，加强新一代信息基础设施建设。以此拉动社会投资及相关产业链，扩大收入和消费，带动国民经济发展。在国际市场问题上，新时期以来我国倡导共建“一带一路”，在合作共赢的双边、多边合作框架下，为我国利用国际市场开辟了广阔的空间。我国按照国际惯例加大出口退税政策力度。2019 年全国人大通过的新外资企业法，根据我国经济发展状况，从过去给外商许多优惠政策改变为内外资国民待遇一致原则，内外资企业在市场中平等公平竞争，这标志我国进入高质量对外开放新时期。

分配。马克思在《政治经济学批判导言》中指出，分配决定于社会的情况，因此它能够或多或少地对生产起促进作用。我国财政分配对微观经济主体大幅减税，以激发微观经济主体的活力；对保民生的医疗、社保、养老等和教育、科技研发等财政支出只增不减，“政府过紧日子”。在金融上，坚决不搞量化宽松，以避免其带来的负面后果；在严防金融风险的同时大力服务微观经济主体的实体经济，利用股市等虚拟资本市场大力扶持新兴产业。

交换。马克思在《资本论》中称其是实现生产到消费的“惊险一跳”。马克思在《政治经济学批判导言》中指出：“交换的深度、广度和方式是由生产的发展和结构决定的。”我国 2019 年《政府工作报告》明确要着力优化营商环境，激发市场主体活力。其中，2018 年已开始国有经济和各级政府一律清偿欠款；从加强市场监管到加强立法，市场经济是法制经济和信用经济，严惩失信，使微观经济主体提供的商品和服务及时收回资金，以继续微观资本循环。

在社会主义市场经济现代体系建设上，在以上更好发挥政府作用的同时，使市场对资源配置起决定性作用。加大“放管服”改革力度，及减税和金融服务，激发上亿微观市场主体的活力，顶住经济周期下行压力。从理论上说，这是社会主义市场经济理论在市场对资源配置起决定性作用的理论论断下，依靠微观市场主体活力来发展的重大理论创新。

还采取了其他许多有力措施。

这里要说的是，我国经济发展到现阶段，在实现经济从低端迈向中高端高质量发展的转型期，同时包含大力治理经济发展中带来的环境生态问题，在激烈的市场竞争中，对部分低端微观经济主体来说，仍要付出转型的代价。对此，一方面要认识到，我国经济发展到现在，大规模低端产业必须向中高端转型。另一方面，政府要做好社保兜底的准备，脱贫一个都不能落，要保证人民的基本生活。

上市公司内部控制运行有效性及影响因素研究

王 倩 郭 宏 李 敏 薛小荣*

摘要：当前，我国上市公司内部控制体系日趋完善，但内部控制的有效性及出现的问题仍屡见不鲜，已经引起了理论界与实务界的广泛关注与探讨。本文提出了内部控制的基本概念，从构建内部控制评价的有效性入手，以 2017 年度沪深交易所 A 股上市公司 3 487 家年报公开披露数据为研究对象，对其内部控制评级、风险评估、目标实现、评价报告、审计报告、评价缺陷等进行了分析。并针对上市公司内部控制出现的问题，提出了政策性及建设性的意见，为完善上市公司内部控制运行机制的有效性提供了重要的参考依据。

关键词：上市公司 内部控制 有效性 影响因素 研究

根据财政部等五部委下发《关于 2012 年主板上市公司分类分批实施企业内部控制规范体系的通知》要求，近年来，我国上市公司内部控制评价体系不断完善，管理水平显著提升，但仍存在一定的滞后性，尤其是制度建设、机制建设、监督管理及公开披露上市公司内部控制出现的问题，严重地影响着上市公司内部控制有效性实施。近年来通过政府监督管理、企业内控不断调整及学术界的深入探讨、学习与借鉴美国先进经验，我国内部控制体系建设取得显著的成效，但因企业内部控制运行机制及内外环境影响，国内多数企业内控运行呈现波浪式发展趋势，境外多数企业内控运行呈现有惊无险的发展阶段。有鉴于此，只有不断调整完善我国内部控制规范体系内涵建设，才能适应企业内外环境多变的风险管理能力。事实证明：有效的内部控制是实现财务管理的基石，可靠的财务信息是执行决策的关键。没有规范科学的内部控制，政府财务报表金额就无法实现。本文以我国上市公司内部控制 2017 年度公开披露数据为样本，采用统计分析的方法，对上市公司内部控制的有效性及出现的问题进行了分析，提出了上市公司内部控制指标构建的具体措施及合理化的政策建议，为完善上市公司内部控制的有效性提供了有力的依据。

---

* 王倩，西安交通大学管理学院博士研究生，西安财经大学现代企业管理研究中心讲师；郭宏，西安交通大学管理学院；李敏，长安大学经济与管理学院讲师；薛小荣，西安财经大学商学院教授。

一、内部控制有效性及文献回顾

（一）内部控制与内部控制有效性

内部控制（internal control）是指经济单位和各个组织在经济活动中建立的一种相互制约的业务组织形式和职责分工制度；是由董事会、管理层和全体员工共同实施、保证企业基本目标实现的一系列控制活动；是企业实现经营管理目标，资产安全、会计信息可靠的自我调整、约束、规划、评价和控制活动的总称。

内部控制目标的设计应以遵守国家法律法规为导向，以资产安全、经营效率和财务监管为手段，从而实现企业内部自身发展的战略目标。

内部控制有效性：一是企业内部控制制度符合国家法律法规；二是内部控制具有科学、完整的生产经营体系，能够得到执行并发挥其有效性，以达到企业高效经营目标，为财务报告和遵纪守法提供合理的监管保证。内部控制评价是指企业内部对其有效性进行全面评价与结论形成的过程，也是董事会或类似的权力机构进行内部评价与控制设计和运行的重要保证。董事会可指定审计委员会来承担对内部控制评价的组织领导和监督，并通过授权内部审计部门或内部控制评价机构对企业实施内部控制评价。董事会也可聘请会计师事务所对其内部控制制度的有效性进行评价。

内部控制作用主要是通过企业内部管理（董事会）和会计管理实现企业自身的经营目标。在市场经济化的社会，管理和监督的主要作用是提升会计信息的正确性和真实性；维护企业生产与经营的顺利进行；保护企业财产安全和方针政策的贯彻执行；为企业内外部审计工作提供良好的条件。

（二）文献回顾

1. 国内研究

杜海霞（2012）基于A股上海交易所股上市公司的数据，对上市公司内部控制有效性——评价报告自愿性披露和代理成本之间的关系进行了实证分析。结果表明，内部控制自我评价报告的自愿披露与管理费用率负相关，与总资产周转率正相关，公司规模对其具有显著的正影响，资产负债率和上市年限对其具有显著的负影响。罗晓光、贾辉（2013）通过对上市公司年内部控制有效性进行分析，笔者认为我国上市公司内部控制报告信息披露数量与质量较少、缺乏内部控制缺陷的认定标准以及外部审计部门对上市公司内部控制报告监督情况披露不足。侯增辉、朱顿（2014）以深交所披露内部控制缺陷的 133 家上市公司为研究对象，发现我国上市公司内部控制缺陷的披露中存在缺乏认定标准、详略程度不一、评价有效性的依据选取空间较大以及评价报告前后内容切合度不高等问题。蔡立新（2016）对我国沪深 A 股上市公司 2011 ~ 2014 年内部控制信息披露质量进行评价、统计分析，以期获得年度分行业、分地区及总体信息披露质量的概况，总结我国上市公司内部控制信息披露质量的变化趋势和规律，为政府监管上市公司内部控制的规范化、实施上市公司内部控制效益最大化提供了实证依据。

2. 国外研究

达利瓦等（Dhaliwal et al.，2011）实证分析了上市公司披露内控重大缺陷与公司债务成本的关系发现，公司披露至少一项内控重大缺陷与未披露内控缺陷公司相比，前者债务成本更高：在披露了内控重大缺陷信息的样本公司中，未评级债券的公司比评级债券的公司债务成本相对较高，充分体现公司内部控制的有效性与信息披露密切相关。贝达尔等（Bedard et al.，2011）研究发现，审计师可通过控制测试方法检测出大约 1/4 的未整改的内控缺陷公司数量，并能按照内控缺陷严重程度进行分类。有学者（HoUash et al.，2012）实证研究发现，公司内部控制有效性的非财务指标（内控缺陷）信息披露与高管治理有关，公司 CFO 当年薪酬较上年的变化值与内部控制信息披露重大缺陷负相关。乔依等（Choi et al.，2013）实证检验发现，在上市公司内控中的人力资源相对投资比例与披露内控缺陷信息之间存在负相关，进而提出：提高上市公司内控人力资源的投入比例有助于公司内控缺陷的整改，有助于内部控制有效性的充分体现。

二、内部控制有效性的构建

综合评估分析是构建企业内部控制有效性的前提，也是企业责任主体、评价内容、评价标准、评价方法和信息披露问题的保证。企业内部控制的每一项内容的差异都可导致企业内部控制运行机制的有效性出现实质性差异。审计人员站在企业的外部，主要关注的是会计人员对企业财务报告的控制；审计人员从自身角度要求企业内部控制必须满足审计工作鉴证和业务的要求。对于政府监管企业内部控制的政策规定，我国《会计法》明确提出了建立企业内部控制的要求。从管理人员的角度，企业内部控制的范围和内容较为广泛，其关注的主要问题是企业生产经营对各种经济资源的运用、管理和监督。企业管理层关注和实施内部控制的目标是经济资源的使用效果和效率。从政府监管和企业内部管理的双重视角来看，企业内部控制监督与评价应充分体现企业经营管理和自身的实际情况，力求做到既能遵纪守法，又能使企业内部控制风险管理有效性的实施。

（一）指标构建原则

基于 COSO 框架下及沪深证交所“指引”建立内部控制体系是一个公司降低经营风

险、提高管理水平、实现战略目标的重要保障。实施内部控制体系建设，只有目标设定、流程标准化、流程程序化、设计科学化，才能更好地保证内部控制运行机制运行的实施。

（二）指标设计

信息披露有效性，包括信息透明度指数和可操控应计；风险控制有效性，包括财务风险、经营风险和法律诉讼；资金支出有效性，包括支出合理性和投资收益；资金持有有效性，包括现金持有价值。公司信息化程度包括公司人力资本信息化程度；学历构成、信息化培训次数和信息化培训支出；信息化年度投入资金。

（三）指标模型构建

完善的建模标准在设计阶段应充分体现设计方案的信息，同时，在设计阶段应考虑工作量的统计要求，配合设计提取和校验关键设计指标；在实施过程中，能够基于实施方案的合理、有效的指导，以确保模型的标准性、可行性和有效性。一般情况下，从模型的建模标准、建模精度、建模方法、冲突监测、净高分析标准、管理综合标准等方面，从设计到实施再到完成，都必须有严格的限定，本文介绍最简单的指标建模，也可根据实际工作的需求，建立模型标准。

$$y = a0 + a1x + a2c1 + a3c2 + \cdots + ancn$$

y 为内部控制运行有效性；x 为信息化程度；c1，c2，c3，…，cn 为公司特征相关的控制变量。

三、上市公司内部控制有效性及分析

根据沪深交易所 A 股 3 487 家上市公司 2017 年度报告内部控制信息披露数据进行了统计分析。其中，内部控制评级以 2017 年 1 月 1 日前 A 股 3 022 家上市公司为样本，以迪博（中国）上市公司内部控制指数为依据，对其进行评价分析。

（一）内部控制评级情况与分析

表 1 分析，迪博公司按照四级八档的分类标准，对 2016 年度上市公司进行了评级：A 及以上公司 36 家，占 1.19%；BBB 及 BB 的公司 558 家，占 18.46%；B 公司 1 769 家，占 58.54%；C 公司 479 家，占 15.85%；D 公司 180 家，占 5.96%。

表1　2016年度上市公司内部控制评级概况

等级	AAA	AA	A	BBB	BB	B	C	D
数量（家）	1	7	28	94	464	1 769	479	180
占比（%）	0.03	0.23	0.93	3.11	15.35	58.54	15.85	5.96

资料来源：迪博数据资讯，www.dibdata.cn。

表2分析，统计显示，近2年上市公司内部控制综合平均指数总体处于及格水平，且2016年度较2015年度略有下滑。从内部控制评级分布来看，与上年相比，2016年度内部控制BBB以上上市公司小幅上升，BB、B公司略有下降，C、D级公司占比则又出现上升，基本呈现两头上升、中间下降的态势。

表2　2015年、2016年度上市公司内部控制评级水平

等级	AAA	AA	A	BBB	BB	B	C	D
2015年占比（%）	0.07	0.14	0.86	2.64	16.69	60.77	13.59	5.24
2016年占比（%）	0.03	0.23	0.93	3.11	15.35	58.54	15.85	5.96

资料来源：迪博数据资讯，www.dibdata.cn。

表3分析，从内部控制强制实施与非强制实施上市公司评级情况来看，2016年度评级为BB及以上的强制实施内控规范的上市公司占比是非强制实施公司的1.6倍，强制实施内控规范的上市公司内部控制质量整体优于非强制实施内控规范的上市公司。

表3　2016年度上市公司强制实施与非强制实施内部控制评级水平

项目	内部控制强制实施	内部控制非强制实施
内控占比（%）	23.71	14.82

资料来源：迪博数据资讯，www.dibdata.cn。

（二）上市公司内部控制风险与分析

表4分析，2017年度上市公司面临的十大风险依次为：价格、市场、法律法规、应收款项、人力资源、业务拓展、宏观经济、技术技能、企业投资、环保安全。以价格、市场和法律法规最为突出，披露的公司数量占38%以上，高于其他风险。

表 4　　2017 年度上市公司披露风险事项

风险事项	价格	市场	法律法规	应收款项	人力资源	业务拓展	宏观经济	技术技能	企业投资	环保安全
占比（%）	46.61	44.43	38.38	20.74	19.91	19.13	19.13	15.73	15.13	14

资料来源：迪博数据资讯，www.dibdata.cn。

（三）内部控制评价报告披露情况与分析

表 5 分析，2017 年度上市公司 3 225 家披露内部控制评价报告，占年度报告披露 A 股数量 92.49%。其中，整体有效和非整体有效分别为 3 168 家、57 家，占比分别为 90.85%、1.63%。

表 5　　上市公司内部控制评价报告及结论披露情况

披露项目	未披露内部控制评价报告	已披露内部控制评价报告	内部控制整体有效	内部控制非整体有效
占比（%）	7.51	92.49	90.85	1.63

资料来源：迪博数据资讯，www.dibdata.cn。

（四）内部控制审计报告披露与分析

表 6 分析，2 555 家上市公司所聘会计师事务内部控制审计报告披露，占披露年度报告 A 股上市数量为 73.27%。其中，标准无保留意见 2 455 家，占 70.40%；非标准意见 100 家，占 2.87%。详情：带强调事项无保留意见 54 家，占 1.55%；保留意见 2 家，占 0.06%；否定意见 43 家，占 1.23%；无法表示意见 1 家，占 0.03%。

表 6　　上市公司内部控制审计报告及意见披露

披露项目	未披露内部控制审计报告	已披露内部控制审计报告	内审意见为标准无保留意见	内审意见标准无保留意见
占比（%）	26.73	73.27	70.40	2.87

资料来源：迪博数据资讯，www.dibdata.cn。

（五）内部控制评价缺陷情况与分析

表 7 分析，上市公司 456 家内部控制缺陷披露，占披露内控评价报告公司 14.14%。以缺陷分类不同统计上市公司数量。

表 7 披露内部控制缺陷的上市公司数量

缺陷等级	披露缺陷的上市公司数量（家）	占披露内部控制评价报告公司数量的比例（%）	缺陷数量（家）	缺陷占比（%）
重大缺陷	65	2.02	141	3.18
重要缺陷	53	1.64	85	1.92
一般缺陷	374	11.60	4 212	94.91
小计	456	14.14	4 438	100

资料来源：迪博数据资讯，www.dibdata.cn。

（六）上市公司内部控制有效性分析

表 8 分析，2017 年度依法治国和财务报告真实经营管理公司数达目标值 80% 以上；公司资产安全经营战略目标实现 50% 或 50% 以下；公司违反政策占 44%，比上年上升 72.17%；被政府关注和咨询的公司分别是上年的 2.25 倍和 2 倍。公司会计差错比上年同比下降 30.87%；公司非标财务审计意见比上年增加 7.2%；公司盈余质量比上年度下滑 3.96%；经营目标完成公司数占 13%，经营目标未完成公司数占 34.42%；净资产收益率公司数量与上年同比下滑 41.40%；总资产周转率低于上年公司数占 37.66%；人均营业收入比上年同比下滑的公司数 24.88%；资产减值与上年同比上升公司数为 54.37%、投资损失与上年同比上升公司数为 55.06%；营业外支出占营业收入年同比上升公司数为 44.94%。

表 8 2017 年度上市公司内部控制有效性分析

事项	内容	比例
依法治国和财务报告真实	达公司年度目标	80% 以上
资产安全经营战略目标	达公司年度目标	50% 或 50% 以下
公司违反政策	占 44%，比上年上升	72.17%
公司政府关注	比上年增加	2.25 倍
公司政府询问	比上年增加	2 倍
公司会计差错	与上年同比下降	30.87%
公司非标财务审计意见	比上年增加	7.2%
公司盈余质量	比上年度下滑	3.96%
经营目标完成公司数	占比	13%
经营目标未完成公司数	占比	34.42%
净资产收益率公司数量	比上年同比下滑	41.40%
总资产周转率	低于上年公司数	37.66%

续表

事项	内容	比例
人均营业收入	比上年同比下滑的公司数	24.88%
资产减值	与上年同比上升公司数	54.37%
投资损失	与上年同比上升公司数	55.06%
营业外支出占营业收入	年同比上升公司数	44.94%

资料来源：迪博数据资讯，www.dibdata.cn。

四、上市公司内部控制存在的问题

（一）没有明确的目标

上市公司在实际执行内部控制过程中流于形式，最为突出的问题是高层对企业实现经营的目标不明确，结果含糊不清。这种形而上学的内部控制管理体系，导致上市公司的内部控制评价不论在可信度方面还是公信力方面不能达到预期效果。更有甚者，不少上市公司尚未将内部控制评价列入内部控制实施计划，更没有重视为公司营运带来的经济效益。目前我国对上市公司披露内部控制缺陷信息没有严厉的具体措施。同时，各上市公司都是根据企业内部的自身实际情况构建内部控制体系，这种流于形式的体系内控，尚未充分体现企业内部控制的有效性及时效性。

（二）内部控制有效性的评价不客观

综观目前上市公司内部控制运行机制有效性：监管信息与评价报告，报告的内容及格式存在很大的随意性。部分上市公司内部控制有效性的评价报告没有附带内部控制审计报告，更没有体现公司对社会履行的责任，只是简单叙述了公司内部控制方面做了哪些工作，日常管理取得了什么样的效果等，这种内部控制制度内容空泛、信息使用缺乏、没有企业经营防范风险意识的管理是没有实际意义的。

（三）评价过程缺乏客观性

企业内部控制有效性评价是一个非常复杂的实施过程，使用的方法必须科学严谨、规范灵活。目前我国上市公司内部控制仍然采用调查表、流程图及各部门提交内部控制信息等办法，这种简单的分析定性没有充分利用数学建模或量化指标，没有科学地体现内部控制的有效性，这也是导致上市公司内部控制体系长期处于低水平徘徊的主要原因。同时，不少上市公司针对企业自身特点构建了内部控制监督检查机制，但这种指标的选择存在很大的主观性，缺乏客观性，与企业实现目标控制的力度和效果相距甚远。因此，上市公司高层只有认识到内部控制体系对其运营的积极推动性，才能实现内部控制的有效性。

（四）法律法规意识不完善

2008 年 5 月，财政部等五部委发布了《企业内部控制基本规范》，明确要求规范上市公司应重视内部控制有效性的自我评价，包括年度披露自我评价报告。同时聘请具有证券、期货业务资格的会计师事务所开展内部控制有效性审计工作。2010 年 4 月，财政部等五部委制定了《企业内部控制评价指引》，进一步明确了企业制定内部控制有效性的具体方法，规定了企业内部控制有效性评价的基本原则、内容、程序、方法和报告形式等，有序开展企业内部控制监管工作。2014 年 1 月，证监会、财政部制定了《公开发行证券的公司信息披露编报规则第 21 号——年度内部控制评价报告的一般规定》，上市公司在发布年度报告时应遵照政策法规，应明确披露内部控制有效性评价报告的真实性，但部分上市公司法律法规意识有待提高。

五、内部控制有效性的影响因素

（一）内部环境控制

应首先设立企业文化、组织结构、人力资源、监督机构。其中，企业文化应符合诚信守道的价值观；企业管理者应符合组织管理的需要，企业组织治理结构应符合权责分离原则，明确自身职责；人力资源应建立明确的管理制度，企业各级管理者应有必要的专业技能，企业员工应达到岗位所需的专业能力，实行明确的责任书制度。建立完整科学的考核、惩罚与奖励制度；监督机构的独立性必须得到保障，监督委员会成员应定期对各部门进行监督、评估与审计。

（二）风险识别

企业足够的资源支撑是企业实现经营关键。建立企业目标、经营活动、风险识别、规章制度、及时调整企业经营目标发展战略，分析日常经营管理活动存在的主要风险点。

（三）控制活动

融资与投资、货币资金与经营、原材料采购是企业发展生存的关键。融资活动需经董事会及相关部门的授权、审批与监督。企业融资业务相关会计处理应规范，符合法律规定；企业投资是企业发展的战略目标，需经董事会及相关部门的授权、审批与监督，企业追加额、投资额、收回额等应及时入账。企业投资相关业务的会计处理应符合法律法规；货币资金管理制度要有严格的授权审批制度，严格职责分工，实行岗位轮换制度。企业货币资金应由审计部门定期盘点，实行问责制度；企业生产经营策略应符合企业发展规划，并在企业规章制度下进行；及时发现并妥善处理生产经营活动中出现的问题；企业原材料采购应指定明确的管理制度，明确责任，落实管控中间环节各项举措，上级部门或领导对原材料采购与计划审批，应以满足企业生产经营为需要。原材料采购人员应分工明确、相互制约。原材料采购应做到票货相符，并及时入库，实行日清月结季盘点。

（四）信息沟通

企业管理者应以现代信息技术为手段，健全内部信息沟通机制。提高信息沟通效率，确保信息沟通渠道畅通。同时，保证信息传输的真实性与及时性，并具有健全的信息反馈机制。

（五）监督活动

企业监督者必须具备执行监督工作所需的能力要求，明确自身工作职责，确保监督工作落实到日常生产经营活动中，并给予整改意见；必须保证审计委员会的独立性，审计委员会成员必须具备基本的专业技能，并定期开展审计工作，及时反馈审计问题，并给予整改意见。

六、内部控制有效性的政策建议

（一）规范内部控制信息披露监管标准，提高上市公司信息披露的真实性

当前，我国上市公司内部控制信息披露监管标准和措施尚未统一，企业遵循的信息披露标准不尽一致，导致内部控制信息披露质量问题日益严重。为此，应进一步规范上

市公司强制遵循的披露标准，明确标准层级关系。同时修订和规范内部控制审计信息披露，统一上市公司内部控制审计信息披露标准，不断提升上市公司内部控制信息披露的内涵质量及标准。

（二）加强内部控制信息披露监管，提升上市公司信息披露质量

为适应资本市场监管的需求和上市公司数量不断加快的步伐，提高上市公司信息披露的质量，政府监督机构应首先充分利用人工智能、云计算、大数据等科学技术手段，大力提升科技监管水平，促进信息披露监管方式由“消防员”式的被动监管，向高质量、主动、精准、高效的监管方式不断转变；同时建立健全责任追究制，从法律层面明确高管人员在审计及信息披露中的责任。加强对内控信息披露违规公司、个人及审计机构的问责和处罚力度。

（三）不断规范中小板、创业板内部控制建设

内部控制是保障上市公司质量的重要因素，中小板和创业板上市公司由于规模相对较小，管理基础相对较弱，风险相对较高，因此，更需要强化内部控制。然而，目前中小板、创业板上市公司并未纳入内部控制规范强制实施范围，其在内部控制建设质量和信息披露规范性等方面，相对于主板上市公司仍较为落后。为此，政府监管机构应充分考虑中小板、创业板的特殊性，尽快推动上市公司内部控制规范体系建设，以更好地保护投资者利益。

（四）加强风险防控建设，防范重大风险

随着深化改革和依法治国的不断推进，上市公司内部活力不断加强，监管的具体措施要求更高，内部控制体系风险日益增加。因此，企业应切实加强风险防控建设，提升重大风险防范措施，及时调整市场需求和变化，提高公司资源配置效率和竞争力，以及合规管理能力和水平。同时监管机构应将企业风险管理信息披露纳入监管范畴，推动上市公司强化风险管理机制。

（五）加强内部控制宣传与培训，提升高管人员的风险防控意识和能力

监管机构应当通过多种途径加强内部控制宣传与培训，并将其纳入上市公司董事长、总经理、董事会秘书、财务总监、审计委员会召集人等高管人员的常规培训和必修课程中，帮助上市公司尤其是高管人员树立正确的风险理念，使其从深层次认识高质量发展背景下企业内部控制和风险防控的重要性，切实提高公司各级管理人员的风险防控意识。

（六）完善内部控制缺陷机制，强化重点领域督察力度

上市公司应当建立健全内部控制缺陷整改机制，确保缺陷整改落到实处。对于已经发生的对公司生产经营有重大不利影响的缺陷，应制定整改方案，明确整改责任，确保相关职能部门各尽其责；对整改效果的跟踪考核不及时、不到位，应严格追究相关责任人的责任。同时，对于资金活动、资产管理、财务报告、信息披露等内部控制缺陷高发领域，应将其作为日常监督重点，加大监督检查力度，推动建立健全管理制度与流程，完善对薄弱环节的管控。

参考文献

［1］杨有红、陈凌云：《2007 年沪市公司内部控制自我评价研究——数据分析与政策建议》，载《会计研究》2009 年第 6 期。

［2］张先治、戴文涛：《中国企业内部控制评价系统研究》，载《审计研究》2011 年第 1 期。

［3］樊行健、肖光红：《关于企业内部控制本质与概念的理论反思》，载《会计研究》2014 年第 2 期。

［4］池国华：《中国上市公司内部控制指数的功能定位与系统构建》，载《管理世界》2009 年第 6 期。

［5］张兆国、张旺峰、杨清香：《目标导向下的内部控制评价体系的构建及实证检验》，载《南开管理评论》2011 年第 1 期。

［6］深圳市迪博企业风险管理技术有限公司：《中国上市公司 2018 年内部控制白皮书》，载《中国证券报》2018 年 7 月 26 日。

［7］刘玉廷、王宏：《提升企业内部控制有效性的重要制度安排——关于实施企业内部控制注册会计师审计的有关问题》，载《会计研究》2010 年第 7 期。

［8］高淑贞：《上市公司内部控制评价体系的建设探讨》，载《财会学习》2017 年第 3 期。

［9］Valentin Pirvut，The Role of Internal Control in Managing the Risks Specific to the Financial Field，International Conference knowledge-based organization，2017，（2）：113 – 117.

［10］林斌、林东杰、胡为民、谢凡：《目标导向的内部控制指数研究》，载《会计研究》2014 年第 8 期。

［11］张妤：《论企业内部控制评价体系的构建》，载《山西财税》2018 年第 1 期。

［12］周守华、胡为民、林斌、刘春丽：《2012 年上市公司内部控制研究》，载《会计研究》2013 年第 7 期。

［13］Azhary Najah，The Contribution of Internal Audit to the Improvement of Internal Control System，European Scientific，2018，（3）：200 – 223.

新时代陕西省中高端消费发展对策研究*

——基于 ELES 模型的分析

傅辉煌**

摘要： 在新时代背景下，陕西省经济实现了较快发展，消费结构也实现了一定优化，中高端消费需求侧和供给侧的前提条件都已经具备，具备了产生的可能性。然而，通过构建 ELES 模型分析发现，陕西省当前还存在着居民收入水平与边际消费倾向偏低、必需品消费挤占中高端消费等问题，阻碍着中高端消费的进一步发展。因此，必须从社会保障、居民收入、市场供给等多个方面入手进行调整，以促进中高端消费的持续发展。

关键词： 新时代　中高端消费　需求弹性　ELES 模型

2008 年经济危机以来，全球经济长期处于低靡状态。受此影响，全球贸易摩擦不断激化，尤其是 2017 年以来，逆经济全球化现象已经成为国际经济关系的新常态。面对不利的国际环境，我国经济发展也受到明显冲击。为了尽可能弱化外部冲击的影响，保障我国经济长期稳定发展，必须将国内需求作为经济增长的根本动力。在新时代背景下，我国居民收入水平有了较大提高，消费水平也有了显著增长，当前面临的紧迫任务是在消费规模扩大的基础上进一步优化消费结构，创造新的消费增长点，从而实现消费对经济增长的拉动作用。作为典型的内陆省份，陕西省在外贸方面本身就不具备优势，在当前不利国际经济形势下，更应通过优化消费结构、“在中高端消费……领域培育新增长点、形成新动能”，拉动经济持续增长。

一、理论基础与概念界定

1. 中高端消费的产生基础

恩格斯指出，人类和动物的生存有着本质的区别，动物只是“搜集”，人类从事的是“生产”，而“一有了生产，所谓生存斗争便不再围绕着单纯的生存资料进行，而要

* 本文是陕西省社科联项目“新时代陕西省中高端消费发展对策研究”（2019C060）的阶段性成果。

** 傅辉煌，西安财经大学讲师。

围绕着享受资料和发展资料进行”。可见，人类需要不仅限于生存资料，也要追求享受资料和发展资料。马斯洛需求层次理论也指出，人的需求具有不同层次，从低层到高层，依次分为生理需求、安全需求、社交需求、尊重需求和自我实现需求五个层次；只有基础层次的需求得到了满足，才会产生更高层次的需求。人类需求层次的上升，在消费方面就体现为居民消费结构的升级，即在必需消费得以满足的基础上，居民将生存型的必需消费向享受发展型的中高端消费转变。

根据当前我国社会发展的新特征，2017 年 10 月 18 日，习近平总书记在党的十九大报告中指出：“中国特色社会主义进入新时代，我国社会主要矛盾已经转化为人民日益增长的美好生活需要和不平衡不充分的发展之间的矛盾。”习近平总书记关于社会主要矛盾变化的历史性论断，反映了我国社会主义进入新时代之后的基本特征。我国生产力水平和人民生活水平都已经得到了显著的提升，中高端消费供给侧和需求侧的产生基础都已经具备。

从中高端消费的供给侧来看，以公有制为基础的社会主义社会“通过社会生产，不仅可能保证一切社会成员有富足的和一天比一天充裕的物质生活，而且还可能保证他们的体力和智力获得充分的自由的发展和运用”。在公有制制度优势基础上，我国社会生产力取得显著进步，国内生产总值稳居世界第二；并且，随着供给侧改革的持续推进，经济结构也不断优化，这使得中高端消费具备了供给侧的产生基础。另外，根据世界银行公布的收入分组标准，人均国民总收入介于 4 126 ~ 12 735 美元的为中等偏上收入国家，2010 年我国就已经实现了由中等偏下收入水平到中等偏上水平的重大跨越；2016 年开始超过中高等收入国家平均水平；截至 2018 年，中国人均国民总收入（按图表集法衡量）已经达到 9 470 美元，比中高等收入国家平均水平 8 859 美元高出 7%①。人民对美好生活的需要必然形成，中高端消费已经具备了需求侧的产生基础。

在消费结构升级的过程中，人们对新需要的追求与满足又将不断带来更高水平的消费结构升级。“已经得到满足的第一个需要本身、满足需要的活动和已经获得的为满足需要而用的工具又引起新的需要”。不仅低层次需求得以满足之后会产生更高层次的需求，而且，为了满足需求所进行的生产活动本身，也会带来新的派生需求。这意味着，人的需求具备持续升级的动力，因此，居民消费结构的升级也是一个持续性的动态过程。

总之，居民需求具有层次性和递进性，在新时代背景下，供给侧和需求侧的条件都已经具备，居民消费结构必然会呈现动态升级趋势，中高端消费需求必然产生。

2. 中高端消费的概念界定

目前，关于中高端消费的概念在理论上并没有明确的界定标准。中高端消费的概念与消费升级密切相关，是指生活必需品消费得以满足之后产生的对非必需品的改善型消

① 资料来源：World Bank Open Data。

费。关于必需品与非必需品的划分，目前主要有两种思路：一种是根据消费类别来划分，将代表基本生活需要的衣食住界定为必需品，将其他类别界定为非必需品；另一种是根据消费目的来划分，将消费行为描述为“生存—享受—发展”的递进序列，用于满足生存目的的商品界定为必需品，而用于满足享受和发展目的的商品则为非必需品。这种划分方式与消费类别无关，每类消费都有必需消费和改善型消费，如吃饱穿暖属于必需消费，而吃好穿美则属于改善型消费。对中高端消费的概念界定，可以借鉴对非必需品消费的界定，但还需要进一步量化和具体化。

根据统计局等部门公布的统计数据，第二种界定思路难以实现，因而现有消费升级的量化研究基本都采用第一种界定思路。但若通过建立陕西省居民消费的 ELES 模型进行估算，则可以测度每一类商品的基本需求和非基本需求，这可以为第二种界定方式提供参考指标。故而，本文将采用第一种界定思路为主，并以第二种界定方式进行辅助分析。

如上文所述，居民消费结构升级是一个动态发展过程，因而随着经济发展，必需品和中高端消费品所涵盖的范围也会随之发生改变。基于第一种思路进行界定时，若仅仅依赖经验，简单地根据某消费项目是否属于“衣食住”范围这个固定标准来界定必需品消费与中高端消费，可能会出现判断结果与当前经济发展阶段不相符的情况。因此，必须设置具体量化标准，使用当前消费数据来进行界定，使之契合当前的经济发展阶段和居民消费现状。收入弹性是微观经济理论中衡量商品性质的重要指标，本文将以此作为量化标准。微观经济理论一般将收入弹性大于 1 的商品界定为奢侈品，但由于本文的研究对象是中高端消费，不仅包括高端消费，也包括处于中端水平的改善型消费，对于收入弹性值应适当放宽。故而，本文将收入弹性介于 0 ~0. 8 的消费类别界定为必需品，大于 0. 8 则为中高端消费品。在此基础上，再分析各类消费支出中基本需求支出在总支出中所占的比重，进行辅助界定。

二、陕西省居民消费水平与结构变迁的描述性统计

在 2008 ~2017 年这 10 年间，陕西省地区生产总值已经从 7 314. 58 亿元增长至 21 898. 81亿元，翻了接近 3 倍；同时期，陕西省居民收入也显著增长：城镇居民人均可支配收入从 12 858 元增长至 30 810 元，农村居民人均可支配收入从 3 373 元增长至 10 265 元，城乡居民收入比从 3. 8∶1 下降至 3∶1，城乡居民之间的收入差距有较明显的缩小（见图 1）。

随着可支配收入的增长，陕西省城乡居民消费水平均有显著提升：城镇居民人均消费从 2008 年的 9 772 元增长至 2017 年的 20 388 元，翻了一番；农村居民人均消费则从 2 979 元增长了 3 倍有余，达到了 9 306 元。此外，城乡居民之间消费水平的差距虽然一直存在，但随着城乡居民收入差距的缩小，消费水平的差距也在逐步缩小，人均消费支出的城乡比从 3. 3∶1 下降至 2. 2∶1。

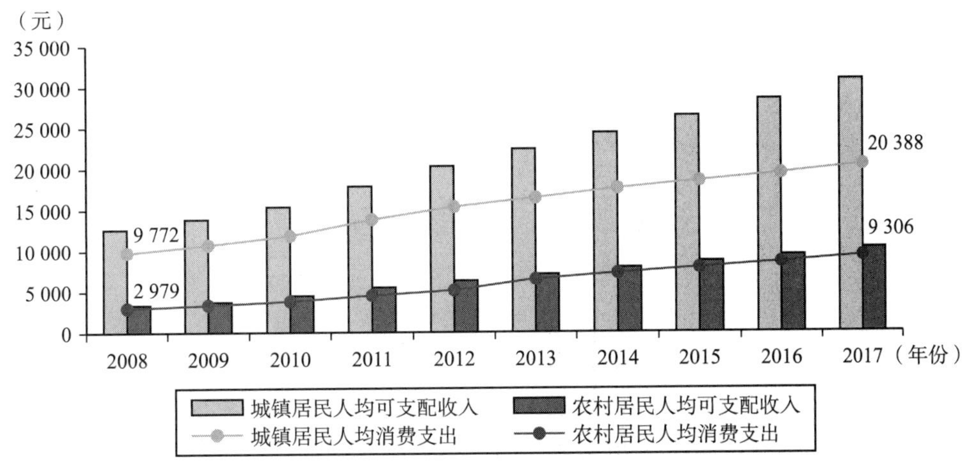

图1　2008～2017年陕西省城乡居民人均可支配收入与消费支出

资料来源：《陕西统计年鉴（2018）》。

除了消费水平的提升，陕西省居民消费结构也已经实现了一定程度的优化。从近5年[①]情况来看，陕西省城乡居民消费结构基本保持稳定，各类支出所占比重变化不大。其中，最能体现居民消费结构发展阶段的恩格尔系数大概稳定在27%左右，低于2017年全国城乡居民的恩格尔系数29.33%，并且已经达到了联合国划分标准中20%～30%的富足阶段（见表1）。

表1　2013～2017年来陕西省居民消费结构演变　　单位：%

项目	2013年	2014年	2015年	2016年	2017年
食品烟酒	27.33	27.91	27.86	27.66	27.68
衣着	8.13	7.74	7.56	7.34	7.28
居住	21.25	21.19	21.29	20.45	19.99
生活用品及服务	6.51	6.52	6.78	6.83	6.95
交通通信	12.25	12.58	11.74	11.93	11.82
教育文化娱乐	12.82	12.29	12.29	12.80	12.47
医疗保健	9.64	9.65	10.42	10.96	11.44
其他用品和服务	2.07	2.11	2.06	2.02	2.37

资料来源：根据《陕西统计年鉴（2018）》所公布数据计算得出。

可见，陕西省的生产力发展水平和居民收入水平已经能够满足居民基础层次的需求，居民已经跨越温饱阶段，进入小康阶段，具备了发展中高端消费的可行性。

① 从2013年起，国家统计局开展了城乡一体化住户收支与生活状况调查，2013年及以后数据来源于此项调查。与2013年前的分城镇和农村住户调查的调查范围、调查方法、指标口径有所不同。因此，此处仅采用了2013年之后的数据来说明消费结构现状。

三、陕西省居民消费的ELES模型构建与弹性估算

1. ELES模型基本思路

有学者（Liuch）在线性支出模型（LES）的基础上进行改进，提出了扩展线性支出模型（ELES)。该模型将消费者的消费需求分为基本需求和非基本需求两种类型，其中，基本需求不受消费者收入影响，属于必要支出；而非基本需求则取决于消费者的可支配收入扣除总基本需求之后的剩余收入，各类商品的非基本需求支出等于剩余收入与其边际消费倾向的乘积。即消费者必须在满足基本需求之后，才会将剩余收入按比例用于各类商品的追加消费。ELES模型将各项消费支出作为互相影响、制约的行为，更符合消费者决策过程，对于分析消费结构的数量关系具有优越的应用价值。该模型的基本表达式为：

$$V_i = p_i q_i + \beta_i (I - V_0) \quad (i = 1, \cdots, n) \tag{1}$$

其中，V_i 表示对第i种商品的总消费支出，p_i 表示第i种商品的价格，q_i 表示第i种商品的基本需求量，$p_i q_i$ 即第i种商品不受收入影响的基本消费支出。β_i 即第i种商品的边际消费倾向，I为可支配收入，V_0 表示所有商品的基本消费支出，也即 $\sum_{i=1}^{n} p_i q_i$。

2. 陕西省居民消费的ELES模型

根据我国统计惯例，居民消费支出分为八大类别，以此体现居民消费结构。本文采用陕西省统计局所公布的2017年陕西省城乡居民八大类别人均消费支出的截面数据以及居民人均可支配收入，建立ELES模型并对参数进行估算，从而对陕西省居民消费结构的特征进行分析。令：

$$a_i = p_i q_i - \beta_i V_0 \tag{2}$$

可知，a_i 为常数。根据（1）式建立线性回归方程：

$$V_i = a_i + \beta_i I \quad (i = 1, \cdots, 8) \tag{3}$$

采用OLS进行回归，对参数 a_i、β_i 进行估算，除了教育文化娱乐项可决系数为0.885，其余均在0.9以上，β_i 均在5%显著性水平下通过T检验。具体结果如表2所示。

表2　陕西省居民消费的ELES模型参数估计

参数	食品烟酒	衣着	居住	生活用品及服务	交通通信	教育文化娱乐	医疗保健	其他用品和服务	合计
a_i	1 531.227	191.433	1 349.031	103.529	269.055	672.140	657.470	-6.828	4 746.06

续表

参数	食品烟酒	衣着	居住	生活用品及服务	交通通信	教育文化娱乐	医疗保健	其他用品和服务	合计
β_i	0. 124 (9. 63)	0. 043 (10. 87)	0. 079 (25. 79)	0. 045 (16. 80)	0. 073 (14. 61)	0. 056 (8. 78)	0. 051 (10. 60)	0. 017 (12. 64)	0. 488 —
R^2	0. 903	0. 922	0. 985	0. 966	0. 955	0. 885	0. 918	0. 941	—

从整体情况来看，陕西省居民边际消费倾向仅 0. 488，可见居民新增收入的多半部分被用于储蓄，居民新增消费有限；从单项消费情况来看，食品烟酒、居住和交通通信的边际消费倾向相对较高。

ELES 模型中的基本消费也即居民对某类商品的必要消费，而非基本消费则属于改善型消费。对各类商品的基本消费支出估算值 p_iq_i 如表 3 所示，从中可以看出，食品烟酒、居住、教育文娱和医疗保健四个项目的基本消费支出在实际总支出中占比较高，均在 65% 左右，这表明这些项目的支出中，不受收入影响的必要消费居多，改善型消费相对较少；而其余类别的基本消费支出部分占比在 50% 左右，必要消费和改善型消费基本持平。

表 3　　陕西省居民各类商品的基本消费支出及其比重　　单位：元

类别	基本消费支出（p_iq_i）	实际总支出	基本支出占比（%）
食品烟酒	2 681. 46	4 124. 03	65. 02
衣着	587. 03	1 084. 00	54. 15
居住	2 083. 46	2 978. 58	69. 95
生活用品及服务	522. 24	1 036. 23	50. 40
交通通信	945. 04	1 760. 69	53. 67
教育文化娱乐	1 194. 14	1 857. 64	64. 28
医疗保健	1 135. 82	1 704. 82	66. 62
其他用品和服务	154. 82	353. 69	43. 77
总计	9 304. 01	14 899. 67	—

3. 各类商品的弹性分析

用 Q_i 表示第 i 类商品的总需求量，则有：

$$V_i = p_iQ_i \tag{4}$$

结合式（1）和式（4），可推出每类商品的价格弹性 e_d、收入弹性 e_M 和交叉价格弹性 e_{ij}：

$$e_d = -\frac{\partial Q_i}{\partial p_i} \cdot \frac{p_i}{Q_i} = (1-\beta_i)\frac{p_i q_i}{V_i} - 1 \tag{5}$$

$$e_M = \frac{\partial Q_i}{\partial I} \cdot \frac{I}{Q_i} = \frac{\beta_i I}{V_i} \tag{6}$$

$$e_{ij} = \frac{\partial Q_i}{\partial p_j} \cdot \frac{p_j}{Q_i} = -\frac{\beta_i p_j q_j}{V_i} \tag{7}$$

将各参数值代入式（5）、式（6）进行计算，可得出陕西省城镇居民各类商品的价格弹性和收入弹性估算值，如表4所示。所有商品价格弹性为负，符合经济学逻辑；所有商品收入弹性均为正，说明所有商品均是正常商品。

表4　各类商品的价格弹性与收入弹性

消费项目	e_d	e_M
食品烟酒	-0.285	0.385
衣着	-0.340	0.572
居住	-0.342	0.519
生活用品及服务	-0.531	0.923
交通通信	-0.593	1.011
教育文化娱乐	-0.262	0.414
医疗保健	-0.444	0.744
其他用品和服务	-0.614	1.105

根据所设弹性值标准，食品烟酒、衣着、居住、教育文化娱乐和医疗保健这五类商品收入弹性均低于0.8，且价格弹性均比较小，这说明居民对这些品类的商品需求缺乏弹性，其消费数量难以调整，因而可界定为必需品。其中值得注意的现象是，教育文化娱乐消费在传统经济理论中不属于必需品，但表4数据显示这一项消费需求具有明显刚性：其价格弹性仅0.262，甚至低于食品烟酒的价格弹性；其收入弹性也仅0.414，接近食品烟酒的收入弹性值。

再将各参数值代入式（7），可计算各类商品之间的交叉价格弹性，具体数值如表5所示。

表5　各类商品的交叉价格弹性（e_{ij}）

j \ i	食品烟酒	衣着	居住	生活用品及服务	交通通信	教育文化娱乐	医疗保健	其他用品和服务
食品烟酒		-0.1102	-0.1000	-0.1778	-0.1948	-0.0798	-0.1434	-0.2129
衣着	-0.0171		-0.0230	-0.0409	-0.0448	-0.0184	-0.0330	-0.0490

续表

j \ i	食品烟酒	衣着	居住	生活用品及服务	交通通信	教育文化娱乐	医疗保健	其他用品和服务
居住	-0.0418	-0.0622		-0.1004	-0.1099	-0.0450	-0.0809	-0.1201
生活用品及服务	-0.0101	-0.0150	-0.0136		-0.0265	-0.0108	-0.0195	-0.0289
交通通信	-0.0142	-0.0211	-0.0192	-0.0341		-0.0153	-0.0275	-0.0408
教育文化娱乐	-0.0323	-0.0480	-0.0436	-0.0775	-0.0849		-0.0625	-0.0927
医疗保健	-0.0183	-0.0273	-0.0248	-0.0440	-0.0482	-0.0197		-0.0527
其他用品和服务	-0.0026	-0.0039	-0.0035	-0.0062	-0.0068	-0.0028	-0.0050	

各类商品的交叉价格弹性均为负，可见，每一类商品价格的上涨，都将挤占其他类别的商品需求。其中，食品烟酒作为最基本的必需品，对其他七类商品消费的挤出效应都很明显。此外，食品烟酒、居住和教育文化娱乐三个项目的价格对代表中高端消费品的挤出效应尤其明显。例如，以生活用品及服务、交通通信两类商品为例，食品烟酒价格上涨1%，会使其需求量分别下降17.8%和19.5%，居住类价格上涨1%，会使其需求量下降10%和11%，而教育文娱类商品价格上涨1%，则会导致其需求量分别下降7.8%和8.5%。

四、主要结论与对策建议

1. 主要结论

结合八大类商品的边际消费倾向、基本消费支出占比、价格弹性、收入弹性和交叉价格弹性，可以得出如下结论：

第一，基于第一种界定思路，根据各类商品的收入弹性值，食品烟酒、衣着、居住、教育文娱和医疗保健的收入弹性均小于0.8，界定为陕西省城镇居民的必需品；而生活用品及服务、交通通信和其他杂项界定为中高端消费。基于第二种界定思路，在食品烟酒、居住、教育文娱和医疗保健这几种类别的总支出中，基本消费占比均在65%左右，改善型消费占比较小；而生活用品及服务、交通通信和杂项的基本消费部分和改善型消费部分基本持平，这些符合必需品和中高端消费品的消费特征。两种界定思路的判断结果基本是吻合的。

第二，陕西省居民消费增长较慢，2013～2017年，陕西省居民人均可支配收入年均增长率为9.47%，而人均消费支出年均增长率仅7.35%①。而据上文ELES模型估算

① 根据《陕西统计年鉴（2018）》公布数据计算得出。

结果，2017 年陕西省居民边际消费倾向为 0.488，其中，必需品的边际消费倾向约为 0.353，中高端消费品的边际消费倾向仅为 0.135。就具体类别而言，食品烟酒和居住的边际消费倾向最高，分别为 0.124 和 0.079。可见，陕西省居民新增收入的储蓄倾向较高，用于追加消费的比重不高；而且在新增消费中，以必需品消费为主，中高端消费增长更有限。

第三，陕西省居民消费结构已经实现了一定程度上的优化。这可以从三个方面得到体现：其一，衣着作为一种必需品，其基本消费支出部分仅占此项支出的 54%，远低于其他几类必需品。这说明陕西省居民对衣着的消费已经开始进入改善型消费阶段。其二，教育文娱已经成为陕西省居民的必需品，仓廪实而知礼节，这说明基本温饱问题已经得以解决，居民因而更加重视后代教育、注重追求自身精神满足。其三，属于中高端消费的交通通信边际消费倾向为 0.073，相对较高。这些都是社会经济增长、人民生活水平提高的结果，表明陕西省居民消费结构已经处于升级进程，人民生活由温饱型向小康型迈进，中高端消费的发展已经具有良好的初速度。

第四，相比必需品，中高端消费项目的价格弹性与收入弹性都比较大，其价格弹性为必需品的 2 倍左右，其收入弹性也都大于或非常接近 1，可见，中高端消费品对自身价格和收入变化都比较敏感。此外，从交叉价格弹性分析可以看出，中高端消费对食品烟酒、居住和教育文娱三个必需品项目的价格变化比较敏感，或者说，这三项必需品的价格变化对中高端消费品的需求量影响显著。

2. 对策建议

根据陕西省居民消费现状与消费结构的特征，为促进陕西省中高端消费的发展，本文提出以下五个方面的对策建议：

第一，完善社会保障机制，降低居民储蓄倾向。陕西省居民边际储蓄倾向较高，对消费增长产生了明显的抑制作用，生活用品及服务、其他用品和服务这两个中高端消费项目的边际消费倾向尤其偏低。预防性储蓄是居民储蓄的一个重要动机，为了应付未来可能出现的失业、疾病、意外事件等不确定性因素与养老，居民不得不加大预防性储蓄，将新增收入的很大一部分储蓄起来。若要释放这一部分收入，使之转化为消费支出，必须“按照兜底线、织密网、建机制的要求，全面建成覆盖全民、城乡统筹、权责清晰、保障适度、可持续的多层次社会保障体系。全面实施全民参保计划”。从而解除居民在养老、医疗等方面的后顾之忧，使居民敢花钱消费。

第二，提高居民收入，建立工资增长机制。提高收入是促进消费的根本途径，而且，中高端消费品的收入弹性均在 1 左右，其需求量对于收入变化比较敏感，收入增加将使得中高端消费明显增加。2017 年陕西省全体居民人均可支配收入为 20 635 元，位居全国第 20 位，处于中等偏下水平，比全国平均水平还低了 5 300 余元①。当前，陕西

① 根据中国统计局所公布数据计算得出。

省居民收入还是以工资性收入为主要来源，其比重占全部收入的 54.5%①，因此，制定工资增长机制并切实执行，对于提高居民收入至关重要。正如习近平总书记所要求的，“坚持在经济增长的同时实现居民收入同步增长、在劳动生产率提高的同时实现劳动报酬同步提高”，可持续的收入增长是居民享受更多中高端消费的基础保障。

第三，从生产、销售等供给侧环节入手，实现中高端消费品价格的适当下降。中高端消费品价格弹性都相对较大，直接或间接降低价格，都能刺激居民增加消费。当前，陕西省面临着中高端消费品供给不足的问题，以生活用品及服务为例，各类生活用品市场都充斥着大量廉价低端商品“以价换量”的现象，低端商品绝对过剩而高品质商品供给不足；而以家政业为代表的生活服务行业，同样存在不规范的小家政公司遍地开花、规范化经营的大型家政企业稀缺的问题。因而，必须引导生产商注重自身技术水平的提升，加强优秀自主品牌的培育，扶持行业龙头企业的形成，增加优质商品的供给，从而降低其市场价格。此外，还需加速拓展中高端消费品的销售渠道，利用互联网创新营销模式，缩短中间环节，降低流通成本，从而降低中高端消费品的价格。

第四，保持基本民生品价格稳定。食品和居住作为居民最基本的物质需求，其需求具有很大的刚性，价格的上涨并不会导致需求量的明显下降，居民为保证基本生活，只能将更多的收入用于这些必需品消费，这必然挤占能够用于中高端消费的收入份额。从中高端消费项目与食品、居住的交叉价格弹性也可以看出，其价格上涨对中高端消费具有显著的挤出效应。因而必须严控基本民生品价格，保持食品价格稳定；加强房地产市场宏观调控，抑制房价过快上涨，并增加经济适用房等保障性住房的建设，从而为居民中高端消费释放收入空间。

第五，推进基础教育改革。陕西省教育文化娱乐类商品的价格弹性和收入弹性都接近甚至低于食品烟酒的弹性值，说明这项消费的刚性非常大。在望子成龙的现代社会，家长最关注的是子女的教育，而陕西省目前存在着优质基础教育资源数量不足且高度集中的问题，为了让子女接受更好的教育，家长不惜牺牲其他消费项目，将收入用于择校、课外培训等。交叉价格弹性值也显示，教育文娱消费对中高端消费项目的挤出效应比较明显。所以，必须加快基础教育改革的步伐，提高公办学校的教育教学质量，使优质教育资源均匀分布，降低家长的择校成本，释放可用于中高端消费的收入份额。

综上所述，在新时代背景下，陕西省居民中高端消费的产生已经具备现实基础，但仍存在一系列问题阻碍其发展。对此，必须对症下药，从完善社会保障制度、建立工资增长机制、增加中高端商品供给、严控民生必需品市场等多个方面同时着手，从而实现中高端消费的长足发展。

参考文献

[1] 习近平：《决胜全面建成小康社会　夺取新时代中国特色社会主义伟大胜利》，人民出版社

① 根据《陕西统计年鉴（2018）》公布数据计算得出。

2017 年版。

［2］恩格斯:《自然辩证法》,《马克思恩格斯全集》(第 20 卷), 人民出版社 1973 年版。

［3］恩格斯:《反杜林论》,《马克思恩格斯选集》(第 3 卷), 人民出版社 1995 年版。

［4］马克思、恩格斯:《德意志意识形态》,《马克思恩格斯选集》(第 1 卷), 人民出版社 1995 年版。

［5］Liuch, C., The Extended Linear Expenditure System, European Economic Review, 1973, 4 (1): 21 – 32.

［6］Liuch, C., Williams, R. A., Consumer Demand Systems and Aggregate Consumption in the U. S. A.: An Application of the Extended Linear Expenditure System, Canadian Journal of Economics, 1975, 8 (1): 49 – 66.

会议综述

新中国成立70年经济理论与实践探讨*

——首都经济学家论坛第十六次学术讨论会综述

方凤玲**

2019年4月19日，首都经济学家论坛第十六次学术讨论会在西安召开。年会由首都经济学家论坛主办，西安财经大学承办，《经济学动态》杂志社、《教学与研究》杂志社、西北政法大学和陕西省《资本论》研究会协办。来自北京大学、清华大学、中国人民大学、北京师范大学、中国社会科学院等首都和全国各高校、科研机构百余名专家学者，以及《光明日报》等多家媒体出席了讨论会。

西安财经大学校长方明教授和首都经济学家论坛主席白暴力教授先后在开幕式上致辞。各位专家学者围绕新中国70年经济理论与实践，从以下几个方面展开了深入学习和热烈讨论。

一、习近平新时代中国特色社会主义经济思想研究

白暴力教授在开幕辞中指出，习近平新时代中国特色社会主义思想是我们党的指导思想，具有高度的科学性和学理性，我们一定要深入学习领会贯彻习近平新时代中国特色社会主义思想，在坚持四个意识基础上进行学术探讨，百花齐放、百家争鸣，进一步

* 本文发表在《教学与研究》2019年第7期。

** 方凤玲，中国石油大学（北京）马克思主义学院教授。

加强不同地域学术交流，充分发挥老一辈专家学者在学术化、专业化、学理化研究中“定海神针”作用，吸收更多青年学者进入论坛，让习近平新时代中国特色社会主义经济思想和中国特色社会主义政治经济学的教学研究和学科建设焕发勃勃生机，不断取得更多成果。

与会学者一致认为，新时代中国特色社会主义经济思想研究要注重用中国话语体系解释中国社会经济现实，要关注中央重大部署、决策和重点工作，找好切入点，从学理的形态做好阐释宣传，让科学理论在中国大地上开花结果。

围绕“一带一路”建设重点，学者们认为，“一带一路”倡议是中国扩大对外开放的顶层设计和总规划，也是全球治理体系变革的主动作为。中国社会科学院王振中研究员指出，“一带一路”建设重点在国外，根基在国内，愿景旨在促进经济要素有序自由流动、资源高效配置和市场高度融合，本质是通过提高有效供给催生新的需求，实现世界经济再平衡。中国人民大学张旭教授说，落实准入前国民待遇加负面清单制度，有利于中国经济更高层次、更宽领域开放。学者们认为，推动形成全面开放新格局，要进一步拓展开放领域、优化开放布局，推动商品和要素在全球流动，以高水平开放带动改革全面深化。

围绕中国特色社会主义经济发展道路，大家认为，我国经济发展道路是不断解放发展生产力、以不同阶段不同主题现代化的实现为目标的发展道路，现阶段加快建设现代化经济体系为全面建成社会主义现代化强国奠定坚实基础。北京大学孙蚌珠教授指出，从两步走到三步走，再到新三步走，全面小康基本实现现代化、建设现代化强国，从工业化道路选择到计划经济体制、改革开放以来制造业大国和社会主义市场经济体制选择，再到中国特色社会主义新时代建设现代化经济体系，中国共产党带领人民实现了从站起来、富起来到强起来的伟大飞跃。中国人民大学邱海平教授强调，建设现代化经济体系的主攻方向是提高供给质量，必须全面认识供给侧结构性改革与分配、流通和消费方面的改革的辩证关系。

乡村振兴战略作为新时代“三农”工作总抓手，与会学者一致认为，它是解决新时代社会主要矛盾、实现共同富裕的必然选择，对于建设现代化经济体系、建设美丽中国等都具有重要意义。中央民族大学张春敏教授讲道，国有企业通过产业带动、建设扶贫平台、基础设施建设、提供公共产品等多种方式参与精准扶贫，发挥着主体、靶向和带动作用。有学者说，推进乡村振兴，关键要扫除现代生产要素资源和公共资源进入农业农村的障碍，必须抓好家庭农场和农民合作社的规范发展及小农户和现代农业发展的有机衔接，使新型农村集体经济引领小农户融入现代农业。

军民融合作为国家战略，一些学者认为，这将逐步打破行政、信息、技术、市场、资金等壁垒，军民融合产业进入到大发展时期。还有学者认为，全面整合科技资源在军队和地方双向优化配置对我国经济高质量发展具有重要意义，当前要创造良好的军民融合环境，支持军民双向互转，推进科技成果产业化。

二、新中国成立70年经济理论与实践问题研究

新中国成立70年，中国共产党带领中国人民进行社会主义经济建设，为实现中华民族伟大复兴奠定了雄厚的物质基础。

在中国工业化道路发展上，学者们一致肯定，70年的发展使我国成为世界第二大经济体，从传统农业国成为世界第一制造大国，工业发展取得长足进步。张旭教授指出，中国工业化道路在重工业优先增长理论、比较优势理论、后发优势理论、现代化经济体系理论的理论逻辑基础上，经历了依靠援建、没有完整工业化、引进吸收、没有独立自主创新、跨越式没有足够积累的过程到重构中国工业体系的历史发展逻辑。有学者认为，新中国成立70年历史就是中国共产党领导中国人民实现工业化和现代化的历史。大家坚信，只要我们坚持党的领导，坚持走中国特色社会主义道路，工业化，进而现代化一定能实现。

在城乡关系上，与会者畅谈了我国农业70年间发生的历史性变革，城乡融合体制机制的不断健全。武汉大学李楠教授针对我国城乡关系70年演变的历程指出，我们必须坚持党对农村工作的全面领导，坚持强化对农业的政策支持，大力发展农村生产力，建立城乡平等互利交换关系，推进城乡公共服务均等化，城乡联动、全面统筹城乡经济社会发展。学者们认为，中国特色社会主义城乡关系进入乡村振兴、城乡融合、城乡一体化发展时期，构建新型城乡关系必须建立健全城乡融合发展体制机制，加快推进农业农村现代化。

围绕公有制经济地位作用，与会专家学者充分肯定了社会主义公有制经济在我国国民经济中顶梁柱、压舱石、稳定器的作用。中国石油大学（北京）方凤玲教授指出，公有制为主体、多种所有制经济共同发展的基本经济制度是我国70年经济社会发展取得举世瞩目成就的重要保证，社会主义公有制主体地位日益巩固，国有经济始终是社会主义现代化建设的中坚力量。有些学者认为，国有经济总量、影响力和创新能力的大幅提高，推动形成了国民经济体系的完善，有力保障了各项事业顺利发展。学者们深信，毫不动摇巩固和发展公有制经济，毫不动摇鼓励、支持、引导非公有制经济发展，我国经济定能取得更加辉煌的成就。

推动经济高质量发展，学者们一致认为，体制机制改革是重要的支撑和制度保障因素，没有金融财税体制、国民收入分配及社会保障等制度的改革、完善，经济高质量发展难以实现。华北电力大学汪泽青教授指出，推动经济高质量发展要着力优化营商环境，激发市场主体活力，在更好发挥政府作用的同时，促进市场对资源配置的决定性作用。上海市青浦区委党校高淑桂副教授指出，高质量发展包括资本运转的效率、劳动生产率的提高和人力资本的提升，其核心驱动要素是人力资本。学者们认为，经济高质量发展要加快发展先进制造业，以创新引领培育新增长点，形成新动能。

三、马克思主义政治经济学基本原理与中国特色社会主义政治经济学研究

如何构建体现中国特色社会主义经济发展规律的经济学理论体系、学术体系、学科体系和话语体系，邱海平教授指出，中国特色社会主义政治经济学存在着作为党的理论和作为“系统化的经济学说”的两种形态，构建中国特色社会主义政治经济学需认真系统研究党的理论，为学理化的中国特色社会主义政治经济学找到“真问题”，同时要在中国特色社会主义政治经济学重大原则下总结提炼改革开放和现代化建设的伟大实践经验并将其上升为系统化的经济学说。学者们一致认为，构建中国特色社会主义政治经济学必须讲好中国故事，增强中国话语权，在发展中坚持马克思主义政治经济学。

在对收入差距的变化趋势和规律探讨中，一些专家认为，适当拉开收入差距对调动生产要素发展生产力有积极作用，但差距过大则会影响经济长期增长及社会稳定。《经济学动态》编辑部杨新铭主任指出，经济转型和发展使我国收入分配格局发生了变化，收入差距中长期变化趋势为波动上升，中期变化趋势开始出现缩小迹象，有“U”型并出现翘头。市场化过程使机会均等程度较高，人们改善生活状态的机会更多，收入差距在绝对收入水平更快上涨过程中有所拉大。与会者认为，使收入分配更合理、更有序，必须完善收入分配制度和社会保障体系，更加注重公平和效率。

如何看待经济运行模式，一些学者确信，社会主义市场经济更能解放和保护生产力，更能保证经济社会健康稳定可持续发展。中国政法大学侯廷智教授认为，马克思计划经济最初的经典表述是具有宏观性、客观性及可调节性的经济发展计划，社会主义市场经济是市场经济和计划经济相结合的新型运行模式，是“看不见”和“看得见”两只手的结合。学者们一致认为，在社会主义条件下发展市场经济的伟大创举，既发挥了市场经济的长处，又发挥了社会主义制度的优越性，是中国经济取得成功的关键。

针对生态危机问题，一些学者指出，处理好“金山银山”与“绿水青山”的关系，建立生态友好的生产生活方式，走绿色发展之路，是解决生态危机的根本出路。北京印刷学院常红利教授认为，《资本论》虽未出现过“生态”概念，但自然和人之间的“物质变换”是马克思阐述其生态思想的核心范畴。劳动“生态逻辑”对人和自然之间物质变换的作用是“适度”，解决生态危机必须解决好劳动的资本逻辑与生态逻辑关系。学者们一致认为，解决生态危机，必须践行“保护生态环境就是保护生产力，改善生态环境就是发展生产力”的理念，走绿色发展之路。

在《资本论》学习研究实践上，学者们高度评价了《资本论》对于理解市场经济、遵循经济规律的重要意义。陕西师范大学孔祥利教授介绍了陕西省《资本论》研究会在老一辈经济学家带领下从事《资本论》及马克思主义政治经济学教学与研究取得的成果，阐述了《资本论》的当代价值。西北工业大学胡红安教授指出，守正创新是学

习领会研究马克思主义的基本辩证法，要坚守正道，以经典原著为主，推进理论与实践创新。

与会专家学者肯定了社会总资本再生产理论作为马克思主义政治经济学基础理论对我国经济稳定协调发展的作用。山东大学朱鹏华副教授说，研究社会资本再生产必须以劳动价值论和剩余价值理论为根本，从商品概念→生产劳动范围→生产部类→四部类简单再生产、扩大再生产、缩减再生产依次拓展，再将信用和金融、外贸等因素纳入，逐步实现理论具体化。与会学者一致认为，社会总资本再生产理论的拓展，为我国供给侧结构性改革、平衡经济运行中的产业结构形态等提供了策略思路。

围绕我国家庭生育意愿的变化，大家一致认为，人口问题不仅关系国家的经济社会发展，也关系千家万户的生活。有学者说，我国放开二胎政策以来，家庭生育意愿因性别偏好淡化，更加注重孩子质量及生育决策中女性话语权的加重而转变，劳动替代性收益、传宗接代性收益及养老保障性收益和直接成本与机会成本的变化改变了人们的生育观念。还有学者指出，出台更多生育福利、医疗、教育等保障性政策，有利于促进家庭的生育意愿。

与会学者一致认为，中国特色社会主义政治经济学是在马克思主义政治经济学基本原理基础上对我国改革发展的有益探索和成功实践，在生产力发展、社会主义市场经济建立、改革开放等方面谱写了政治经济学发展的新篇章。

闭幕式上，中国石油大学方凤玲教授总结说，围绕新中国成立70年的经济理论与实践主题，与会专家学者深入学习探讨了习近平新时代中国特色社会主义经济思想、新中国成立70年的经济理论与实践、马克思主义政治经济学与中国特色社会主义政治经济学等问题，促进了专家学者的学习交流，推动了研究学术化、专业化发展。